Duell
unter den
Sternen

Wilhelm Johnen

Duell
unter den
Sternen

Tatsachenbericht eines
deutschen Nachtjägers
1941-1945

Weltbild

Fotos stellten zur Verfügung:
Prinzessin Walburga zu Sayn-Wittgenstein
Frau Martha Schnaufer, Calw
Werner Streib, München
Flugkapitän Fritz Wendel, Augsburg
Dr. Max Stöpfgeshoff, Solingen
Dr. H. Siecke, Blomberg Archiv der Stadt Ulm
Walter Doelfs, Freiburg
Imperial War Museum, London
Peter Kleu
D. J. Irving

Genehmigte Lizenzausgabe für Verlagsgruppe Weltbild GmbH,
Steinerne Furt, 86167 Augsburg
Copyright © 2009 by Verlagshaus Würzburg GmbH & Co. KG, Würzburg
Umschlaggestaltung: Uhlig, Augsburg / www.coverdesign.net
Umschlagmotive: (vorne) Süddeutsche Zeitung Photo / SZ Photo,
(hinten) Süddeutsche Zeitung Photo / Scherl
Gesamtherstellung: Offizin Andersen Nexö Leipzig GmbH, Zwenkau
Printed in the EU

ISBN 978-3-8289-0916-8

2013   2012   2011   2010
Die letzte Jahreszahl gibt die aktuelle Lizenzausgabe an.

Einkaufen im Internet: *www.weltbild.de*

Inhalt

Vorwort zur ersten Auflage 1955

Zehn Jahre nach der größten Niederlage Deutschlands rüstet die Bundesrepublik wieder auf. Uns allen sitzt noch das Gespenst des Zweiten Weltkrieges im Nacken, die Erinnerung an Vernichtung, Chaos und grenzenloses Elend.

Wir wollen keinen Krieg mehr, wir, die Generation, die nach der erniedrigenden Gefangenschaft in den Sog der Nachkriegszeit gezogen wurde. Wir alle mussten wieder ganz von vorn anfangen und hatten so viele Sorgen und Probleme um uns selbst, dass uns oft das Schicksal der anderen nicht kümmern konnte. Aber aus dieser zähen Arbeit jedes Einzelnen erwuchs das „deutsche Wunder", der Wiederaufbau der Städte, das Aufblühen der Wirtschaft und die Genesung der Menschen selbst an Leib und Seele. Wir leben in einer Zeit, in der wir wieder eine Pause der Besinnung einschalten können, um an die Vergangenheit und in die Zukunft zu denken. Ein Wunsch bewegt wohl alle Deutschen: das zu erhalten, was in den letzten Jahren mit Fleiß und Intelligenz aufgebaut wurde. In diesem Streben dürfte gerade unsere Kriegsgeneration die Avantgarde für den Frieden sein. Wenn die Deutsche Bundesrepublik aufrüstet, so möge diese Aufrüstung dem Ziele des Gleichgewichts der Kräfte dienen, niemals aber dem Ziele, eine aussichtslos erscheinende politische oder wirtschaftliche Lage mit Waffengewalt zu ändern.

Mein Buch über die Nachtjagd soll der jungen Generation in aller Deutlichkeit den Wahnsinn eines modernen Luftkrieges vor Augen führen und zugleich der älteren Generation manche Geheimnisse enthüllen, deren Folgen sie am eigenen Leibe verspüren musste.

Es soll durch seinen Realismus in jedem Herzen die innere Auflehnung gegen den Krieg stärken. Aber es möge auch dem Ziele dienen, die Begeisterung für die Fliegerei in unserer Jugend zu wecken. Der Wehrdienst in der deutschen Luftwaffe stellt die höchsten Ansprüche an die Mannestugenden, er fördert Kameradschaft und Disziplin, schenkt dem zwischen Wolken und Himmel schwebenden Flieger das erhebende Gefühl des Entrücktseins von allem Irdischen.

Wenn der Inhalt meines Buches dieses Ziel erreicht, dann glaube ich, allen meinen gefallenen Nachtjagdkameraden einen letzten Dienst erwiesen zu haben. Sie alle kämpften und starben in der Hoffnung, ihr Vaterland vor der Vernichtung zu schützen und einer besseren Zukunft entgegenzufahren.

Ulm, im Dezember 1955

Der erste Nachtabschuss des Zweiten Weltkrieges

März 1940: Deutsche Truppen besetzen Dänemark. Der Angriff auf Norwegen steht bevor. Hitler will den Engländern zuvorkommen und mit der Besetzung Norwegens die Nordflanke sichern. Die in Dänemark stationierten Fliegergruppen haben den Auftrag, Begleitschutz für die geplanten Truppenverlegungen zu fliegen. Der Engländer versucht, diese Aktionen zu stören, und greift pausenlos bei Tag und Nacht die deutschen Truppenbewegungen aus der Luft an.

Major Falck befehligt die in Aalborg gelegene Zerstörergruppe, die mit den bekannten Messerschmitt-Maschinen Me 110 ausgerüstet ist. Die schnellen, wendigen Zerstörermaschinen, ausgerüstet mit zwei Daimler-Benz-Flugmotoren, beherrschen den Luftraum bis zur englischen Küste. In den Tageinsätzen erzielen die in Staffelverbänden fliegenden Zerstörer schöne Erfolge in Luftkämpfen über See gegen die englischen Schnellbomber vom Typ „Wellington" und „Bristol Blenheim". Aber der Engländer fliegt nicht nur am Tage, er greift auch bei Nacht die kriegswichtigen Ziele in Dänemark an. Die englischen Besatzungen zeigen mit diesen Nachtflügen über die Nordsee bereits ein fliegerisches Können, das die deutsche Luftwaffenführung aufhorchen lässt. Wie soll man diesen Nachtangriffen der Engländer begegnen? Die Initiative ergreift, wie so oft im Zweiten Weltkrieg, die Truppe selbst. Major Falck sucht seine besten Piloten aus. Er will in den mondhellen Nächten seine „Asse" in die Luft schicken und die englischen Bomber im Scheinwerferkegel abschießen. Die Besatzungen sind noch nie bei Nacht geflogen. Aber Major Falck hält mit zäher Beharrlichkeit an seinem Vorhaben fest, seine besten Besatzungen auf den Nachtflug umzuschulen. Nach kurzer Vorbereitungszeit stehen Oberleutnant Streib und Leutnant Mölders (ein Bruder von Oberst Mölders) in einer klaren Nacht mit ihren Maschinen am Start. Das Fluko (Flugabwehrkommando) meldet den Einflug einzelner feindlicher Kampfmaschinen über der Nordsee. Die ganze Zerstörergruppe fiebert dem Einsatz der beiden Maschinen entgegen. Oberleutnant Streib erreicht als Erster die grüne Startlampe. Er stellt seine Maschine in Startrichtung auf und lässt die Motoren langsam laufen. Dichtauf folgt Leutnant Mölders. Jetzt heulen die Motoren los. Die Maschine von Oberleutnant Streib rast den Leuchtpfad entlang, hebt kurz vor den roten Hindernislampen ab und verschwindet im Dunkeln. Leutnant Mölders folgt mit knappem Abstand. Es scheint alles wunderbar zu klappen. Die Maschinen gewinnen an Höhe und fliegen das Scheinwerfergebiet an.

Der Einsatz ist bald beendet. Die Engländer drehen ab und fliegen zur Küste zurück. Major Falck befiehlt die Aufleuchtung des Platzes, um den beiden Piloten das Auffinden der Landebahn zu erleichtern. In der Ferne hört man bereits das ruhige, monotone Geräusch der Motoren: Sie kommen zurück! Vorsichtig holen beide

Maschinen aus und setzen sauber an der grünen Landelampe auf. Oberleutnant Streib und Leutnant Mölders machen nicht viel Aufhebens um ihr nächtliches Unternehmen. Im Kameradenkreis geben beide einen kurzen Einsatzbericht. Ausgerechnet der spätere „Vater der Nachtjagd", Oberleutnant Streib, hält die Abschussaussichten aufgrund der angetroffenen schlechten Sichtverhältnisse bei Nacht für äußerst gering. Die Besatzungen machen sauere Gesichter.

Leutnant Mölders ist nicht so pessimistisch. „Ich kann mir die schlechten Sichtverhältnisse von Oberleutnant Streib gut erklären", kommentiert er den Bericht seines Einsatzkameraden, „mir erging es nämlich ebenso, aber dann kam ich auf die Idee, höher zu klettern, auf 2500, auf 3000 und 3500 Meter Flughöhe. Ab 3000 Metern Höhe lichtete sich der dunkle Schleier und war plötzlich wie ein Spuk ganz verschwunden. Ein sternenklarer Himmel breitete sich über mir aus, und die Sichtverhältnisse waren geradezu fantastisch. Ich hatte keine Mühe, meine Maschine im Horizontalflug zu halten, denn der weite Horizont bot mir eine ausgezeichnete Flugorientierung!" Die Miene von Major Falck hellt sich auf. Er klopft seinen beiden Offizieren auf die Schultern und zieht sich mit ihnen zur Abfassung eines neuen Erfahrungsberichts über den ersten Nachteinsatz auf sein Zimmer zurück.

Die Zerstörerbesatzungen der Gruppe Falck schulen nach und nach auf Blindflug um. Nur widerwillig gehen sie an die Sache heran. Sie können nur schweren Herzens von der Tagfliegerei Abschied nehmen. Einige Besatzungen bitten um Ablösung, weil sie sich den Anforderungen des Nachtflugs nicht gewachsen fühlen. Da trifft der entscheidende Befehl von oben ein: Gruppe Major Falck verlegt nach Gütersloh zur Blindflugschulung und Vorbereitung auf die Nachtjagd. Die Würfel sind gefallen. In wenigen Wochen trainieren Zerstörerbesatzungen auf entsprechend ausgerüsteten Maschinen den Nachtblindflug. Suchgeräte gibt es allerdings noch nicht. Das Auffinden des Gegners bleibt Glückssache.

Am 20. und 22. Juli 1940 erhält die junge Waffe einen mächtigen Auftrieb. Am 20. Juli fliegt ein englischer Bomberverband das Ruhrgebiet an. Bis zu diesem Tag wehrte einzig und allein die Flak die feindlichen Bomber ab. In dieser Nacht aber greifen erstmals Nachtjäger in den Heimatschutz ein. Aufgelockerte Wolkenfelder ziehen in 2000 Metern Höhe ihre Bahn, durch die der Mond sein Licht auf die Erde wirft. Oberleutnant Streib durchstößt die Wolkenschicht und fliegt den Flaksperrgürtel an. Grelle Scheinwerfer strahlen ihre Lichtkegel gegen die Wolkenfetzen und kreuzen einander auf der Suche nach dem Feind. Mitten in diesem Gewirr der Scheinwerferstrahlen erspäht er den Feind, einen englischen Bomber vom Typ „Whitley Armstrong". Streib ist über den unheimlichen Schatten am dunklen Nachthimmel überrascht. Mit hoher Geschwindigkeit jagt er auf den Gegner zu. Der Angriff geht jedoch in der ersten Aufregung seitlich daneben. Schnell kurvt er ein und setzt sich hinter den Bomber. Größer und größer wird der dunkle Schatten in seinem Visier. „Jetzt schießen!", durchfährt es ihn. Ein langer Feuerstoß trifft die Benzintanks und setzt sie sofort in Brand. Die Maschine explodiert und stürzt ab. Das geschieht am 20. Juli 1940 um 02.15 Uhr. Der erste Nachtabschuss des Zweiten Weltkrieges – der Anfang der unbarmherzigen Nachtschlachten zwischen England und Deutschland.

Nur zwei Tage später, am 22. Juli, schießt Oberleutnant Streib seinen zweiten Gegner ab, eine „Whitley 5". Am 30. August folgt der dritte, in der nächsten Nacht der vierte Abschuss, zwei Bomber vom Typ „Vickers Wellington", Der Name von Oberleutnant Streib erscheint im Wehrmachtsbericht. Neben ihm erzielen die Besatzungen von Hauptmann Radusch, der Oberleutnante Ehle, Griese, Wandam und Fenzke, der Feldwebel Gildner und Kollak ihre ersten Nachtjagdsiege. Am 30. September 1940 fällt die Entscheidung zum Großaufbau der Nachtjagd. In dieser Nacht gelingt es Streib, innerhalb von vierzig Minuten drei Feindbomber vom Typ „Vickers Wellington" abzuschießen. Für diese Leistung erhält er das Ritterkreuz.

Major Falck wird mit dem Aufbau eines Nachtjagdgeschwaders beauftragt und gleichzeitig dessen erster Kommodore. Zu dieser Zeit unternimmt er einen „Werbefeldzug" für die Nachtjagd und erscheint auch auf der Zerstörerschule in München-Schleißheim, wo ich gerade als frischgebackener Leutnant meine Ausbildung beende. Major Falck wirbt mit sympathischen Worten. Ich habe Vertrauen zu ihm und entschließe mich nach reiflicher Überlegung, Nachtjäger zu werden.

Nachtjagdausbildung

Am 10. Mai 1941 treffen wir Nachtjagdanwärter in Stuttgart-Echterdingen ein. Eine herrliche Maiennacht liegt über dem Schwabenland. Der Flugplatz ist hell erleuchtet und überall auf den Hindernissen brennen rote Lampen. In der Mitte des Flugplatzes begrenzen zwei Leuchtpfade die Lande- und Startbahn. Die roten, grünen und weißen Positionslampen der Schulmaschinen leuchten wie Glühwürmchen am nächtlichen Himmel. In unserer Unterkunft ist es ruhig. Anscheinend sind alle Besatzungen draußen am Start. Wir genießen die laue Frühlingsluft und machen uns Gedanken über die Nachtfliegerei, als plötzlich ein gewaltiges Rauschen und Pfeifen die Luft erzittern lässt. Kometenhaft saust etwas aus 2000 Metern Höhe senkrecht zu Boden. Uns stockt der Atem – dann folgen ein fürchterlicher Aufschlag und eine grelle Explosion. Bordmunition explodiert, Tausende Liter Benzin brennen und erhellen die dunkle Nacht. „Das fängt gut an", denke ich, „wenn das so weitergeht, können wir uns an den Fingern abzählen, wann wir dran sind." Etwas deprimiert gehen wir Anwärter zur Ruhe.

Mein erster Nachtflug steht bevor. Die Techniker vom Bodenpersonal haben meine Me 110 C 9 IU startklar gemacht. Mein Bofu (Bordfunker), Gefreiter Risop aus Berlin, sitzt bereits in der Maschine und stimmt sein Funkgerät ab. Er macht ein unbekümmertes Gesicht und ist ganz mit seinen „Wellen" beschäftigt. Welch ein Vertrauen er zu mir hat! Im umgekehrten Falle würde ich mich beim ersten Nachtflug einem Anfänger nur mit Herzklopfen anvertrauen. Aber Risop kümmert das nicht. Er ist ein prächtiger Mensch, dieser Abiturient aus Berlin. Ich klettere auf den vorderen Führersitz und passe den Fallschirm an. Dann schließe ich die Augen und taste im Dunkeln nach den Hebeln, Knöpfen, Instrumenten und Rädchen. Hundertmal wurden diese Griffe am Tage geübt. Über sechzig Handgriffe müssen sitzen, in der richtigen Reihenfolge und exakt. Zwanzig Instrumente sind laufend zu beobachten, zehn grüne und rote Lampen blinken auf und geben entsprechende Signale. Ich drücke auf den elektrischen Anlasser und werfe die Motoren an. Während des Warmlaufens stülpe ich mir die FT-Haube über und nehme Sprechverbindung mit meinem Bordfunker auf, der kurz hinter mir an seinem Funkgerät sitzt. Vorsichtiges Abbremsen der Motoren – grünes Licht – und schon geht's zum Start. Links und rechts flimmern die kleinen Lampen des Leuchtpfades. Ein Zittern und Beben geht beim Aufheulen der Motoren durch den Rumpf der Maschine. Die Startgeschwindigkeit nimmt schnell zu und steigert sich von 60 auf 80, auf 100 und 120 km/h. Abheben vom Boden – Startklappen herein –Vollgas zurück: Wir fliegen! Ich bin nun auf die Zuverlässigkeit der Maschine angewiesen und auf mein fliegerisches Können. Die Nacht ist rabenschwarz, nur der hell erleuchtete Flugplatz dient zur Orientierung. Was geschähe, wenn plötzlich die Flugplatzbeleuchtung abgeschaltet würde und mir nur die phosphoreszierenden Instrumente gespenstisch entgegenleuchteten? Gott sei Dank bin ich so beschäftigt, dass diese Gedanken bald verfliegen. Nach einer weit ausholenden Platzrunde gehe ich in einer vorsichtigen Linkskurve zur Landung über. Wieder unzählige Griffe, angestrengtes Beobachten der Instrumente und des sich mit rasender Geschwindigkeit nähernden Platzes, letztes Abfangen und – Aufsetzen. Letzteres ist zwar noch sehr hart und bockig, aber der erste Nachtflug auf der Einsatzmaschine ist geschafft. Ich bin mir im Klaren, dass noch sehr vieles dazugelernt werden muss, um die Verkrampfung beim Nachtflug zu verlieren und völlige Sicherheit zu erlangen. Jede Nacht wird nun geflogen, während der Tag dem taktischen Unterricht gehört.

Die Schulzeit ist vorbei und die Ausbildung zum Nachtjäger beendet. Die „Kinderkrankheiten" sind einigermaßen überstanden und mit Selbstvertrauen fahren meine Kameraden und ich zu den Einsatzstaffeln im Westen. Die Leutnante Redlich, von Campe und ich sind dem I./Nachtjagdgeschwader 1 in Venlo zugeteilt. Die Nachtjagd beginnt – zunächst primitiv und einfach.

Im Kasino in Venlo werden wir „Jungen" von den alten Kämpen der ersten Gruppe des Nachtjagdgeschwaders 1 herzlich begrüßt. Da sitzen also die Offiziere, die in den letzten Monaten die Nachtjagd aus der Taufe gehoben haben, gemütlich vereint. Voran ihr Kommandeur, der gerade für den siebten Nachtabschuss das Ritterkreuz erhalten hat. Ihm zur Seite die Staffelkapitäne Oberleutnant Thimming, Wandani, Griese, und die Leutnante Frank, Loos und Knacke. Wir können nicht genug hören von den Erfahrungen unserer Kameraden aus ihren siegreichen Luftkämpfen. So sitzen wir mit klopfenden Herzen neben ihnen und hören, was sie berichten:

„England", so erzählen die „Alten", „antwortet auf die Angriffe der deutschen Luftwaffe, das sogenannte ‚Coventrieren', mit Vergeltungsangriffen auf das Ruhrgebiet. Die britische Royal Air Force wird von Tag zu Tag verstärkt, die Zahl der nächtlich einfliegenden Bomber nimmt von Nacht zu Nacht zu. Wir kennen vorerst die vier zweimotorigen Bombertypen ‚Whitley', ‚Bristol Blenheim', ‚Vickers Wellington' und ‚Handley Page Hampden'. Achtzig bis hundert Maschinen starten bei gutem Wetter zum Angriff auf deutsche Städte. Wir sind aufgrund der Ergebnisse des Funkabhördienstes und der Fernaufklärung in der Lage, die ungefähre Startzeit der ‚Bombergroups' zu ermitteln. Der Gegner wechselt seine Anflugkurse laufend, Scheinangriffe werden auf verschiedene Städte angesetzt, um die Nachtjäger irrezuführen. Bei den letzten Angriffen haben wir bemerkt, dass sich der Tommy auf unsere Sprechwelle einschaltet und in akzentfreiem Deutsch irreführende Befehle an die Nachtjagdbesatzungen durchgibt. Hier müssen wir auf der Hut sein und von Fall zu Fall die Frequenzen wechseln. Das Schwierigste bei der ganzen Nachtjagd ist das Auffinden des Gegners. Wir haben vorerst keine Suchgeräte und nur spärliche Standortmeldungen. Die einzige Möglichkeit bleibt also vorerst die Erfassung des

Feindes mittels Scheinwerfer. Zu diesem Zweck haben wir vor das Ruhrgebiet einen Sperrgürtel von Nachtjagdräumen gelegt, die in zwei Wellen beflogen werden. Jeder Nachtjagdraum ist genügend mit Scheinwerferbatterien ausgerüstet, welche die feindlichen Bomber bei klarem Wetter mit ihren Lichtkegeln erfassen. Bis zu diesem Zeitpunkt müssen wir in Kampfhöhe über dem Funkfeuer kreisen und versuchen, einen zufällig auf gleicher Höhe fliegenden Bomber zu sichten. Bei einer Scheinwerfererfassung greifen wir den Feind sofort an! Es gilt aber, vorsichtig zu sein mit dem Fahrtüberschuss. Die Bomber fliegen mit 350 km/h; dagegen erreicht man bei genügender Überhöhung im Anflug auf den Gegner 450 bis 500 km/h. Im Übrigen: Der Engländer ist fair, aber zäh. Er verkauft seine Haut nur teuer und schießt bei Erkennung eines Nachtjägers aus allen Rohren. Merkt Euch: Überraschung ist bereits der halbe Abschuss. Bedenkt ferner, dass wir im Sommer starkes Nordlicht haben. Greift also aus der dunklen Seite an, wenn Ihr keinen Fangschuss erhalten wollt. Denkt immer daran: Mit jedem feindlichen Bomber fliegen Tod und Verderben in unsere Städte. Schützt die Heimat, bewahrt Frauen und Kinder vor dem Tod aus der Luft, setzt Euch mit ganzer Kraft zum Schutz des Vaterlandes ein!"

Nun, diese Einführungsworte klingen schon etwas anders als auf der Schule. Der Adjutant breitet eine große Karte mit den Nachtjagdräumen aus und gibt entsprechende Erläuterungen.

Am gleichen Tag werden wir auf die einzelnen Staffeln aufgeteilt. Leutnant Redlich und von Campe bleiben in Venlo. Ich erhalte Abkommandierung zur dritten Staffel nach Schleswig. Redlich und von Campe begleiten mich zur Maschine. „Na Johnen, wir werden sehen, wer den ersten Tommy erwischt, Sie in Schleswig oder wir in Venlo. Vergessen Sie auch das Schlauchboot nicht, denn sonst ersaufen Sie elend im großen Teich. Hals- und Beinbruch, und auf gesundes Wiedersehen!" Das waren die Abschiedsworte meiner Kameraden. Schon in den ersten Luftkämpfen über Holland fielen beide. Der Tommy war schneller, erfahrener.

Schleswiger Zeit

Ich lande kurz vor 09.00 Uhr abends am 25. Juni 1941 in Schleswig. Milde, salzige Meeresluft schlägt mir beim Öffnen der Kabine entgegen. Tief geduckt stehen die Unterkunftsbaracken, von hohen Schutzwällen umgeben, im Norden des Flugplatzes.

Alles ist abgedunkelt. Gleich nach meiner Landung werden sämtliche Landefeuer gelöscht. Alles liegt im schützenden Dunkel der Sommernacht eingehüllt. Das Bodenpersonal ist bereits unterrichtet und weist meiner Maschine einen Abstellplatz zu. Kurze Begrüßung. Sofort geht das Personal daran, meine „Kiste" einsatzklar zu machen. Mein Bordfunker besorgt das Gepäck, und ich begebe mich zum Gefechtsstand. Unter einigen Offizieren entdecke ich meinen zukünftigen Vorgesetzten, Oberleutnant Fenzke.

„Leutnant Johnen zum Einsatz zur 3. Staffel abkommandiert!", melde ich mich.

„Na, man gut mein Junge", sagt Fenzke und streckt mir freundlich die Hand entgegen. „Hier Ihre Waffenbrüder Leutnant Schmitz und Leutnant Bender. Ab 22.00 Uhr übernehmen Sie den Offizier vom Dienst. Morgen fliegen Sie sich dann auf Ihrer Mühle ein und üben einige Nachtlandungen!"

So ist es mir ganz angenehm, und ich habe Zeit, mir meine neue Heimat näher zu betrachten. Doch kaum habe ich im Kasino meinen Bissen herunter, heult auch schon die Sirene los. Mir geht es buchstäblich durch Mark und Bein. Die Motoren der Nachtjagdmaschinen werden durch die ersten Warte angeworfen und warmgefahren. Ich eile sofort zum Gefechtsstand und finde die Besatzungen im abgedunkelten Zimmer sitzend. Das Auge wird so bereits an die Dunkelheit gewöhnt. Oberleutnant Fenzke breitet eine Karte aus und gibt Standortmeldungen des Tommys bekannt. Zwanzig Bomber sind über der Nordsee im Anflug auf Schleswigs Küste gemeldet. Voraussichtlicher Angriffspunkt: Kiel. Mir wird heiß bei dieser Meldung. Endlich ist es so weit! Aber ich darf ja nicht fliegen und beneide meine Kameraden Schmitz und Bender, die bereits in voller Ausrüstung mit Sauerstoffmaske, Schlauchboot, Schwimmweste und Fallschirm bereitstehen.

„Na", meint Leutnant Schmitz zu Oberfeldwebel Wegener, „heute ist was los." Oberfeldwebel Wegener ist ein ruhiger, besonnener Mann und denkt vielleicht in diesem Augenblick an Frau und Kinder.

„Ja, Herr Leutnant, wenn wir die Engländer bloß finden würden! Die in Venlo haben gut lachen mit ihren Scheinwerfern, aber wir haben hier nichts, gar nichts, bis auf unsere Nachtgläser. Finden Sie mal mit diesem Apparat 'nen Tommy! Meine Frau hat herzlich gelacht, als ich ihr von unserem Versteckspiel am nächtlichen Himmel erzählte. Da bist du wenigstens gut aufgehoben, hat sie gemeint." Die Männer müssen lachen und halten plötzlich ein, als Oberleutnant Fenzke die Welleneinteilung bekannt gibt.

„1. Welle: Leutnant Schmitz fliegt im Raum C über Westerland, Leutnant Bender im Raum B über Föhr, Leutnant Schallek im Raum über Pellworm, Oberleutnant Fenzke über Helgoland und Oberfeldwebel Wegener im Raum Husum-Schleswig. Verfolgung des Gegners bis zum Angriffsziel und auf dem Rückflug. Leutnant Johnen übernimmt die Leitung des Nachtflugbetriebes!" Ich bin stolz auf diese verantwortungsvolle Aufgabe und stürze mich sogleich in die Arbeit. Die Maschinen werden mir startklar gemeldet. Schnell noch eine Überprüfung der Lande- und Hindernisbeleuchtung: alles klar! Mit dem Nachrichtenoffizier hänge ich mich an die Strippe und erhalte aus Hamburg laufend Standortmeldungen. Die ersten Küstenboote auf hoher See melden den Anflug eines geschlossenen Kampfverbandes. Die Division gibt den Startbefehl. Die Besatzungen stürmen hinaus in die Finsternis. Gespenstisch stehen die schwarzen Me 110 am Flugplatzrand. Die Auspuffrohre sind mit Flammenvernichtern versehen, sodass selbst die glühenden Auspuffgase vom Gegner nicht gesehen werden können. Die Bordfunker stimmen ihre Funkgeräte ab. In kurzen Abständen starten die Jäger, drehen zur Überprüfung der Motoren nochmals eine Platzrunde und verschwinden im Dunkel der Nacht in Richtung der vorgegebenen Jagdräume. Ich habe telefonisch Verbindung mit den einzelnen Räumen, und bald melden die Nachrichtenabteilungen das Eintreffen „ihres" Jägers. Die Nachrichtenoffiziere der einzelnen Räume kennen ihre Besatzungen und fühlen sich mit dem Schicksal ihres Jägers eng verbunden. So auch Leutnant Krause vom Raum Husum.

„Jäger in 5000 Meter über Funkfeuer", meldet mir Krause und benutzt diese Gelegenheit, mir schnell Hals- und Beinbruch für die Zukunft zu wünschen. Dann Ruhe. Man könnte eine Stecknadel fallen hören, so spannend und still ist es im Gefechtsstand. Es wird nur noch geflüstert, um sofort jede Meldung klar aufnehmen zu können. Raum Helgoland meldet die ersten Motorengeräusche. Na, der „Alte" sitzt mal wieder richtig. Erst letzte Woche hat er in diesem Raum einen Tommy abgeschossen. Da gibt Helgoland auch schon genaue Feindmeldungen durch. Die Engländer fliegen in nur 3000 Metern Höhe mit ziemlicher Geschwindigkeit die Küste an. Anscheinend drücken sie beim Anflug der Küste die Höhe weg, um eine größere Geschwindigkeit zu erreichen. Da meldet auch Krause die ersten Erfassungen. Nun wird auch Oberfeldwebel Wegener „auf Fährte" gesetzt. Der Bomberpulk scheint Kurs direkt auf Schleswig zu nehmen. Er wird doch nicht etwa …? Wegener meldet die Wahrnehmung von Propellerböen. Krause gibt ihm laufend Standortmeldungen. Ich springe schnell hinaus ins Freie und horche den Himmel ab. Ganz in der Ferne ein leises Brummen in der Luft, das stärker und stärker wird. „Also doch Schleswig", denke ich und flitze auf meinen Posten. Da schreit auch schon Krause wie besessen ins Telefon: „Wegener meldet Feindberührung, Anflug auf Schleswig!" Mir bleibt vor Aufregung fast das Herz stehen. In der ersten Nacht bei diesem Haufen, und gleich überstürzen sich die Ereignisse! Wegener meldet: „Pauke, Pauke", das heißt so viel wie Angriff, und schon ist auch der ganze Gefechtsstand draußen. Deutlich hören wir die hochtourigen englischen Motoren, dazwischen das ruhige Summen der Me 110. Da knallt's auch schon. In etwa 2000 Metern Höhe feuert Wegener aus allen Rohren auf einen Tommy. Ich sehe zwar keine Maschinen, aber deutlich kann ich die Leuchtspuren erkennen, die in schneller Reihenfolge abgeschossen werden. Erst einige Stöße, dann ein langer Feuerstrahl. Donnerwetter, das muss sitzen – und schon brennt der Tommy lichterloh. Doch im gleichen Moment erhält Wegener aus einer anderen Richtung gegnerisches Feuer. Anscheinend fliegen die Tommys im Verband und schützen sich gegenseitig. Mir steht der Verstand still: Wegener brennt ebenfalls. Wie ein Komet mit langem Schweif zieht er am nächtlichen Himmel entlang. Ich schreie: „Aussteigen Wegener, aussteigen!", als ob er es da oben hören könnte. Im nächsten Augenblick explodiert der abgeschossene Tommy in zehn Kilometern Entfernung am Boden. Eine riesige Stichflamme, ein ohrenbetäubender Knall – aus! Na, denke ich, die hat's beide erwischt. Hoffentlich ist Wegener mit seinem Bordfunker ausgestiegen. Die beiden Aufschlagbrände erhellen die Nacht gespenstisch. Man spürt förmlich, wie die Tommys unruhig werden. Das vorher gleichmäßige Summen wird von unruhigem Vollgasgeben abgelöst, der Verband platzt auseinander. Die Wirkung des Angriffs wird dadurch vermindert. Vereinzelt fallen Bomben in Kiel. Die Maschinen werden durch Flakfeuer abgedrängt und werfen planlos die Bomben ins Gelände. Zersplittert treten sie den Rückflug an.

Oberleutnant Fenzke liegt immer noch auf der Lauer. Beim Anflug der Engländer hat er Pech gehabt. Ich habe inzwischen Feuerwehr und Sanitätswagen informiert, die mit höchster Geschwindigkeit zur Absturzstelle von Wegener fahren. Da meldet sich Oberleutnant Fenzke. Es wird unruhig in seinem Luftraum. Die ersten Rückflüge werden gemeldet. Ich schalte ganz auf Welle von Oberleutnant Fenzke, da die anderen Jäger bereits auf dem Rückflug sind. Vorerst sind nur starke Geräusche auf der Helgoländer Welle zu hören. Der Nachrichtenoffizier meldet vereinzelte Rückflüge in nur 1000 Metern Höhe. Fenzke gibt Höhe auf und setzt sich zum dunklen Süden ab, um die Tommys gegen das helle Nordlicht zu sehen. Er meldet genau 1000 Meter über Meer. Eisige Stille herrscht im Äther. Die Tommys müssen jetzt in Höhe von Helgoland sein. Die Bodenstation gibt Fenzke Wahrnehmungen von Motorengeräuschen direkt über der Insel bekannt. Was dann weiter folgt, lasse ich Oberleutnant Fenzke selbst berichten:

„Ich fliege mit meiner ‚Mühle' bereits zwei Stunden über'm Teich. Na, denke ich, nur gut, dass Sommer ist und da unten einige Vorpostenboote umherschwirren. Im Winter wäre die Nachtjagd hier eine verdammt lausige Angelegenheit. Da erhalte ich über Funkspruch Standortmeldung vom Tommy: ‚Direkter Überflug der Insel in 1000 Metern Höhe.' Ich tauche gleich nach unten und setze mich nach Süden ab. Im Norden erhellt das Nordlicht den Horizont. Gespannt schweifen unsere Blicke am Horizont entlang. Ich pendle ständig zwischen 900 und 1100 Metern, um größere Chancen zu haben, einen Tommy zu entdecken. Über uns ein sternenklarer Nachthimmel, unter uns das dunkle Meer. Immer wieder heften sich unsere Augen an den hellen Himmel im Norden. Aber nichts ist zu sehen. Wieder meldet die Bodenstation Feindmaschinen über der Insel. Unsere Augen liegen fast auf der Tragfläche, so stieren wir in die Nacht hinaus. Ab und zu schaue ich ins Nachtglas, aber da sehe ich überhaupt nichts mehr, und die Maschine hängt anschließend so schief in der Luft, dass mein Bordfunker Angstzustände bekommt. Dann meint er so nebenbei: ‚Herr Oberleutnant, am Horizont bewegt sich etwas – Richtung 320 Grad!' Ich schaue und sehe nichts, fliege aber automatisch 320 Grad. Plötzlich hebt sich direkt über dem Horizont und gegen das helle Nordlicht eine schwarze Silhouette ab. Sie wird größer und größer. Bald erkenne ich die Umrisse einer Maschine. Ein plumper Rumpf und ein hohes Leitwerk: eine ‚Vickers Wellington'. Mein Gott, mir schlägt das Herz bis zum Hals. Wenn der mir nur nicht entwischt! Langsam pirsche ich mich heran, immer schön gegen den dunklen Südhimmel abgesetzt. Die Entfernung beträgt vielleicht 200 Meter. Der Tommy fliegt ruhig und unbekümmert. Ich fliege auf 100 Meter heran und lade die Waffen durch. Jetzt heben sich sogar deutlich die glühenden Auspuffrohre gegen den dunklen Nachthimmel ab. Mein Visier streift die linke Tragfläche des Gegners. Aber im selben Moment macht der Tommy eine scharfe Linkskurve. Anscheinend hat er mich entdeckt. Die Breitseite des Gegners bietet sich mir, und schon prasseln meine Garben in seinen Rumpf hinein. Die ‚Wellington' explodiert in der Luft und fällt in Tausenden von brennenden Einzelteilen in die Tiefe. Mir wird es schauerlich zumute, wenn ich an die Besatzung denke. Brennende Teile klatschen auf dem Wasser auf. Ein blutroter Feuerring versinkt schnell in der Tiefe des Meeres – und dann ist alles dunkel. Ich kreise noch einmal über der Absturzstelle, gebe meinen Standort durch und bitte die Bodenstation, den Seenotdienst zu verständigen – obwohl hier jede Hilfe aussichtslos ist. Aber nichts soll unversucht bleiben."

Soweit der Bericht von Oberleutnant Fenzke. Wir alle sind stolz auf die beiden Abschüsse der Staffel. Doch was ist mit Wegener? Spät in der Nacht kommt der Bergungstrupp zurück. Oberfeldwebel Wegener ist tot. In dieser Nacht kann ich nicht schlafen, zu sehr sind meine Nerven aufgepeitscht.

Mein erster Einsatz

In den ersten vierzehn Tagen meiner Zugehörigkeit zur Frontstaffel habe ich ausgiebig Gelegenheit, mich mit meinen Kameraden anzufreunden und den Betrieb in einer Nachtjagdstaffel kennenzulernen. Mit dem Dunkelwerden beginnt die Einsatzbereitschaft. Das gesamte fliegende und technische Personal muss innerhalb von fünf Minuten erreichbar sein. Die Offiziere essen gemeinsam im Kasino und finden sich anschließend mit ihren Besatzungen im Gefechtsstand ein. Nach kurzer Meldung über die Vollzähligkeit der Besatzungen erfolgt durch den Meteorologen eine Aufklärung über die Wetterverhältnisse. Sämtliche Wetterstationen des Reichsgebietes und der besetzten Länder haben ihre Wettermeldungen mit dem Fernschreiber verschlüsselt durchgegeben. Ergänzt werden diese Meldungen durch zahlreiche Wettererkundungsflieger, die bis an die Küste von England vorstoßen. Nach dem Wetterbericht gibt der Nachrichtenoffizier der Staffel die geheimen Frequenzen des Funkverkehrs und die Erkennungssignale der Nachtjagdmaschinen sowie der Flugplätze bekannt. Die Erkennungssignale wechseln jede Nacht, um dem Feind die Orientierungsmöglichkeit zu nehmen. Den Nachtjagdbesatzungen ist es aber durch die auf jedem Flugplatz eingeschalteten Blinkfeuer möglich, ihren genauen Standort zu ermitteln. Dies ist besonders wichtig bei Funkausfällen. Die Erkennungsmunition der Nachtjäger ist hauptsächlich für die Flak bestimmt. Erhält eine Maschine beim Überfliegen einer Großstadt oder eines Flaksperrgebiets Beschuss, so schießt der Bordfunker durch eine nach unten gerichtete Pistole das Erkennungssignal ab. Meistens sind es drei Leuchtkugeln, deren Farben grün, weiß, rot, blau oder gelb aufleuchten. Die Engländer haben aber auch hier vorgesorgt und nehmen bei ihren Einsätzen ganze Kisten voll schön sortierter Munition mit. Sobald die erste Feindbesatzung das Erkennungssignal irgendwo aufleuchten sieht, gibt sie sofort die Meldung an den „Zeremonienmeister" des Verbandes weiter, der sofort alle englischen Besatzungen auf einer bestimmten Welle verständigt. So kann es vorkommen, dass in einer Nacht mehrmals die Kennung gewechselt werden muss. Der „Zeremonienmeister" des anfliegenden englischen Kampfverbandes ist das Herzstück seiner Formation. Seine Maschine ist nicht mit Bomben beladen, sondern nur mit Spezialfunkgeräten, Ortungsvorrichtungen, Leuchtfallschirmen – den sogenannten „Christbäumen" – und Markierungsbomben ausgestattet. Wird er durch Nachtjäger abgeschossen, so schiebt sich der Reserve-Zeremonienmeister, der bisher im Schutze des Kampfverbandes flog, an die Spitze vor und übernimmt seine Aufgaben.

Unsere Besatzungen werden nach den Vorträgen des Meteorologen und des Nachrichtenoffiziers vom Staffelkapitän für den Nachteinsatz eingeteilt und dann in ihre Aufenthaltsräume entlassen. Die Piloten, ob Offiziere oder Unteroffiziere, finden sich meistens mit ihren Kameraden im abgedunkelten Bereitschaftsraum zu einem Erfahrungsaustausch ein. Oft werden die im Modell vorliegenden Feindmaschinen mithilfe einer guten Taschenlampe an die Decke projiziert, um anhand der Schattenrisse die Flugzeugtypen auszumachen. Dieses blitzartige Erkennen, mit welchem Gegner man es zu tun hat, ist für den ersten Angriff entscheidend, denn jede Feindmaschine hat ihre bestimmten Stärken und Schwächen und vor allem eine andere Abwehr. Am gefährlichsten sind die Heckschützen, die unmittelbar hinter dem Leitwerk in einer Glaskugel sitzen und mit vier überschweren Maschinengewehren den angreifenden Nachtjäger erwarten. Dieser Posten wird von den Engländern meistens mit Offiziersanwärtern besetzt, da er eine ungeheure Mutprobe und Nervenbelastung bedeutet. Der Mann sitzt sechs bis acht Stunden mutterseelenallein in seinem engen, nicht gepanzerten Käfig und muss jeden Moment gewärtig sein, dass ein deutscher Nachtjäger plötzlich aus dem Dunkel auftaucht und versucht, ihn zuerst mit einem gut gezielten Feuerstoß zu vernichten. Fällt er, so ist das Schicksal seiner Maschine besiegelt.

Nicht jede Nacht startet der Engländer auf deutsche Städte. Auch seine Besatzungen brauchen Erholungspausen, und schließlich müssen die entstandenen Lücken aufgefüllt werden. So vergehen die Nächte mit Warten und nochmals Warten. Die Besatzungen spielen Schach, Karten, Tischtennis, oder sie lesen. Ab Mitternacht legen sich fast alle in voller Ausrüstung auf die Pritschen in den Ruheräumen, um erst in der Morgendämmerung schläfrig das Feldbett aufzusuchen. Der Tagdienst beginnt, wenn die Sonne schon hoch am Himmel steht. Nach dem Mittagessen wird die fliegerische Ausbildung durch Zieldarstellungen in den Jagdräumen, Schießflüge, Verbandsfliegen und Angriffsübungen gefestigt. Am späten Nachmittag treibt dann die gesamte Staffel, vom Kapitän angefangen bis zum jüngsten Soldaten, Sport in allen Variationen zum körperlichen Ausgleich für das viele Sitzen in der Maschine und am Boden. So vergehen die Tage und Nächte im gleichen, steten Rhythmus. Doch wenn die Sonne blutrot ins Meer versinkt, kann plötzlich die Stunde des Nachtjägers kommen.

So auch am 11. Juli 1941. Mein erster Einsatz steht bevor. Mit meiner Maschine bin ich bestens vertraut. Alle Bewegungen und Griffe führe ich mit traumwandlerischer Sicherheit aus, jede kleinste Bewegung des Flugzeuges in der Luft fühle ich instinktiv. Unser Wetterdoktor hat kein gutes Wetter prophezeit. Schwarze Wolken hängen am Himmel, und vom Meer her weht eine ziemliche Brise. Mit Hinflügen wird nicht gerechnet, und so hat der Staffelkapitän die erste Welle mit den jüngsten Besatzungen besetzt. Ruhe herrscht im Bereitschaftsraum, die Besatzungen haben sich bereits auf ihre Pritschen zurückgezogen. Nur mein Bofu Risop und ich spielen noch Schach. Ab und zu schleichen wir uns hinaus ins Freie und beobachten den Himmel. Kein Stern zu sehen. Im Westen starkes Wetterleuchten. Immer noch nimmt die Windstärke zu. Wir meinen fast, die Brandung des Meeres zu hören. Aber das kann nicht sein, zu weit sind wir entfernt. Wenn nicht alles täuscht, haben wir in ein bis zwei Stunden das schönste Gewitter. „Hoffentlich müssen wir nicht bei dem Sauwetter unseren ersten Einsatz fliegen", meint Risop und stemmt sich beim Hereingehen mit Gewalt gegen die Türe, die von dem sturmartigen Wind zugedrückt wird. Wir legen uns auf die Pritschen und denken nach, welche Windgeschwindigkeit wohl da oben in 4000 bis 5000 Metern Höhe anzutreffen sein mag. Nun, wir sollen es bald erfahren.

„Achtung, Achtung, Sitzbereitschaft für die Besatzungen Johnen und Schallek! Anflüge einzelner Kampfflugzeuge über der Nordsee gemeldet." Blitzartig durchfährt es mich, und schon bin ich an der Tür und will hinaus zur Maschine. „Mensch, Johnen", ruft mein Staffelkapitän mir nach, „immer mit der Ruhe! Vergessen Sie Ihren Bordfunker und Ihre Schwimmweste nicht! Schnell und besonnen handeln, nicht überstürzt!" Tatsächlich, ich bin aufgeregt und zwinge mich zur Ruhe. Immer noch draußen das Wetterleuchten. Schemenhaft tauchen die Maschinen aus dem Dunkel auf. Schwarze Gestalten lösen die Feststellvorrichtungen der Ruder und legen die Fallschirme ein. Risop steigt hinten ein und setzt gleich seine FT-Haube auf. „Startbefehl in den Raum von Westerland. Feindflugzeuge circa 200 Kilometer vor der Küste", tönt es durch den Lautsprecher. „Also hinein ins Vergnügen!", denke ich und rolle zum Start. Meine Maschine nimmt langsam Fahrt auf und rast auf die letzten roten Warnlampen am Flugplatzrand zu. Ich ziehe weich am Steuerknüppel – und schon hat uns die Finsternis verschluckt. Alles ist abgestreift, was mich an das Irdische bindet, und mit blindem Vertrauen auf meine brave Me 110 und das Können meines Bordfunkers nehme ich Kurs auf Westerland. Nur für Sekunden wage ich einen Blick nach außen. Wolkenfetzen ziehen an den Tragflächen vorbei, und so weit ich hinausschaue, nur Wolken, Wolken! Das Variometer zeigt ein beständiges Steigen von drei Metern pro Sekunde an und der Geschwindigkeitszeiger pendelt gemächlich zwischen 330 und 360 km/h. Die phosphoreszierenden Instrumente blenden mich, und so schalte ich die abgeschirmten Lämpchen nur ganz schwach ein. Starke Windböen erschüttern den gleichmäßigen Flug der Maschine und erschweren die Steuerung. Der Regen klatscht gegen die Panzerscheiben und perlt in dicken Tropfen herunter. Nur ab und zu, wenn das Wetterleuchten die Finsternis erhellt, erkenne ich die mächtigen Wolkenbänke, die sich in gewaltigen Türmen bis zu 4000 Metern erheben. Die Bodenstation Westerland meldet sich nur schwach: „Argus 4 von Meteor, Argus 4 von Meteor, bitte melden, bitte melden." Risop gibt Höhe und Anflugkurs durch. Nun müssten wir in 3000 Metern Höhe über der Küste sein; aber immer noch durchflügen wir die Wolkenbänke, immer mehr nehmen die Sturmböen zu. Allmählich wird die Verständigung mit der Bodenstation deutlicher. Der starke Gegenwind macht uns schwer zu schaffen, und so benötigen wir fast die doppelte Anflugzeit zu unserer

Funkstation auf der Insel Sylt. Die Minuten werden zur Ewigkeit, und unzählige Male fragt die Bodenstation an, wo wir bleiben.

Inzwischen sind die Engländer unter Ausnützung des Rückenwindes in 4500 Metern Höhe bis kurz vor die Küste vorgedrungen. Ich hole das Äußerste aus meiner Maschine heraus. Endlich durchstoße ich die letzten Wolkenbänke und sehe über mir den klaren Sternenhimmel. „Argus 4 von Meteor!", ruft die Bodenstation, „Feindflugzeuge überfliegen Westerland mit Kurs 130 Grad, Feindhöhe 4500 Meter." Ich befinde mich also auf direktem Gegenkurs und jage dicht über den Wolken, um den Gegner entweder gegen den hellen Nachthimmel oder gegen die weißen Wolkenbänke ausmachen zu können. „Drehen Sie auf Feindkurs 130 Grad!", meldet sich wiederum der Jägerleitoffizier. „Sie müssen unmittelbar in Nähe der Feindflugzeuge sein." Schnell reiße ich meine Maschine herum und pendle den Kurs 130 Grad ein. Die Motoren laufen beruhigend weich, aber das prickelnde Gefühl, nun zwischen den Tommys zu sitzen, macht uns hellwach. Risop hat sich bereits bei der Bodenstation abgemeldet und sucht mit dem Nachtglas den Himmel ab. Da erhalten wir auch schon die ersten Propellerböen der englischen Bomber, die meine Maschine mit einer kolossalen Wucht hin- und herschütteln. Blitzartig reagiere ich und gebe Gegenruder. Wieder Propellerböen. Die Maschine stellt sich auf die Tragfläche und will „abschmieren". Wir müssen unmittelbar hinter den Engländern fliegen. Ich klemme den Steuerknüppel zwischen die Beine und setze meine Sauerstoffmaske auf, um die leichte Müdigkeit, hervorgerufen durch die große Flughöhe, abzuschütteln. Bei den ersten Atemzügen flimmert's mir in tausend bunten Farben vor den Augen, doch dann wird es ganz klar im Kopf.

„Da! Da fliegt einer!", schreit Risop. „Rechts voraus in gleicher Höhe." Instinktiv legt mein rechter Daumen den Sicherungsbügel für die Kanonen frei, und schon blinken die sechs roten Lampen auf. Die Waffen sind geladen – aber da ist der Tommy auch schon wieder verschwunden. „Er ist nach rechts unten gekurvt", meint Risop und schaut mit dem Glas hinterher. Wir geben Vollgas, doch die Dunkelheit hüllt den Gegner ein und verschluckt ihn. „Hätten Sie doch nicht gleich die Kanonen durchgeladen, Leutnant", meint Risop, „dann wäre er uns nicht entwischt." Aber ich muss gestehen, in der ersten Aufregung waren mir die Kanonen das Wichtigste, denn es ist doch ein beruhigendes Gefühl, hinter so einer geballten Feuerkraft zu sitzen. „Na, Risop", antworte ich meinem Bordfunker, „wir werden schon noch einen finden." Unermüdlich kreuzen wir im Luftraum herum und suchen, suchen. Aber der Tommy ist wie fortgehext. Unsere Augen schmerzen allmählich vom Hinausstieren in die Nacht. Hinter jedem Stern, hinter jeder Wolke vermuten wir einen Tommy. „Da helfen selbst die vitaminreichen Sehpillen unseres Doktors nicht, ganz zu schweigen von den ewigen rohen Möhren, die er uns jeden Abend auf den Tisch stellt", meint Risop trocken und versucht wieder, mit der Bodenstation die Verständigung aufzunehmen. „Ein Suchgerät sollte man an Bord haben." Weiter geht die Jagd. Jeden Augenblick hoffen wir, einen Tommy zu finden, aber wir gewahren nur Wolken, Sterne und Finsternis. Inzwischen ist es in unserem Funkgerät ganz still geworden, und der Flugkurs beträgt immer noch 120 Grad. „Wo sind wir eigentlich?", frage ich Risop und versuche, mit der abgeblendeten Taschenlampe die Karte zu studieren.

„Wenn ich das wüsste, Leutnant! In meinem Funkkasten ist Grabesstille."

Nach der Flugzeit müssen wir in der Nähe von Schleswig sein. Nun, die Benzintanks sind noch fast voll, und so fliege ich eine Weile munter drauf los in der Hoffnung, doch noch den Feind zu erwischen. Es ist vergebliche Mühe, wie ich später erfahre. Die Engländer haben nach Überfliegen der Küste den alten Kurs noch etwa zehn Minuten eingehalten, um dann scharf auf 180 Grad bei gleichzeitigem Herunterdrücken der Höhe von 4000 auf 3500 Meter nach Hamburg einzuschwenken. Die Bodenstation hat diese Meldung zu spät erhalten und uns nicht mehr erreicht.

Die Hoffnung auf unseren ersten Abschuss ist im Sturm untergegangen. Alle unsere Bemühungen sind nur noch auf die Orientierung gerichtet. Risop fährt das Antennenei aus und geht auf Fremdpeilung, denn an eine Sprechverbindung ist nicht mehr zu denken. Unaufhörlich tastet er unsere Kennung in den Äther. Nach langem Warten meldet sich endlich die Bodenstation Schleswig, die sofort unsere Dauerzeichen einpeilt, aber die Verständigung ist noch so schwach, dass die abgegebenen Morsezeichen im Rauschen des Äthers untergehen. Was nun? Die letzte Rettung, an die wir uns wie an einen Strohhalm klammern, ist nur noch die Eigenpeilung. Risop schaltet auf die Welle eines schweren Funkfeuers in der Nähe von Schleswig, dessen Erkennungszeichen ganz schwach im Kopfhörer zu vernehmen sind. Die Peilung ergibt den neuen Flugkurs von 70 Grad.

„Mensch, Risop, das kann nicht stimmen! Unser Standort wäre bei diesem Kurs südwestlich von Schleswig." „Na, dann funken Sie doch, wenn Sie es besser können", kommt es patzig zurück.

Nochmals eine Eigenpeilung – wieder 70 Grad. Das wird mir zu dumm, und ich gebe Höhe auf, um eventuell Erdsicht zu erhalten. Das Wetter hat sich etwas gebessert, jedoch hält der Wind mit unverminderter Stärke an. In 1000 Metern Höhe durchstoße ich die letzten Wolkenschichten und sehe unter mir ein dunkles, graues Etwas. Kein Licht, kein Blinkfeuer, alles grau in grau, an Orientierung nicht zu denken. Ohne Blindfluginstrumente wären wir nun rettungslos verloren. Diese Situation wird allmählich ungemütlich, und selbst mein Funker Risop ist seiner Sache nicht mehr so ganz sicher.

„Mein lieber Risop", sage ich beruhigend, „entweder bringst Du jetzt eine vernünftige Peilung, oder wir paddeln in nächster Zeit irgendwo im Wasser herum."
Unaufhörlich quietscht und pfeift es in Risops Empfänger, bis er endlich eine ver-

nünftige Peilung erhält. „Neue Peilung 200 Grad", gibt er strahlend durch. Das ist genau die entgegengesetzte Richtung. Ich atme erleichtert auf und gehe sofort auf neuen Kurs. Die Flughöhe beträgt nur noch 300 Meter, und unter uns erkennen wir das Meer, so weit das Auge reicht. Die Minuten werden zur Ewigkeit, aber der immer stärker werdende Empfang in unserem Funkgerät lässt wenigstens auf den richtigen Anflugkurs schließen. Meine Augen durchbohren die Nacht und suchen krampfhaft nach einem rettenden Lichtzeichen. Der starke Höhenwind hat uns weit auf die Ostsee getragen, und nun kämpfen wir uns langsam gegen den Wind zur Küste zurück. Endlich tauchen in der Ferne ganz schwach drei Scheinwerfer auf, die kerzengerade gegen den Himmel gerichtet sind. Dieses Zeichen bedeutet, dass wir bereits überfällig gemeldet sind und alle Bodenstationen Orientierungszeichen setzen.

„Na, wo Scheinwerfer stehen, da muss ja auch Land sein", denke ich.

Nur langsam nähern wir uns den Flakscheinwerfern, die beim Überfliegen kurz ab- und wieder aufblenden. Wir setzen sofort unsere Bordlichter und schießen Erkennungssignal ab. Risop hat anhand seiner Unterlagen festgestellt, dass die Scheinwerfergruppe östlich von Eckernförde steht. Jetzt kann nichts mehr schiefgehen. Schweißgebadet landen wir in unserem Heimathafen. Meine Kameraden sind schon lange gelandet und empfangen uns „junge Hasen" an der Maschine mit schadenfrohem Gelächter.

„Ob wir in der Ostsee angeln wollten", fragte einer schmunzelnd meinen Bofu.

Doch der hat sich inzwischen wieder gefangen und gibt schlagfertig zurück: „Ja, wenn wir Dich Wurm als Köder dabeigehabt hätten, schon!"

So endet mein erster Einsatz als Nachtjäger.

Meine erste Feindberührung

Durch den Geheimdienst erfahren wir von gigantischen Vorbereitungen der Royal Air Force über Vernichtungsangriffe auf deutsche Rüstungszentren und Großstädte. Das Ziel dieser Luftoffensive ist klar: Deutschland soll von innen heraus mürbe gemacht werden. In einer Offensive, die auf Jahre hinaus geplant ist, und die, nach Churchills Worten, „England Blut und Tränen kosten wird", sollen die deutschen Schwerpunkt- und Schlüsselindustrien systematisch zerstört und die deutschen Städte und deren Bevölkerung entscheidend getroffen werden. Fortan soll der Krieg gnadenlos an Frauen, Kinder und Wehrlose herangetragen werden. Der Hass unter den Nationen scheint keine Grenzen mehr zu kennen, der Glaube an Gott und die Gerechtigkeit wankt, der Mensch nimmt Teufelsgestalt an.

Überall in England werden fieberhaft Großflugplätze als Absprungbasen der Bomberverbände angelegt. Die Flugzeugindustrie arbeitet Tag und Nacht an den neuen viermotorigen Bombertypen „Short-Stirling", „Lancaster" und „Halifax", die bis zu 10 Tonnen Bombenlast nach Deutschland tragen können. Der englische Generalstab legt in einem wohlvorbereiteten Plan die Reihenfolge der Nachtangriffe auf die deutschen Städte fest, genau vorherbestimmt auf Tag, Stunde und Minute.

Aber unsere Abwehr schläft nicht. Über Nacht sind neue Nachtjagdgruppen aufgestellt worden. Ein Sperrgürtel von Nachtjagdräumen und Flakgebieten reicht von Frankreich über Belgien, Holland und Deutschland bis nach Dänemark hinauf. Ein Glied in dieser langen Kette ist unser Einsatzhafen Schleswig.

Die Schleswiger Zeit hat mir in bisher 29 Nachteinsätzen die notwendige Sicherheit für den Nacht- und Blindflug gegeben. Immer mehr verwachse ich mit der Maschine, und Nacht für Nacht gewinne ich mehr Selbstvertrauen zu meinem fliegerischen Können. Bisher sind hauptsächlich junge, unerfahrene Nachtjäger abgeschossen worden, die noch zu sehr mit sich und ihrer Maschine beschäftigt waren. Zu meinem Glück sind meine ersten 29 Einsätze ohne Feindberührung verlaufen. Auch meine Staffel hat außer wenigen Tag- und Nachtabschüssen bisher keine großen Erfolge errungen. Wir lebten sorglos in den Tag hinein und nutzten die uns gebotene Sonnenseite des Lebens aus, bis an einem grauen Novembertag des Jahres 1941 unser Kommandeur Hauptmann Streib aus Venlo nach einer vorbildlichen Blindfluglandung auf dem Gefechtsstand erschien und die Rückverlegung unserer Staffel nach Venlo anordnete.

Für mich war diese Nachricht sehr erfreulich, denn Venlo liegt nicht allzu fern von meiner Heimatstadt Hornberg. Nicht so erfreut waren die Soldaten und die Schleswiger Mädchen. Es flossen Tränen beim Abschied aus dem uns lieb gewordenen Schleswig. Mit einer Ehrenrunde über der Stadt verabschiedete sich die

3./Nachtjagdgruppe I (Nachtjagdgruppe I) von ihrem ersten Einsatzhafen. Venlo liegt an der deutsch-holländischen Grenze, dem Ruhrgebiet vorgelagert. Die holländische Bevölkerung ist korrekt, aber nicht deutschfreundlich. So spielt sich das Leben hauptsächlich im Fliegerhorst ab. Weihnachten 1941 erhalte ich Urlaub nach Hornberg zu meinen Angehörigen. Die Stimmung der Bevölkerung ist gut, trotz des häufigen Alarms und der ständigen Verdunkelung. Alles glaubt fest an den Endsieg. Die Zerstörungen im Ruhrgebiet sind dank der massierten Bodenabwehr nur geringfügig. Nachtjäger wurden bisher über dem Ruhrgebiet wegen der Gefährdung durch die eigene Flak nicht eingesetzt. Die abgeschossenen Besatzungen der englischen Kampfflugzeuge werden von der Bevölkerung bemitleidet: „Wie kann der Engländer seine Boys nur so gewissenlos ins Verderben schicken!" Alles hofft auf baldigen Frieden, denn eine Sondermeldung jagt die andere.

Am 26. März 1942 abends um 20.00 Uhr hören wir im Gefechtsstand der Nachtjagdgruppe in Venlo die Wetterbesprechung. Dann gibt der Kommandeur die Welleneinteilung bekannt. Vierzig Maschinen stehen in Venlo der Abwehr zur Verfügung. Die Gruppe ist sich bewusst, was sie ihrer Tradition als erste Nachtjagdgruppe Deutschlands schuldig ist. Viele Luftsiege wurden bisher errungen, allen voran hat der Kommandeur die meisten seiner Luftkämpfe siegreich bestanden. Kein Wunder, dass er von allen Untergebenen hoch geachtet wird. Die Besatzungen drängen sich dicht im Gefechtsstand zusammen und erhalten die letzten Anweisungen für den kommenden Nachteinsatz.

„Der Abhorchdienst an der Kanalküste meldet die Vorbereitung eines größeren Angriffs der englischen Kampfverbände. Die Wetterlage ist für die Abwehr günstig. Vermutlich wird der Engländer das Ruhrgebiet als das kürzeste Angriffsziel wählen, um unnötige Verluste zu vermeiden. Nach dem Start der ersten Welle in die Nachtjagdräume geht die zweite Welle in Sitzbereitschaft, um beim Ausfall der ersten sofort einzuspringen. Die dritte Welle bleibt in Alarmbereitschaft. Erstmalig befliegen wir heute das Ruhrgebiet. Die Flak ist informiert und hat Feuer frei bis 5000 Meter Höhe. Die Scheinwerfererfassungen über 5000 Metern werden durch uns bekämpft. Es ist unbedingt darauf zu achten, dass die Mindesthöhe von 5000 Metern eingehalten wird, weil die Flak sonst nicht für die Sicherheit der Nachtjäger garantieren kann."

Ein Raunen geht durch die Besatzungen: „Na, wenn das mal gut geht!" „Sollte die Flak trotz der begrenzten Feuerhöhe über 5000 Meter hinausschießen, so hat der eingesetzte Nachtjäger Not- und Erkennungssignal zu schießen. Im Übrigen stehen wir mit dem Divisionskommandeur der Flak auf der Wolfsburg in Duisburg in ständiger telefonischer Verbindung. Die Besatzungen für den Einsatz Ruhrgebiet werden noch bekannt gegeben!"
Die Besatzungen machen nach diesen Ausführungen nicht eben freudige Gesichter.

Der Hexenkessel über dem Ruhrgebiet ist allen wohlbekannt. Ein einziges Scheinwerfermeer mit Tausenden von Flugzeugabwehrkanonen! Wenn die aus allen Rohren feuern, dann bedauern selbst wir die armen Tommys, die mit ihren schweren, unbeweglichen Kähnen in diesen Feuerzauber hineinfliegen müssen. So geschieht es denn häufig, dass manche der Briten ihre Bomben vor Erreichen des Hexenkessels abwerfen und kehrtmachen. Und über diesem Inferno von Tausenden krepierender Flakgranaten sollen wir nun jagen! Schön, wenn die Feuerbegrenzung von 5000 Metern eingehalten wird! Aber in diesem Punkte genießt die Flak unser aller Misstrauen.

Jetzt gibt der diensttuende Offizier bekannt: „Einsatz Ruhrgebiet! Die erste Welle fliegt Leutnant Johnen, die zweite Welle Feldwebel Lauer. Die Besatzungen nehmen sofort Kontakt mit dem Verbindungsoffizier der Flak auf und sprechen mit ihm den taktischen Einsatz durch. Bis zur Alarmbereitschaft führen wir im Aufenthaltsraum den Film „Quax, der Bruchpilot" und die Deutsche Wochenschau vor."

Man will uns ablenken, und das ist gut so, denn ganz wohl ist es keinem von uns. Mein treuer Bordfunker Risop, wie immer bester Laune, holt seine Navigationstasche und breitet die Karte vor mir aus. Die Besatzung Feldwebel Lauer gesellt sich ebenfalls zu uns. ‚Quax, der Bruchpilot' ist uns vorläufig völlig gleichgültig, wichtiger erscheinen uns jetzt die taktischen Vorbereitungen. In kurzen Worten erklärt uns der Verbindungsoffizier der Flak die Abwicklung des Einsatzes. Danach haben wir von Venlo aus mit Nordostkurs ein Funkfeuer in der Nähe von Wesel anzufliegen. Das Funkfeuer gibt das Blinkzeichen AF und meldet unser Eintreffen sofort an die Wolfsburg. Die Kampfhöhe von 5500 Metern muss bereits über dem Funkfeuer erreicht sein. Aus dieser Position schalten wir auf eine bestimmte Kennung und werden vom Leitgerät der Flak übernommen, das uns über das Kampfgebiet führt. Somit ist gewährleistet, dass die Flak jederzeit genau unseren Standort kennt und uns auf die nächstliegende Erfassung eines Bombers im Scheinwerferkegel ansetzen kann. Die Flakgeschütze erhalten nach unserem Ansatz sofort Feuerverbot.

„Schön, theoretisch ist das alles ganz einfach und klar, aber in der Hitze des Gefechtes?", erwidere ich dem Kameraden von der Bodenabwehr.

Risop gibt mir noch den guten Rat, den Fallschirm genau anpassen zu lassen. Oft werden nämlich die Fallschirme vertauscht oder neu gepackt, ohne dass man sich große Sorgen über die „Schuhgröße" macht. Aber wie wichtig ist es, dass die Gurte straff am Körper anliegen! Bei einer Absprunggeschwindigkeit von 500 km/h und der ruckartigen Entfaltung des Schirmes wirken sich erhebliche Kräfte aus, die bei lockeren Gurten schlimme Folgen haben können. Vor allem sind die Weichteile bei losen Oberschenkelgurten stets in Gefahr, und mancher Flieger hat seinen Leichtsinn in diesem Punkt später bereuen müssen. Unser alter Fallschirmwart Froböse ist bald zur Stelle und passt die Gurte genau auf unsere Größe an.

„Ist was Besonderes los, Herr Leutnant?", fragt er treuherzig und überprüft nochmals die „Rettungsringe der Luft". „Ach nee, Froböse, wir wollen uns nur der Nachwelt erhalten!" Froböse lacht und hat begriffen. „Na, denn Hals- und Beinbruch! Und sollte der Schirm beim Absprung nicht aufgehen, dann holen Sie sich halt morgen bei mir auf der Kammer einen neuen."

Nun, unsere Vorbereitungen sind getroffen, und zur Aufheiterung des Gemütes kommt jetzt der „Quax" gerade richtig. Großes Hallo im Zuschauerraum! Die Besatzungen sitzen, rauchend und bequem ausgestreckt, in den Klubsesseln und sparen nicht mit Randbemerkungen, allen voran der Nachtflugleiter Oberleutnant Hittgen. Alles biegt sich vor Lachen, und bald haben wir den „Einsatz Ruhrgebiet" vergessen und amüsieren uns köstlich über unseren Fliegerkameraden auf der Leinwand.

Mitten im Film reißt plötzlich der Offizier vom Dienst die Tür auf und befiehlt: „Sitzbereitschaft der ersten Welle!" Quax wird sofort abgeblendet, und die Besatzungen besteigen den Omnibus, der sie an die einsatzbereiten Maschinen bringt. Gott sei Dank brauchen wir in Venlo keine Schwimmwesten und Schlauchboote. Der Erste Wart der Maschine meldet mir meine „Fritz Ludwig" einsatzklar und hilft beim Anlegen der Anschnallgurte des Fallschirms. Die Motoren sind auf Kaltstart vorbereitet; da heißt es besonders aufpassen. Dem zähflüssigen Öl ist eine bestimmte Menge Benzin beigemischt, das nach Anlaufen des Motors eine sofortige, ausreichende Schmierung bewirkt und das sogenannte „Warmfahren" erübrigt. Aber der Start muss sofort erfolgen, denn schon nach fünf Minuten verdunstet das Benzin durch die Eigenwärme des Motors, und dann kommt der kritische Moment, in dem das Öl noch nicht die genügende Betriebstemperatur hat, das Benzin aber bereits verdunstet ist. Dieser kritische Moment darf keinesfalls bei der höchsten Beanspruchung des Motors, also beim Start, auftreten, weil die Kolben infolge mangelnder Schmierung fressen würden und die Maschine unweigerlich abstürzen müsste. Die Beobachtung der Instrumente ist daher beim Kaltstart besonders wichtig. Bei normalem Lauf der Motoren, also im Reiseflug, schadet der kritische Moment dem Triebwerk nicht.

Risop und ich sind startbereit und haben in Anbetracht unserer Kampfhöhe von 5500 Metern auch die Sauerstoffmaske aufgesetzt. Ab 4000 Metern Höhe kann der Mensch bei schnellen Steiggeschwindigkeiten ohne künstlichen Sauerstoff nicht mehr leben, mindestens lassen von dieser Höhe ab Reaktionsfähigkeit und Denkvermögen nach. In 5500 Metern Höhe bedeuten bereits zwei Minuten ohne künstliche Sauerstoffzufuhr den sicheren Tod.

Wir haben also schon am Boden unsere Masken aufgesetzt, aus dem einfachen Grunde, weil das Aufsetzen der Maske während des Fluges immer umständlich ist. Noch haben wir Zeit, alles in Ruhe vorzubereiten. Meine Kameraden sitzen ebenfalls startbereit in ihren Maschinen, und ab und zu leuchtet da und dort eine Taschenlampe auf. Ein herrlicher Sternenhimmel wölbt sich über uns. „Papa Hittgen" gibt in seiner Eigenschaft als Nachtflugleiter über den Lautsprecher Sternenkunde mit gewürzten

Leutnant Wilhelm Johnen, ausgezeichnet mit dem Flugzeugführerabzeichen,
dem Eisernen Kreuz II. Klasse und der Frontflugspange in Bronze.

Wilhelm Johnen im Jahre 1942, am Anfang seine Laufbahn bei der deutschen Nachtjagd beim NJG 1.

Johnen als Leutnant mit „nackter Brust" als Aufsicht bei Schießübungen mit dem Flieger-MG 15.

Als die nächtlichen Einflüge englischer Bomber ab 1941 zunahmen, musste die Nachtjagd verstärkt werden. Die Messerschmitt Bf 110 eignete sich dazu sehr gut; als Tagjäger war sie zu langsam.

Oberleutnant Johnen im Gespräch mit seinem Gruppenkommandeur der II./NJG 5 Hauptmann Schoenert.
Schoenert wurde im April 1944 als Major das Eichenlaub verliehen.

Kaminrunde beim NJG 6. Mit Rücken zum Bild: Leutnant Peter Spoden.

*Anfänglich flogen die Briten ihre nächtlichen Angriffe hauptsächlich mit zwei-
motorigen Flugzeugen, wie hier der Handley Page Hampden.*

Auch die Whitworth Whitley war in den ersten Jahren häufig bei den RAF-Angriffen dabei.

*Bis 1942 bildete die Vickers Wellington das Rückgrat der britischen Bomberflotte bei ihren nächtlichen Einflügen
ins Deutsche Reich. Mit einer Besatzung von fünf bis sechs Mann und acht Abwehr-MGs konnte sie
bis 2,2 Tonnen Bomben tragen.*

Eine schwarz gestrichene Wellington wird auf einem englischen Bomberstützpunkt mit Bomben beladen.

Die Short Stirling war der erste viermotorige Bomber, der ab 1941/42 in größeren Stückzahlen auftrat. Mit sieben bis acht Mann Besatzung und sechs bis acht Abwehr-MGs konnte der Bomber bis 6,3 Tonnen Bomben tragen. Im Vordergrund werden Brandbomben-Schüttkästen angefahren.

Gegen diese Bomberflotte mussten die Me 110 der deutschen Nachtjagd antreten.

Diese Me 110 des NJG 1 hat bereits neun Abschüsse zu verzeichnen. Den Briten gelang jedoch 1942 ein erster Tausend-Bomber-Angriff auf Köln.

Die Short Stirling war eine viermotorige „Vorhut" der RAF. Die Briten bauten eine leistungsfähige Luftfahrtindustrie außerhalb des kleinen Aktionsradius der deutschen Bomber auf. Bald sollten viermotorige Bomber in großer Zahl nach Deutschland einfliegen.

Dagegen konnte die deutsche Luftwaffe nur den ehemaligen Zerstörer Me 110 und das Kampfflugzeug Ju 88 aufbieten. Die Piloten mussten die Bomber anfänglich noch per Sichtkontakt in der Dunkelheit aufspüren.

Drei Me 110 des NJG 1 fliegen den englischen Bombern entgegen.

Nach der von England gewonnenen Luftschlacht um England 1940/41 war es, abgesehen von der Front in Nordafrika, vor allem die RAF, die den Krieg gegen Deutschland weiterführte. Von links nach rechts: ein RAF-Offizier, der englische König Georg VI., Air Marshal Martin und Guy Gibson, der 1943 mit seinen „Dambusters" die Möhnetalsperre zerstörte (Operation Chastise).

Englische Luftstrategen am Werk. Die RAF-Generale Graham und Soundby sind zur Besprechung bei „Bomber-Harris" (rechts) und planen die systematische Zerstörung aller deutschen Städte mit über 100.000 Einwohnern.

Die Piloten der deutschen Nachtjagd sind dennoch zuversichtlich, die englischen Bomber erfolgreich bekämpfen zu können.

Ein Me-110-Pilot kurz vor dem Start in die Nacht. Er ist angeschnallt und hat seine Kopfhaube aufgesetzt.

Auch in England war es üblich, auf die abzuwerfenden Bomben mit Kreide „Grüße" an den Gegner zu schreiben.

Ein Höhepunkt der englischen Luftangriffe bildete der furchtbare Angriff auf Hamburg, das vom 24. bis 30. Juli 1943 mehrfach vernichtend getroffen wurde und circa 30.000 Todesopfer in den Feuerstürmen zu beklagen hatte.

Auch Hannover wurde Oktober 1943 schwer getroffen. Die Bevölkerung war sehr besorgt, und die Soldaten an den noch weit entfernten Fronten bangten um ihre Familien zu Hause.

Ganze Häuserviertel wurden hier nahezu vollständig vernichtet. Die NS-Propaganda versuchte, gegenüber der deutschen Bevölkerung die Schwere der Angriffe abzuschwächen. Das Schicksal der Bombenangriffe traf bis Kriegsende noch viele deutsche Städte.

Am Morgen nach einem schweren Luftangriff 1943. Erstickte, verbrannte Opfer, die dem Flammenmeer nicht mehr entkommen konnten, liegen herum. Grausige Arbeit für die Aufräumkommandos.

Gegen die Bomber wurde die deutsche Nachtjagd ausgeweitet.
Sogenannte Nachtjagd-Leitstände entstanden, auf deren große Milchglasscheiben
einfliegende Bomber und die Positionen eigener Nachtjäger projiziert wurden.

Laufend treffen telefonische Meldungen der Horchposten des Luftschutzes
ein, die den einfliegenden Bomberverband melden.

Anhand von Flugzeugmodellen werden den deutschen
Nachtjägern die Abwehrbewaffnung und mögliche
Angriffspunkte der englischen Bomber gezeigt.
Hier ein Modell einer Lancaster.

Ein Oberleutnant der Nachtjäger mit Zeigestock
beim Einweisen seiner Besatzungen.

Der „Wetterfrosch" hatte bei den Nachtjagdeinsätzen immer ein wichtiges Wort mitzureden.
Gerade bei der „Hellen Nachtjagd" waren gute Sichtverhältnisse wichtig für Abwehrerfolge.
Leutnant Wilhelm Johnen ist als Zweiter von links zu sehen,
hinter dem Meteorologen Josef Kraft und Peter Spoden.

Generalmajor Kammhuber bei der Ritterkreuzverleihung an
Hauptmann Prinz zu Sayn-Wittgenstein am 7. Oktober 1942.

Nachtjagdasse beim Gruppenbild am 20. Juni 1943. Von links: Streib,
Frank, Kammhuber, Herget (Ritterkreuzverleihung), Lent.

Bei einer Feierstunde. In der Mitte Generalmajor Josef Kammhuber, der die Nachtjagd energisch vorantrieb, und neben ihm eines der Asse, Hauptmann Helmut Lent.

Hauptmann Werner Streib und Major Wolfgang Falck waren auch maßgeblich am Aufbau der deutschen Nachtjagd beteiligt.

Oberleutnant Heinz Strüning wird nach der nächtlichen Landung Meldung gemacht.
Im Hintergrund seine Me 110.

Werner Streib inspiziert einen abgeschossenen Bomber. Die englischen Bomber hatten am Heck einen voll
beweglichen Vierlings-MG-Stand, der den deutschen Nachtjägern sehr gefährlich werden konnte.

Einlagen. Er weiß die Besatzungen bei Stimmung zu halten und über die nervenaufreibende Wartezeit hinwegzubringen. Noch nach Startbefehl verabschiedet er sich von den Besatzungen mit der Schallplatte „Komme zurück, ich warte auf dich!" Nun, in dieser Nacht hat er auf mich lange warten müssen. Wie mir meine Kameraden später berichtet haben, hat er aber die Hoffnung auf meine Rückkehr nie aufgegeben und alles Menschenmögliche getan, um mir beim Auffinden des Landehafens zu helfen – bis er dann schließlich erfuhr, dass ich abgeschossen worden war. Da half auch seine Kunst nicht mehr.

Der Engländer lässt sich Zeit. Der Zeiger meiner Borduhr steht auf 21.30 Uhr. Mir kommt plötzlich der Gedanke, noch schnell meine Eltern anzurufen. Venlo hat direkte Verbindung mit Duisburg, und von dort aus kann ich mich rasch verbinden lassen. Das ist zwar verboten, aber in einer so entscheidenden Situation möchte ich nichts versäumen. Ich springe aus meiner Maschine und renne zum Gefechtswagen. Papa Hittgen, der von hier aus den Start der Nachtjäger leitet, schaut ganz verdutzt, als er mich plötzlich auftauchen sieht. „Mensch, Johnen, bist du verrückt? Wenn das der Kommandeur erfährt! Was willst du hier? Hast du Lampenfieber?" „Doktor", ruft er dem Stabsarzt Dr. Sieke zu, der ebenfalls in Bereitschaft ist, „gib dem Johnen eine Beruhigungsspritze!" Ich lasse ihn ruhig reden und habe bereits die Wolfsburg in der Strippe. Kurz darauf ein Knacken im Hörer – meine Eltern melden sich. Hittgen starrt mich an wie aus den Wolken gefallen, doch ehe er den Mund auftut, bin ich schon wieder unterwegs zur Maschine. Der Zeiger meiner Borduhr steht auf 21.45 Uhr, als Hittgen die erste Welle für die Nachtjagdräume über Holland abruft. Der englische Bomberverband hat östlich London über der Themsemündung gesammelt und befindet sich nun in direktem Anflugkurs auf das Ruhrgebiet.

Standort des Bomberpulks: westlich Vlissingen an der Westerschelde. Meine Kameraden starten in kurzen Abständen in die Nacht hinaus. Beim Aufheulen der Motoren fegt ein Funkenregen über die Startbahn. Die dunklen Schatten verschwinden schnell am Horizont und nehmen Anflugkurs auf ihre Funkfeuer. 21.55 Uhr: in großer Höhe das singende Geräusch eines schnellen englischen Kampfflugzeuges. Vermutlich ist es der „Aufklärer vom Dienst". Von Weitem höre ich die Luftschutzsirenen. 22.00 Uhr: immer noch kein Startbefehl für mich. Ich werde allmählich ungeduldig und nervös. Endlich, um 22.02 Uhr: „Startbefehl für Leutnant Johnen!" Die Schwungkraftanlasser heulen auf, die Latten drehen sich stotternd, und schon laufen beide Motoren. „Hals- und Beinbruch!", ruft mein Erster Wart noch in die Kabine hinein und schließt den Deckel. Ich drücke den Schnellverschluss nach vorn und rolle zum Start. 22.03 Uhr: Wir starten zum Einsatz.

Abgeschossen …

Nach knapp zwanzig Minuten habe ich die vorgeschriebene Kampfhöhe von 5500 Metern erreicht und kreise über meinem Wartefunkfeuer westlich von Wesel. Majestätisch wölbt sich der Himmelsdom, die Sterne scheinen nähergerückt zu sein, so wunderbar klar leuchten sie herab. Ein erhabener und friedlicher Anblick in dieser erdenentrückten Höhe! Hier spürt der Mensch die Größe des Weltalls und die Winzigkeit des Ichs. Fern ist mir die Erde, fern sind mir die Menschen dort unten – und doch ist es meine Aufgabe, sie vor dem Schlimmsten zu bewahren. Noch ist es auf der Erde dunkel. Nur hin und wieder leuchtet der glutrote Schein einer der vielen Hochöfen auf, die nun beim Nahen des Feindes gelöscht werden. Einzelne Scheinwerfergruppen blenden kurz auf und lassen ihre Strahlen übereinanderspielen, als ob sie die anfliegenden Bomber warnen möchten. Da und dort blinken Lichter auf, die sogleich wieder erlöschen. Ich spüre auch hier oben die Unruhe und Hast vor dem drohenden Unheil, von denen die Menschen dort unten ergriffen sind. Von Süden nach Norden schimmert in weit ausholenden Bogen ein mattes, graues Band herauf: der Rhein, erste Orientierung für die Engländer. Die Erde ist wie versunken, sie duckt sich vor der tödlichen Gefahr aus der Luft, um bald in einem einzigen Aufschrei den Peinigern ihre Angst und Verzweiflung entgegenzuschleudern. Die ersten Leuchtbomben fallen und erhellen gespenstisch flackernd die Landschaft. Der Engländer sucht.

Jetzt werden Leuchtfallschirme geworfen, die sich in 500 Metern Höhe entfalten und ganz langsam der Erde zuschweben. Da fällt es aber auch schon über die Tommys her wie ein Orkan. Hunderte von Scheinwerfern blenden auf und strecken ihre dünnen Finger nach den feindlichen Bombern. Tausende von Geschosssalven blitzen auf und legen ein Sperrfeuer vor das Ruhrgebiet. Doch unbeirrt zieht der „Zeremonienmeister" der Engländer seine Bahn, um die Markierungsbomben, die sogenannten „Christbäume", zu setzen. Noch hängen die Leuchtfallschirme wie Trauben über dem Land. Meiner Beobachtung nach richtet sich der Angriff gegen Duisburg. Die Bodenstation meldet mir die ersten Abschüsse meiner Kameraden in den Nachtjagdräumen über Holland, darunter zwei Abschüsse meines Kommandeurs Hauptmann Streib innerhalb von acht Minuten. Inzwischen hat der Zeremonienmeister sein Ziel gefunden. Er überschüttet den Himmel mit roten, grünen und weißen Leuchtkugeln, die wirklich wie Christbäume aussehen und das Angriffsobjekt schauerlich erhellen: die Hafenanlagen von Duisburg-Ruhrort.

Seine Arbeit ist getan, und nun folgt die Furie. Die Flak entfesselt ein Trommelfeuer auf die anfliegenden Bomber. Pausenlos krepieren die aufblitzenden Geschosse in 4000 bis 5000 Metern Höhe. Die Tommys fliegen fächerförmig und höhenmäßig gestaffelt, um die Abwehr zu zerstreuen. Unbarmherzig werden die ersten Feindmaschinen von den Scheinwerferkegeln erfasst. Ihre silbernen Rümpfe glitzern wie helle Fischleiber gegen den dunklen Nachthimmel. Die Flak lässt ihre Beute nicht mehr aus den Krallen. Das Schicksal der Bomber ist besiegelt. In Sekunden werden Flugrichtung, Geschwindigkeit und Höhe dem Kanonier am Flakgeschütz durch die Messgeräte übermittelt, und von der nächsten Salve tödlich getroffen, stürzt der Bomber mitsamt seiner Bombenlast in die Tiefe. Drei, vier, fünf Tommys brennen in der Luft und rasen kometengleich zur Erde nieder.

Ich bin ganz benommen von diesem grandiosen Schauspiel und ehrlich erschrocken, als plötzlich die Bodenstation eilig durchgibt: „Bussard 10 von Adler, bitte Jägerkennung schalten! Antreten Kurs 130! Achten Sie auf Kampfhöhe! 80 Feindflugzeuge über Duisburg. Wir übergeben Sie an Wolfsburg. Ende, Ende!" Schnell überprüfe ich noch einmal meine Motoren und drücke den Knopf für die Außenbordbeleuchtung: alles in Ordnung! Risop ruft die Wolfsburg: „Wolfsburg von Bussard 10! Bitte kommen!" Der Jägerleitoffizier meldet sich sofort und gibt mir Angriffsbefehl auf alle Scheinwerfererfassungen über 5000 Meter. Meine Maschine nimmt direkten Kurs in den Hexenkessel hinein. Je näher ich dem Ziel komme, umso heller wird's um mich herum. Ein Lichtermeer von hellen Scheinwerfern blendet mich, sobald ich den geringsten Versuch mache, nach unten zu schauen. Die Flakgeschosse krepieren zum Teil weit über mir, und ich habe das Gefühl, nun mitten in der Hölle zu fliegen. Da erschüttert auch schon die erste Detonation meine Maschine. Eine Flakgranate krepiert fünfzig Meter vor dem Bug. Im nächsten Moment erfasst die Luftwelle wie eine gewaltige Faust meine Me 110 und schüttelt sie hin und her. „Los, Risop", schreie ich, „schieß' Erkennungssignal! Der nächste Schuss sitzt!" Rums! schon fegen zwei grüne und eine weiße Leuchtkugel aus dem Lauf. „Die Idioten werden uns doch nicht abschießen wollen!", schreit Risop aufgeregt und schiebt bereits die nächste Erkennungsmunition in den Lauf. Instinktiv habe ich meine Maschine in eine scharfe Linkskurve gerissen. Die nächste Salve sitzt hinter uns. „So einfach machen wir es euch nicht", denke ich. Vor mir sucht ein Bündel von Scheinwerfern den Himmel ab. Unruhig huschen die weißen Strahlen wie Polypenarme hin und her, bis sie endlich einen Bomber erfasst haben. Der Engländer fliegt ungefähr in 4800 Metern Höhe und unternimmt nicht eine einzige Abwehrbewegung. Die Flak nimmt ihn aufs Korn, schießt aber zu weit voraus. Ich entschließe mich zum Angriff. Risop gibt noch schnell der Bodenstation das Stichwort „Pauke, Pauke" (Angriff) durch. Aus meiner erhöhten Position drücke ich die Maschine herunter und nehme den Bomber ins Visier. Der Geschwindigkeitsmesser steigt auf 550 km/h. Größer und größer leuchtet der Bomber im Visier auf. Jetzt erkenne ich deutlich das hohe Leitwerk und den Heckschützen in der hinteren Glaskugel. Meine Maschine gelangt in den Bannkreis der Scheinwerfer, und schon prasseln die gut gezielten Garben in den Rumpf des Engländers und reißen die rechte Tragfläche auf. Der Tommy brennt und kippt über die linke Fläche ab. Das alles geschieht in Bruchteilen von Sekunden. Mit unheimlicher Geschwindigkeit rase ich an dem brennenden Engländer vorbei und ziehe steil hoch gegen den Nachthimmel, um dem drohenden Flakfeuer zu entgehen.

„Prima, Herr Leutnant, gut getroffen!", schreit Risop und meldet unseren ersten Abschuss der Bodenstation. „Wolfsburg von Bussard 10, eine Vickers Wellington abgeschossen!" „Ich gratuliere, Herr Leutnant, nur weiter so, vielleicht erwischen wir noch einen." Schnell ein Blick nach unten! Der Tommy ist am Boden aufgeschlagen und explodiert. Vereinzelte Brände in den Hafenanlagen heben sich glutrot von dem milchigen Scheinwerferlicht ab. Die Engländer haben ihre Kameraden schon auf dem Einflug brennend abstürzen sehen und verlieren in dem Feuerorkan über Duisburg die Nerven. Planlos fallen die Bomben zerstreut über die ganze Stadt. Die Bodenstation meldet die ersten Rückflüge.

Da ruft Risop plötzlich: „Über uns fliegt einer!" Nur schwach erkenne ich gegen den Nachthimmel die Umrisse eines Feindflugzeuges. Welch ein Zufall! Ohne Scheinwerfer, ohne Suchgerät und ohne Führung haben wir ihn entdeckt. Der Engländer fliegt mit ziemlicher Geschwindigkeit nordwärts. Die Nerven gehen mir durch. Krampfhaft bewahre ich Ruhe und gebe Höhensteuer. Langsam nähert sich das Ungeheuer auf 40, 30, 20 Meter. Wir kommen uns klein und unscheinbar vor unter diesem gewaltigen „Scheunentor", das mit seinen riesigen Tragflächen den Sternenhimmel zu bedecken scheint. „Herr Leutnant, das ist ja eine Viermotorige", flüstert Risop, „den Typ kennen wir ja noch gar nicht." Ich fliege nun dicht unter dem Bomber und hole erst mal Atem. Der Engländer rauscht stur nordwestwärts dem sicheren Heimathafen entgegen, anscheinend ohne den Verfolger unter sich zu ahnen. Aber ich täusche mich: Der Tommy hat uns längst erkannt. Er ist erstmalig mit seinem neuen viermotorigen Bombertyp „Short Stirling" – Bombenlast 10 Tonnen Sprengstoff – in das Ruhrgebiet eingeflogen. Dieser Bombertyp ist unserer Abwehr nicht bekannt. So können Risop und ich nicht wissen, dass unter dem Rumpf ein Bodenschütze den Gefahrenbereich unter der Maschine mit seinen zwei schweren Maschinengewehren bewacht.

Nun, wir fliegen nichts ahnend dicht unter ihm und beobachten die glühenden Auspuffrohre der vier Sternmotoren. „Wie greifen wir an?", fragt mich Risop. Ich überlege kurz und halte den Angriff von unten nach oben am besten, um den Bomber durch mein Visier laufen zu lassen und den Rumpf mit einem langen Feuerstoß aufzureißen. Der gefährlichste Moment wird kommen, wenn ich dicht hinter dem Heckschützen auftauche und die Propellerböen seiner Motoren meine Maschine erfassen. Ich muss also unbedingt kerzengerade durch den Rumpf zielen, um den Heckschützen kampfunfähig zu machen. „Jetzt müssen wir schießen", meint Risop,

„sonst bemerkt er uns noch. Nur Mut, mit Gott hinein, Herr Leutnant!" Das sind seine letzten Worte. Ich nehme Gas heraus, lasse den Engländer vorschießen und gebe Höhenruder. Da taucht auch schon der weit vorspringende Bug in meinem Visier auf. Im gleichen Augenblick kreuzen sich unsere Feuergarben. Wie aus einer Gießkanne jagt die Leuchtspurmunition des Engländers aus allen Rohren auf mich zu und blendet mich völlig. Meine Maschine wird von den Propellerböen erfasst und wie ein Fetzen Papier hin- und hergeschleudert. Ein Zielen ist unmöglich. Die Breitseite meiner Me 110 bietet sich dem Engländer als lohnendes Ziel, und schon prasseln die Garben in Kabine, Rumpf und Tanks. In Bruchteilen von Sekunden gleicht mein Flugzeug einer brennenden Fackel. Tausende Liter Benzin brennen lichterloh. Die Flammen schlagen bereits in die Kabine. Eine Maschinengewehrsalve streift mein linkes Bein und jagt den um meinen linken Unterschenkel gebundenen Gurt mit Erkennungsmunition in die Luft. Von der Wucht der Explosion wird das Kabinendach aufgerissen und fliegt weg. Im Augenblick des sicheren Todes schaue ich noch einmal nach Risop. Er liegt leblos vornübergebeugt auf dem Funkgerät. Die Maschinengewehrgarbe hat ihn tödlich getroffen. Ich selbst habe keine Hoffnung mehr, aus der brennenden Maschine herauszukommen, und stürze senkrecht mit den Flammen in die gähnende Tiefe. Die unsägliche Hitze in diesem Flammenmeer macht mich halb ohnmächtig.

Ich fühle keine Angst. Unter verzweifelter Mühe bringe ich mein zerschossenes Bein aus der Kabine heraus. Aber die Zentrifugalkraft ist zu groß und drückt mich in die Maschine zurück. So gebe ich jede Hoffnung auf Rettung auf und lege meine Hand schützend über meine Augen. Nach einem Sturz von 3000 Metern explodiert die Maschine in der Luft und schleudert mich heraus. Als brennende Fackel durchwirble ich die Luft und überschlage mich rückwärts. Die kühle Nachtluft schlägt peitschend gegen mein Gesicht und bringt mich wieder zur Besinnung. Wie ein Blitz durchfährt es mich: Der Fallschirm fängt Feuer! Noch liegen die Seidenbahnen geschützt in der vom Feuer bereits angefressenen Hülle. Schnell ersticke ich die Flammen mit beiden Händen und reiße mir die Pelzstiefel und Handschuhe vom Leib. Gott sei Dank, das ging noch einmal gut! Jetzt wird's aber höchste Zeit, den Fallschirm zu ziehen, denn die roten Brände am Erdboden nähern sich mit rasanter Geschwindigkeit. Die Erde kommt näher und näher. Ein Ruck, und der Sturz in die Tiefe wird gestoppt. Der Schirm entfaltet sich. Meine Freude ist unbeschreiblich – und wird jäh gedämpft: der Fallschirm ist durchschossen und gerissen. Meine Nerven sind fertig. Doch auch diesen Schock überwinde ich. Nur verspüre ich jetzt Angst, wahnsinnige Angst. In den Sekunden des Absturzes kam ich gar nicht zur Besinnung, zu sehr überstürzten sich die Ereignisse. Aber nun, in der gebremsten Absturzgeschwindigkeit, sehe ich mich jeden Moment mit zerbrochenen Knochen auf das Straßenpflaster aufschlagen. Doch die Erde kommt nicht näher. Von den

16 durch Längsstreifen gesicherten Bahnen ist eine durchschossen und flattert im Winde. Der Fallschirm hängt schräg in der Luft und droht jeden Moment umzuschlagen. Das wäre das Ende. Mit letzter Anstrengung ziehe ich immer wieder an den Seilen und pendle den Schirm aus. Inmitten dieses letzten Verzweiflungsaktes klatsche ich mit aller Wucht ins Wasser einer überschwemmten Wiese. Ich sinke bis zum Hals in den Morast. Das ist mein Glück. Die Wirkung des starken Aufpralls wurde durch den weichen Boden gemindert. Das kalte Wasser ruft die letzten Lebensgeister in mir wach. Mit der mir noch verbliebenen Pistole knalle ich in die Luft, um Rettung herbeizurufen. Menschen eilen herzu und befreien mich aus meiner heiklen Lage. Die Sinne schwinden mir. Als ich nach Stunden die Augen öffne, beugt sich eine Schwester über mich und schaut mich lächelnd und hoffnungsvoll an: Ich bin gerettet!

Im Lazarett

Das Ärgste ist überstanden. Der Chefarzt des Krankenhauses erlaubt mir die ersten Gehversuche auf dem Korridor. Von der Schwester gestützt, sehe ich hinaus in die blühende Natur und fühle mich der Erde neu geschenkt. Ein Glücksgefühl steigt in mir auf. Die ersten Lebensgeister erwachen beim Anblick der blütenübersäten Bäume und der bunten Frühlingsblumen. Nur die Gedanken an meinen braven Funker Risop werfen einen Schatten auf meine erwachende Lebensfreude. Wie mir der Kommandeur bei seinem Krankenbesuch berichtete, konnte die Leiche von Risop nur mühsam geborgen werden. Bei der gewaltigen Absturzgeschwindigkeit bohrte sich der Rumpf der Maschine wie ein Torpedo in den morastigen Boden und nahm Risop mit in die Tiefe.

Die Schwester erzählt mir von den Stunden und Tagen nach meiner Rettung. „Sie haben uns Sorgen gemacht, lieber Leutnant! Nachts um 12.30 Uhr klingelte das Telefon auf meiner Station: Ein Nachtjäger sei abgeschossen worden und liege besinnungslos und schwer verwundet in einem Bauernhaus. Nun, Sie waren ganz schön zugerichtet, und unser Professor nahm Sie in seine spezielle Behandlung. Jetzt haben wir Sie wieder einigermaßen zusammengeflickt, aber fliegen werden Sie nicht mehr können. Ihre Augen haben zu stark unter der Hitze gelitten. Erst als sich die verbrannte Haut von Ihrem Gesicht löste, gingen die Schwellungen zurück. Unser Professor hatte die Möglichkeit, Ihre Augenlider zu heben und die Netzhaut zu untersuchen. Eine Schwester weinte vor Freude, als er erleichtert feststellte, dass Sie wieder sehen könnten."

Die Worte der Schwester erfüllen mich mit tiefer Dankbarkeit. Dem Arzt ist es gelungen, trotz einer Unmenge von Flugzeug- und Munitionssplittern mein linkes Bein zu retten. Und trotz Verbrennungen zweiten Grades bleiben im Gesicht keine Narben zurück. Wenn ich auch Schmerzen ausstehen muss, die Heilung schreitet Tag für Tag erfolgreich voran, und die junge Haut verdrängt die alte.

Nun bin ich wieder auf dem aufsteigenden Ast des Lebens und genieße die Ruhe meines Krankenhausaufenthaltes. Die Gedanken wandern zu meiner Nachtjagdgruppe nach Venlo, zu meinen Kameraden. Soll ich nun gar nicht wieder fliegen können? Die Worte der Schwester lasten wie ein Alpdruck auf mir. Dann kommt der Tag der Entlassung. Mit noch matten Gliedern und einem „neuen Gesicht" trete ich meine Urlaubsreise nach Bad Schachen an.

Wieder in Venlo

Unser Gruppenarzt Dr. Sieke untersucht meine Augen und lächelt. „Na, Sie haben mächtig Schwein gehabt, lieber Johnen. In vierzehn Tagen dürfen Sie wieder fliegen. Aber lassen Sie sich nicht noch einmal erwischen. Wer weiß, ob's beim zweiten Mal wieder so gut ausgeht."

Mein Staffelkapitän teilt mir meinen neuen Bordfunker zu, den Obergefreiten Östreicher, einen urgemütlichen „Weaner", dem's nie pressiert.

„Ja mei, Herr Leutnant, wie konnt denn dös g'schehn", sagt er immer wieder und studiert mit mir zusammen die verhängnisvolle „Short Stirling". Abend für Abend sitze ich mit den jungen Besatzungen zusammen, um anhand der nun vorliegenden Modelle theoretisch die besten Angriffsmöglichkeiten herauszuknobeln. Ich fliege mich am Tag auf meiner neuen Einsatzmaschine „Dora" ein. Nach und nach fallen die Beklemmungen. Das Vertrauen zur Maschine kommt wieder.

An einem warmen Sommerabend im Juli 1942 teilt mich der Kommandeur nach einer Rücksprache mit dem Stabsarzt als Reserve für den Nachtjagdraum „Berta" ein. Der Jägerleitoffizier dieser Stellung, Oberleutnant Knickmeier, ruft mich an und wünscht mir zu meinem ersten Einsatz nach meiner Genesung alles Gute. Mein „Reserveposten" lässt nur wenig Hoffnung auf einen scharfen Einsatz zu, und so erwarte ich keineswegs, noch in dieser Nacht ein Rendezvous mit dem Tommy zu haben.

So bin ich einigermaßen überrascht, als mein Weaner mit den Worten in meine Schlafkabine stolpert: „Herr Leutnant, machen's eahna fertig, der Feind kommt. Die Kameraden san scho furt." „Ja, Herr Oberg'freiter", antworte ich, „da müass mr uns eb'n a bisserl schickn."

Ruhig und bedächtig ziehe ich mich an und treffe die notwendigen Vorbereitungen. Die Tommys fliegen in ziemlicher Höhe über unseren Platz in Richtung Ruhrgebiet und lassen, als Gruß an ihre „Freunde" in Venlo, einige Bomben in die Flugplatzanlagen fallen. Doch die Feuerwehr ist auf Draht, und im Nu sind die vereinzelten harmlosen Brände gelöscht.

Auf dem Gefechtsstand ist Großalarm. Sämtliche Strippen sind besetzt, und jedes Mal, wenn eine Stellung den Abschuss eines Bombers meldet, tönt ein Freudengeheul durch den Raum. In Stellung „Berta" fliegt der Kommandeur. Dieser Raum, der unserem Einsatzhafen am nächsten liegt, hat die meisten Durchflüge und wird von einem hervorragenden Jägerleitoffizier geführt. So gelingen in diesem Raum die meisten Abschüsse, auch in dieser Nacht. Der „Alte" meldet nach dem zweiten Abschuss schwere Treffer an Tragflächen und Motoren. Sein Adjutant, Oberleutnant Frank, startet sofort und löst ihn ab. Doch die Einflüge sind vorbei, und Oberleutnant Frank hat das Vergnügen, über „Berta" eine Stunde auf die Rückflüge zu warten. Diese Wartezeit ist langweilig, da kein unnötiger Funksprechverkehr mit der Bodenstation geführt werden darf und auch die Unterhaltungen an Bord verboten sind, weil der Funker am Empfänger jeden Augenblick einen Befehl von unten zu erwarten hat. Unser „Adju" wird endlich durch die ersten Rückflüge aus seiner Warteposition befreit und schießt getreu seinem Vorbild weitere zwei Engländer ab. Derweilen hocken Östreicher und ich als Reserve in unserer „Dora" und erhalten vom Einsatzleiter Startbefehl, um auf alle Fälle bei Ausfall von Oberleutnant Frank die letzten Rückflüge zu bekämpfen. Diese Vorsichtsmaßnahme erweist sich auch als richtig, denn Oberleutnant Frank muss wegen Funkschadens vorzeitig landen. „Auf ein Neues", denke ich, „diesmal ohne Flak", und schraube meine Dora auf 4000 Meter Höhe.

Im Juli sind die Nächte besonders hell. Das Nordlicht wird den Engländern zum Verhängnis. Von achtzig einfliegenden Feindbombern liegen bereits dreißig zerschmettert am Boden. „Bussard 10 von Berta! Kuriere fliegen in 4000 Metern mit Kurs 280 Grad. Bitte gehen Sie auf Gegenkurs 100 Grad. Zwei Kuriere fliegen in den Raum ein!", gibt mir Oberleutnant Knickmeier durch. Seltsame Gefühle bewegen mich bei diesen Worten. Erinnerungen werden wach an die Nacht vom 26. März über Duisburg.

„Bussard 10 von Berta, bitte schnelles Lisa (Linkskurve) auf 280 Grad! Kuriere (Feindflugzeuge) auf gleicher Höhe. Geben Sie Vollgas!"

Schnell verfliegen die Gedanken bei diesem Ruf durch den Äther, und das aufregende Suchen nach dem Feind beginnt. Es dürften einige Nachzügler sein, die entweder angeschossen oder mit langsamen „Mühlen" ihren Kameraden nachfliegen. So ruft denn auch Knickmeier wieder meine Maschine an und gibt „Halten" durch. Wir haben den Tommy bereits überflogen. Ich nehme Gas heraus und fahre die Landeklappen aus, um meine Fahrt abzubremsen.

„Kurier in 4000 Metern Höhe auf gleichem Kurs, zwei Kilometer hinter Ihnen. Fliegen Sie mit 320 km/h und beobachten Sie den Luftraum!"

In leichten Pendelbewegungen lasse ich den Gegner herankommen und beobachte angestrengt den Horizont zum hellen Norden. Da – ein schmaler Schatten schiebt sich langsam nach vorn. Sofort tauche ich nach unten und setze mich ab. Der Gegner soll mich diesmal nicht entdecken. Überraschung ist der halbe Abschuss. Nachdem ich den Gegner gesichtet habe, werde ich ruhig. Mir eilt's gar nicht, und so schiebe ich mich langsam und sicher Meter um Meter an ihn heran. Der Feindbomber, eine „Vickers Wellington", zieht gelassen seine Bahn. Knickmeier gibt mir noch durch, dass der zweite Bomber weiter nordwärts außer meinem Jagdbereich fliegt.

Mein Bordfunker meldet sich: „Herr Leutnant, bittschön schiassn's nur in d'Fläch'n. Die armen Kerln dean oam ja direkt leid."
Ich habe vorerst kein Mitleid in Anbetracht meiner eigenen Erfahrungen, halte aber

den Stachel des Fadenkreuzes auf den linken Motor des Gegners gerichtet. Der Abstand verringert sich: 150 Meter, 100 Meter, 50 Meter. Schon hat der Tommy einige Feuersalven ab. Der feindliche Heckschütze kann bei den Abwehrbewegungen seines Piloten nicht genau zielen. Wie an einer Perlenschnur aufgereiht, sausen die „Glühwürmchen" am Himmel entlang. Ich bleibe ihm hart auf den Fersen und warte auf einen günstigen Moment.

Jetzt breitet der Tommy seine Flächen gegen den Nordhimmel aus und steuert in die Linkskurve. In diesem Augenblick lege ich meine Maschine gerade und lasse ihn in das Fadenkreuz hineinfliegen. Die linke Flächenspitze taucht auf – ein Feuerstoß! – und der linke Motor brennt. Der Tommy ist angeschossen, und ich warte darauf, dass die Besatzung abspringt. Aber es rührt sich nichts. Das Feuer scheint zu erlöschen. Offenbar hat der Pilot den linken Motor sofort abgestellt und versucht nun, mit nur einem Motor zu entkommen. Also nochmals Angriff! Ich muss die Landeklappen herausfahren, um die Geschwindigkeit auszugleichen. Der Engländer scheint ein alter Fuchs zu sein und versucht, mich durch einen „Stoppflug" abzuschütteln. Tatsächlich hänge ich nun wie eine „weiche Pflaume" am Nachthimmel. Jeder versucht, noch langsamer zu fliegen. Mir wird die Sache zu bunt, und entgegen aller Vernunft greife ich direkt von hinten an. Der Heckschütze wartet auf mein Kommen, und so nähern wir uns Auge in Auge, meine zwei Kanonen und vier Maschinengewehre gegen seine überschweren MGs gerichtet. Gleichzeitig eröffnen wir das Feuer, und während der Engländer brennend in die Tiefe stürzt, bemerke ich Treffer im eigenen Flugzeug. Ein Brandgeruch zieht durch die Kabine, doch nirgends entdecke ich Flammen. Plötzlich blockiert das Höhensteuer: Die Maschine stürzt steil nach vorn in die Tiefe. Diese Situation ist brenzlig. Ein kerniger Fluch entfährt mir und wird von meinem Weaner als Alarmzeichen gedeutet. Als nämlich nach einem Sturz von 1000 Metern das Höhensteuer wieder funktioniert und ich die Maschine wieder in der Gewalt habe, zieht ein kalter Luftstrom durch meine Kabine. Ich schaue nach hinten – ins Leere. Mein Bordfunker ist einfach weg – aus der Maschine verschwunden.

Das ist keine schlechte Überraschung für mich. Ihm ist's anscheinend bei unserem Sturzflug zu heiß geworden, und nach dem Motto: „Lieber lebendig am Fallschirm als tot in der Kiste", ist er ausgestiegen. Die Funkverbindung ist abgerissen und damit jede weitere Nachtjagd ausgeschlossen. Ohne Peilung, ohne Standortdurchgabe und ohne Funksprechverbindung versuche ich nun, allein auf meinen Spürsinn angewiesen, meine „Dora" wohlbehalten in den sicheren Hafen zu bringen. Meine einzige Hoffnung ist Knickmeier. Der wird hoffentlich merken, was mit mir los ist und sofort die umliegenden Einsatzhäfen benachrichtigen. Nach einem vierstündigen Flug zwischen Rhein und Maas sehe ich in der Ferne „Radieschen" in die Luft steigen. Papa Hittgen hat inzwischen alles Menschenmögliche getan, um mir das Auffinden des Landehafens zu erleichtern. So lande ich glücklich und nass geschwitzt in den frühen

Morgenstunden in Venlo. Mit großem Hallo empfangen mich meine Kameraden und berichten mir von der sicheren Landung meines Bordfunkers Östreicher, der sofort nach seinem Fallschirmabsprung telefonisch meinen „Absturz" und seine Rettung gemeldet hat. Beim Wiedersehen meint er treuherzig zu mir: „Nun, Herr Leutnant, als die Maschine plötzlich steil nach unten stürzte, da haben Sie so fürchterlich geflucht, dass ich gemeint hab, jetzt ist es aus! Da bin ich halt ausgestiegen!" „Ohne Auf Wiedersehen zu sagen!", ist meine Antwort. „Na ja, Herr Leutnant, mir hat's halt so pressiert. Aber ich freue mich ja so, dass Herr Leutnant noch leben."

Die Lawine kommt ins Rollen

Die bisherigen Nachtangriffe der Engländer verliefen in der Gesamtwirkung harmlos. Noch arbeitet die deutsche Rüstungsindustrie auf vollen Touren, und der Nachschub an die Front funktioniert reibungslos. Die täglichen Sondermeldungen über die Erfolge unserer Wehrmacht lassen auf einen baldigen Endsieg hoffen. Tief im Feindesland kämpft der deutsche Soldat mit unvergleichlichem Idealismus und treibt den Gegner immer weiter zurück, bis vor die Tore von Moskau und Kairo. Aber die Nachschublinien werden immer länger, und die besetzten Gebiete sind nur mit schwachen Streitkräften gesichert. Die Heimat leistet Übermenschliches, um die Soldaten an der Front zu versorgen und ihnen die Gewissheit zu geben, dass sie nicht allein auf einsamem Posten stehen. Der Soldat draußen an der Front glaubt seine Angehörigen in der Heimat geborgen, und das macht ihm immer wieder Mut. Doch was hilft aller Mut auf die Dauer gegen die Übermacht? Infolge der Kriegserklärung Hitlers an die USA im Dezember 1941 hat England einen neuen Bundesgenossen bekommen.

Die Insel erlebt eine amerikanische Invasion ohne Beispiel: Flugzeuge, Panzer, Schiffe, Geschütze, Fahrzeuge, Munition, Verpflegung und Frachter mit Soldaten schwimmen trotz stärkster U-Boot-Bekämpfung über den Atlantik in die englischen Westhäfen. Flugplätze mit kilometerlangen Startbahnen werden aus dem Boden gestampft. Amerika kurbelt seine Kriegsmaschinerie an und wirft seine unerschöpften Reserven in den Kampf. Das amerikanische Tempo bestimmt nunmehr die strategischen Einsätze gegen Deutschland. Wo Startbahnen fehlen, legen die Amerikaner einfach schwere, engmaschige Stahlmatten über Wiesen und Äcker. Noch am gleichen Tage starten auf diesen provisorischen Rollfeldern die amerikanischen Jagdflugzeuge vom Typ „Thunderbolt", „Mustang" und „Lightning" als Begleitschutz der schweren Kampfmaschinen gegen das innere Reichsgebiet. Nachts fliegt der Engländer, am Tage der Amerikaner – pausenlos! Nur schlechtes Wetter unterbricht die anhaltende Luftoffensive gegen die deutsche Heimatfront.

Diesem Massenansturm ist die deutsche Nachtjagd nicht gewachsen. Mit fieberhafter Eile werden wohl neue Verbände aufgestellt, aber was nutzen die jungen, unerfahrenen Piloten in der Nachtjagd? Viele fallen vom Himmel, ohne überhaupt einen Gegner gesehen zu haben. Dennoch schlagen die wenigen Verbände empfindlich zu. Der An- und Abflugweg des Engländers ist durch brennende Flugzeugwracks markiert. Der Brite lässt gewaltig Federn, aber die Lücken in seinen Reihen werden bald geschlossen. Kanadier, Australier, Neuseeländer, Südafrikaner und Amerikaner verstärken die „Bombergroups". Jede Nacht greift der Tod nach einer anderen deutschen Stadt, jeder Morgen bringt Tränen der Verzweiflung, jeder Tag Angst vor der kommenden Nacht. An nächtlichen Schlaf ist bei den Nachtjägern nicht mehr zu denken, denn die Engländer kommen oft zweimal in der Nacht. Unsere Maschinen landen nach dem ersten Einsatz in irgendeinem deutschen Flughafen, tanken sofort wieder auf und starten erneut dem Feind entgegen. Vier bis sechs Stunden dauert der Nachteinsatz, und in den frühen Morgenstunden legen sich die Besatzungen hundemüde schlafen – bis der Amerikaner mit seinen silbernen Vögeln angebraust kommt. Alarm! Auch die Nachtjagd wird zur Tagesabwehr herangezogen. Kaum haben die Nachtjäger in einem kurzen Schlaf die nervenaufreibenden Erlebnisse der letzten Nacht vergessen, da reißt sie schon die Alarmsirene vom Lager hoch: zur Maschine! Der Kampf beginnt. Dort die schnellen Begleitjäger der Amerikaner – hier die schwerfälligen Maschinen der deutschen Nachtjäger. Die Luft dröhnt von den Motoren der geschlossen anfliegenden Kampfverbände. Hunderte von schnellen Begleitjägern wachen über den ihnen anvertrauten schweren Bombern, die gelassen ihre gerade Bahn ziehen. Beim Anflug der ersten deutschen Jagdverbände stürzen sie sich auf den Feind, und in Sekunden ist die Luftschlacht im Gange. In diesem wirren Durcheinander versuchen die Nachtjagdverbände, in geschlossenen Staffeln an die Bomber heranzukommen. Die Bordschützen haben die schwierige Aufgabe, die jeden Augenblick angreifenden amerikanischen Jäger abzuhalten. Einer jagt den andern – Freund und Feind stürzen brennend vom Himmel, bis endlich am späten Nachmittag der amerikanische Kampfverband sich zum Rückflug nach England wendet. Die Verluste sind auf beiden Seiten groß. Mancher Nachtjäger, der sich bisher nachts wacker geschlagen hat, hält der Übermacht am Tage nicht stand. Bis zum Einbruch der Nacht verbleiben wieder nur wenige Stunden der Ruhe und Entspannung – dann beginnt das Spiel von Neuem.

Unsere 1./Nachtjagdgruppe I in Venlo kämpft beispielhaft. Hauptmann Streib, die Oberleutnante Thimmig, Frank Knacke, Wandam, Griese und Loos sind die Asse der Gruppe. Knacke schießt Nacht für Nacht in verwegenen Luftkämpfen einen Tommy nach dem andern ab und erhält das Ritterkreuz. Trotz der Luftüberlegenheit der Engländer erfüllen die Besatzungen und das Bodenpersonal nach wie vor mit Begeisterung ihre Pflicht. Die Kameradschaft zwischen Offizieren und Mannschaft einerseits und fliegendem Personal und Bodenpersonal andererseits ist vorbildlich. Jeder, der kurz im Heimaturlaub war und eine Bombennacht miterlebte, erfüllt seine Pflicht noch besessener und gewissenhafter als zuvor. Doch die geschlagenen Wunden heilen nicht mehr. Die Städte sinken in Trümmer, und unheilvoll nagt der Bombenkrieg an der Widerstandskraft des Volkes. Alles, was den Menschen lieb und wert geworden ist, geht in den Flammen unter. Ganze Stadtteile werden oft in einer einzigen Nacht „ausradiert“, jahrhundertealte Gebäude mit kostbaren Sammlungen, Kirchen, Schlösser, Schulen, Fabriken, Wohnhäuser und Bahnhöfe fallen den Flammen zum Opfer. Der ungeheure Feuersturm zieht die verängstigten Menschen in seinen Sog hinein und lässt sie lebendigen Leibes verbrennen. Die Städte Münster, Karlsruhe und Essen erleiden in diesem Sommer 1942 durch konzentrierte Nachtangriffe empfindliche Verluste. Einer unserer Kameraden, der in Karlsruhe auf Urlaub war, berichtet uns nach seiner Rückkehr von der Bombennacht des 3. September 1942:

„Nachts um 02.10 Uhr ertönten die Sirenen. Nur wenige Bürger räkelten sich aus ihren warmen Betten heraus und suchten den Luftschutzkeller auf. Wozu auch! Karlsruhe ist doch im Vergleich zu den großen Industriestädten wahrlich unbedeutend, und darum wird der Engländer höchstens einen Stör- oder Scheinangriff vorhaben. Doch selbst dem ruhigsten Bürger wurde es plötzlich ungemütlich, als starkes Motorengedröhn die Luft über der Residenzstadt erzittern ließ. ,Die Engländer sind über der Stadt!', hallte der Schreckensruf durch die Straßen und Häuser. Da explodierten auch schon im Zentrum der Stadt die ersten Bomben und verursachten eine Panik unter der Bevölkerung. Alles stürzte verzweifelt in die Luftschutzkeller, und die Luftschutzwarte hatten alle Mühe, die Menschen in den Kellern zu beruhigen. Unaufhörlich jagten unsere Flakkanonen ihre Salven gegen den Nachthimmel, ohne die über der Stadt kreuzenden Tommys ernsthaft zu gefährden. Straßenzug um Straßenzug ging in Flammen auf. Tränen standen den Karlsruhern in den Augen, als sie am nächsten Morgen die Zerstörungen und die Opfer erblickten. Die ersten Zweifel an der Richtigkeit unserer Kriegsführung tauchten auf, und viele verloren das Vertrauen zum Hitlerregime. Wilde Gerüchte verbreiteten sich unter der Bevölkerung. Ich glaube", so schließt unser Urlauber seinen niederdrückenden Bericht, „dass die Feinde ihr erstes Ziel erreicht haben: unsere Heimatfront zu erschüttern."

Das Ei des Kolumbus

Wie soll diesem Ansturm der alliierten Luftwaffe standgehalten werden? Nach wie vor ist das Auffinden des Gegners bei Nacht das ungelöste Problem. Von tausend Bombern, die im engen Kampfverband die gestaffelten Nachtjagdräume durchfliegen, wird nur ein Bruchteil von den Scheinwerfern erfasst, und nur wenige werden von den Nachtjägern abgeschossen. Die große Masse der Bomber nimmt unbehelligt den langen An- und Rückflug von England über Holland und Belgien nach Deutschland und zurück. Die gesamte Nachtjagd ist zu stark an die einzelnen Nachtjagdräume gebunden und zu beschränkt in ihrem Aktionsradius. Bald ist der Engländer durch seinen Geheimdienst über die genaue Lage der Gefahrenräume informiert und kennt die schwachen Stellen unserer Abwehr aufgrund der Einsatzberichte seiner Besatzungen. Was ist die Folge? Die alliierten Verbände stauen von allen Flugplätzen in England, sammeln sich dann über einem bestimmten Leuchtfeuer in der Nordsee und fliegen von hier aus in kurzen Zeitabständen, also gewissermaßen im Gänsemarsch, den schwächsten Nachtjagdraum an. Dann durchbrechen sie diesen Luftraum mit ungeheurer Wucht, vergleichbar mit einem breiten Strom, der durch eine Landenge getrieben wird. Unsere gesamte Nachtjagdabwehr wird durch diese Anflugtaktik lahmgelegt. Der breite Gürtel der Abwehrmauer, der sich von Paris bis über Flensburg spannt, ist nutzlos geworden. Also muss die Abwehr elastischer werden – aber wie? Solange der Nachtjäger auf die Scheinwerfererfassung angewiesen ist und nicht selbst den Gegner am Himmel entdecken kann, ist eine wirksame Bekämpfung ausgeschlossen. Die Stimmung der Besatzungen, die Nacht für Nacht am Himmel hängen und untätig zusehen müssen, wie die Tommys vielleicht in 30 Kilometer Entfernung in Massen durch den Nachbarraum hindurchstoßen, sinkt auf den Nullpunkt.

Da endlich kommt die Erlösung! Berlin schickt die erste Nachtjagdmaschine, die mit einem eigenen Suchgerät ausgerüstet ist und somit einen unbeschränkten Aktionsradius besitzt. In fieberhafter Arbeit haben Elektroingenieure ein Gerät entwickelt, das auf Ultra-Kurzwelle Elektrostrahlen in den Raum sendet. Der Strahlenweg vom Sender zum metallenen Gegenstand und zurück zum Empfänger, in Bruchteilen von Sekunden zurückgelegt, wird von dem Gerät gemessen und auf der sogenannten Braunschen Röhre sichtbar ausgewertet. Diese Wundermaschine erregt in der ganzen Nachtjagd beträchtliches Aufsehen. Die Gerüchte überschlagen sich, und mancher behauptet, dass Maschinen mit „Todesstrahlen" zum Einsatz kommen sollen. So unsinnig dieses Gerücht ist, etwas Wahres ist doch daran, denn das „Lichtenstein"-Gerät – unter diesem Namen wird es bald in der Nachtjagd bekannt – sendet zwar keine Todesstrahlen, aber es greift mit unsichtbaren Armen nach dem Gegner, wie ein Polyp seine Beute heranzieht. Der Todesstoß aus den Kanonen des Nachtjägers ist dann die Folge. In Schnellkursen lernen die Bordfunker Arbeitsweise und Bedienung des Gerätes kennen. So kompliziert der Einbau und die Geräte sind, so einfach ist die Handhabung. Das Auffälligste an einer Lichtenstein-Maschine sind die langen Antennenarme am Bug des Flugzeuges, in der Fliegersprache bald als „Drahtverhau" bezeichnet. Der Wirkungsbereich der Antennen erstreckt sich je 30 Grad nach unten und oben und je 60 Grad nach beiden Seiten. Das Feindflugzeug wird jeweils in einer Entfernung, die der eigenen Flughöhe entspricht, vom Gerät erfasst. Fliegt also der Nachtjäger in 4400 Metern Höhe, so kann der Bordfunker das Feindflugzeug bis zu einer Höchstentfernung von 4400 Metern auf dem Bildrohr sehen.

Nun wird natürlich nicht die Maschine selbst sichtbar, sondern nur der sogenannte „Maschinenzacken". Da die Entfernung allein dem Nachtjäger wenig nützen würde, erscheinen auf zwei weiteren Bildröhren der Höhenzacken und der Seitenzacken, also insgesamt drei Bilder. Für den Bordfunker bedeutet die Bedienung dieses Gerätes neben seinen anderen Aufgaben, wie Fremd- und Eigenpeilung, Funk-, Boden- und Bordsprechverkehr, eine enorme zusätzliche Belastung. Außerdem blenden die hellblau aufleuchtenden Braunschen Röhren die Augen dermaßen, dass der Bordfunker nach einer etwa halbstündigen Bedienung des Suchgerätes auch bei klarem Himmel die Sterne nicht mehr wahrnehmen kann. Umso mehr müssen Flugzeugführer und Bordschütze den Luftraum beobachten. Der Einbau des Lichtenstein-Gerätes erfordert ferner eine noch bessere Zusammenarbeit und Verständigung zwischen Flugzeugführer und Bordfunker. War der Pilot bisher völlig frei in seinen Entscheidungen, so ist er jetzt auf die Meldungen des Bordfunkers angewiesen und muss den Flugzeugkurs entsprechend den Messwerten einhalten. Zugleich bedeutet dieses Gerät eine Umwälzung im taktischen Einsatz der Nachtjäger. Die Nachtjagdräume bleiben zwar in ihrer bisherigen Wirkungsweise bestehen, aber die Lenkung der Nachtjagd geschieht nunmehr von höherer Warte aus. Grundlegend ändert sich an der Taktik, dass der Nachtjäger nicht wie bisher in einem begrenzten Raum geführt wird, sondern dass die gesamten Nachtjagdverbände bereits an der Kanalküste über einem schweren Funk- und Blinkfeuer sammeln, das unmittelbar in der erkannten Anflugrichtung des Gegners liegt. Die Gruppenkommandeure verständigen sich dann untereinander und mit ihren Staffelkapitänen auf einer geheimen Frequenz. Die Staffelkapitäne nehmen mit ihren Besatzungen Verbindung auf. So kann der Kommandeur seinen Verband in verhältnismäßig kurzer Zeit dem Bodengefechtsstand einsatzbereit melden.

Im günstigsten Fall kreisen also die gesamten Nachtjagdgruppen in gestaffelten Flughöhen über dem Funkfeuer an der Küste und werden von hier aus in Zeitabständen in den einfliegenden englischen Kampfverband eingeschleust. Damit sind sozusagen die Karten gut gemischt, und das Lichtenstein-Gerät kann in Funktion treten. Neben dem Erdbild oder dem Erdzacken, der ständig auf allen drei Röhren aufleuchtet und bewirkt, dass die Feindmaschine nur in Entfernung der eigentlichen

Flughöhe zu erfassen ist, erfasst nun der Bordfunker bei der Einschleusung in den englischen Kampfverband in seinem Suchgerät die Feindmaschinen. Bildlich gesprochen tasten die Elektrostrahlen des Gerätes den Luftraum ab und übermitteln in Sekundenbruchteilen Höhe, Entfernung und Seite des Feindflugzeuges an den Piloten. Fliegen also zum Beispiel 800 Bomber und 100 Nachtjäger vereint im „Strom", so besteht zwar die Gefahr, dass statt des Gegners ein vorausfliegender Kamerad von den Strahlen erfasst wird. Aber auch hier hat der Erfinder vorgesorgt und ein Zusatzgerät eingebaut, das es möglich macht, Freund und Feind zu unterscheiden.

Mit dieser Taktik kann der Nachtjäger seinen Gegner vom Kanal bis zum Angriffsziel und wieder zurück bis zur englischen Küste verfolgen, sofern er nur im Bomberstrom bleibt und ihm der Sprit nicht ausgeht. Die Bodenleitstelle gibt laufend Standortmeldungen des Kampfverbandes durch, sodass der Nachtjäger immer über die Luftlage orientiert ist und sich nötigenfalls wieder in den Bomberstrom einschleusen kann. Sämtliche Flughäfen sind alarmiert und hellen auf, sobald ein Nachtjäger in Luft- oder Spritnot ist. Mit Einführung des Lichtenstein-Gerätes beginnt schlagartig eine intensive Bekämpfung des Gegners, da alle Nachtjagdverbände eingesetzt werden können. Die „Wanderzeit" für die Besatzungen ist gekommen, und nicht selten treffen Piloten aus Frankreich, Belgien, Deutschland oder Dänemark auf einem Landehafen in Holland zusammen. In der Morgendämmerung fliegen dann alle wieder zu ihren Heimathäfen zurück. Einmal war ein Nachtjäger so eifrig bei der Sache, dass er den feindlichen Bomberstrom bis nach England hinein verfolgte und dann aus Spritnot auf einem englischen Flugplatz landen musste.

Für die Engländer bedeutet die Einführung des Lichtenstein-Gerätes zunächst eine Katastrophe: Der „Gänsemarsch" wird zum Todesmarsch.

Am 17. November 1942 um 23.00 Uhr erfüllt eine ungeheure Spannung die Besatzungen des Einsatzhafens Venlo. Tagesgespräch ist das Lichtenstein-Gerät und der unter Geheimer Kommandosache befohlene Einsatz „Adler". Die Division hat soeben den Befehl ausgegeben: „Sämtliche Verbände der Nachtjagd starten erstmalig in geschlossenem Einsatz, mit Li-Geräten ausgerüstet, gegen den Feind. Kurz vor dem Start erhalten die Besatzungen den Standort des feindlichen Bomberverbandes gemeldet und sammeln über einem Funkfeuer an der Küste, das die Kennung ‚Li' gibt. Von diesem Punkt aus erfolgt die Einschleusung in den englischen Bomberstrom, der bis zum Angriffsziel zu dezimieren ist. Jede Besatzung hat bis zum letzten Tropfen Sprit den Gegner zu verfolgen."

Der Befehl ist klar. Oberleutnant Knacke und sein Bordfunker Heu besprechen nochmals alle Einzelheiten, die sich aus den neuen Einsatzmöglichkeiten ergeben. Sorgfältig werden alle Landehäfen in die Flugkarte eingetragen, denn man weiß ja nie, welche Stadt der Engländer in dieser Nacht angreifen wird. Es kann Kiel, es kann auch Frankfurt am Main sein. Eifrig diskutieren die Flugzeugführer über die

Abschussmöglichkeiten. „Keiner kommt mehr zurück nach England", wagt einer zu behaupten. Das ist gewiss übertrieben, aber es liegt etwas in der Luft, das spüren alle. Nach den mageren Erfolgen der letzten Einsätze und der daraus resultierenden Verheerung der deutschen Städte ist es den Besatzungen jedenfalls Verpflichtung, das Letzte aus den nun gegebenen Möglichkeiten herauszuholen.

23.30 Uhr: Der Funkabwehrdienst an der Küste meldet das Starten starker Kampfverbände in Mittelengland. „Sitzbereitschaft für alle startklaren 30 Maschinen und Besatzungen!" Ein Bordfunker meldet den Ausfall seines Li-Gerätes. Sofort eilt ein Funkspezialwagen an die Maschine und überprüft den komplizierten Mechanismus. Die Fehlerquelle ist bald gefunden und die Maschine wieder einsatzbereit.

23.45 Uhr: Der Lautsprecher meldet: „Die englischen Bomberverbände sammeln in Planquadrat 23, Längengrad 2° 20', Breitengrad 52° 30'. Stärke des Kampfverbandes: ungefähr 600 Feindflugzeuge. Flughöhe 5000 Meter. Startbefehl für alle Maschinen nach Funkfeuer Li bei Scheveningen an der Kanalküste."

23.46 Uhr: Oberleutnant Knacke startet als Erster aus dem Platz heraus. Seine Maschine kurvt ohne Platzrunde sofort auf Anflugkurs 200 Grad ein. Sämtliche Lichter an Bord sind ausgeschaltet, und die Dunkelheit hüllt seine Maschine ein.

Ein klarer, ungetrübter Sternenhimmel breitet sich über Holland aus. Ideales Jagdwetter! Knacke schont seine Maschine nicht und steigt mit 6 m/s auf die befohlene Kampfhöhe. Unteroffizier Heu nimmt die Verbindung mit den Staffelkameraden auf. „Bussard 5 von Bussard 1, bitte melden!"

„Bussard 1 von Bussard 5. Viktor, habe verstanden, bin auf Anflugkurs 200 Grad." Nacheinander melden sich die Maschinen. Knacke ruft die Maschine seines Kommandeurs an, die Verbindung klappt. Hauptmann Streib befiehlt absolute Funkstille, um dem Engländer keine Verdachtsmomente zu geben. Die Bodenleitstelle gibt verschlüsselt den Anflug weiterer drei Nachtjagdgruppen bekannt.

00.10 Uhr kommt der Angriffsbefehl: „Alle sofort antreten, Kurs 180 Grad, Spitzenverbände der Engländer überfliegen Küste westlich Rotterdam mit Kurs 90 Grad. Angriffsziel vermutlich Ruhrgebiet, Feindhöhe 5500 Meter."

Oberleutnant Knacke lässt das Lichtenstein-Gerät einschalten, reißt seine Maschine auf 180 Grad und drückt auf 5500 Meter herunter. In fünf Minuten muss er auf den Kampfverband treffen: Die Generalprobe für das Lichtenstein-Gerät beginnt. Angestrengt beobachtet Unteroffizier Heu die Bilder auf den Braunschen Röhren. Aber vorläufig sind nur die Erdzacken sichtbar, die als gleichmäßig gezackte Linie auf dem unteren Bild des Rohres erscheinen. Die Spannung an Bord steigt, denn sechs Minuten Flugzeit sind bereits verstrichen. Da geschieht das Wunder: Von rechts nach links wandert ein feiner Zacken oberhalb des Erdbildes in das Seitenrohr des Gerätes herein: der Gegner! Heu ist begeistert. Sofort gibt er seinem Piloten Kursverbesserung auf 90 Grad, und siehe da, mit dem Einschwenken der Maschine wandert der Feindzacken von rechts nach links zurück und bleibt in der Mitte der Röhre stehen. Der Bomber fliegt also jetzt genau voraus. Das Entfernungsrohr zeigt einen Abstand von 4000 Metern an, das Höhenrohr eine Flughöhe von 5450 Metern. Oberleutnant Knacke kann es noch nicht fassen, dass der Engländer bereits auf diese weite Entfernung erkannt ist. Seine Augen blicken starr in die Flugrichtung des Gegners, aber er sieht nichts, denn das menschliche Auge dringt in der Dunkelheit nur 100 bis 200 Meter vor. Seine Nerven sind zum Zerreißen gespannt. Wird der Engländer aus dem Strahlenbereich ausbrechen können? Nein, denn die Besatzungen fliegen noch unbekümmert den Sperrgürtel an und gehen erst beim Aufblitzen der ersten Scheinwerfer auf ihre Alarmposten. Der Tommy fliegt nicht eine einzige Abwehrbewegung. Oberleutnant Knacke gibt Vollgas: Der Abstand zum Gegner verringert sich von 4000 auf 3500, auf 3000 und 2500 Meter. Da meldet Heu plötzlich noch eine Erfassung in 2000 Metern Entfernung. Ein Engländer kreuzt den Strahlenbereich langsam von Nord nach Süd. Knacke ist einen Augenblick unschlüssig, welchen der beiden Gegner er verfolgen soll; dann entscheidet er sich für die Verfolgung des nächstfliegenden Feindbombers. Wunderbar leuchtet der große Feindzacken auf der Röhre auf. Die Maschine fliegt stetige Abwehrbewegungen und pendelt im Lichtenstein-Gerät von links nach rechts und wieder nach links. Sollte die Besatzung etwas bemerkt haben? Das ist unmöglich. Die Entfernung verringert sich von 500 auf 300 Meter. Oberleutnant Knacke nimmt vorsichtig das Gas heraus und späht nach allen Seiten. Heu gibt die letzte Gerätemeldung durch: „Gegner 200 Meter voraus, etwa 50 Meter Höhe." Dann hält es ihn nicht mehr am Gerät. Aber noch immer ist der Engländer unsichtbar für das menschliche Auge. Drei Augenpaare suchen den Sternenhimmel nach dem Feindschatten ab. Die Situation ist nicht ungefährlich, denn es besteht die Gefahr des gegenseitigen Rammens oder des Bemerktwerdens durch den Feind. Oberleutnant Knacke wird nervös, da vom Gegner noch immer nichts zu sehen ist. Der Bordfunker schaut noch einmal ins Gerät: Riesengroß steht der Zacken im Entfernungsmesser! Der Engländer muss unmittelbar vor dem verfolgenden Nachtjäger fliegen. Da fährt Oberleutnant Knacke zusammen: Dicht vor ihm, nur ein klein wenig höher, bewegt sich kaum sichtbar der feine Schatten eines viermotorigen Feindflugzeuges. Jetzt heißt es aufpassen! Der Engländer ist noch ahnungslos. Die mächtige Haifischflosse am Leitwerk hebt sich jetzt deutlich gegen den Nachthimmel ab: eine „Short Stirling". In ihrem Rumpf trägt sie acht bis zehn Tonnen Sprengstoff dem Ruhrgebiet entgegen. Knacke überlegt nicht lange und greift sofort an. Helle Stichflammen jagen aus Motoren und Tanks, eine zweite Garbe reißt den Rumpf auf und trifft die Besatzung. Hell und gespenstisch leuchtet die blau-weiß-rote Kokarde an der Seitenwand des Flugzeuges auf, dann taucht es mitsamt seiner Bombenlast in die Tiefe. Der Abschuss wirkt wie ein Fanal auf die im Bomberstrom fliegenden Kameraden. Grellrot explodiert die Maschine in den Hafenanlagen von Rotterdam. Für die Tommys beginnt eine schreckliche halbe Stunde. Überall am nächtlichen Himmel blitzen die Feuergarben aus schweren Bordkanonen auf. Drei, vier, fünf feindliche Bomber stürzen gleichzeitig brennend zur Erde. Der Anflugweg des Gegners von Rotterdam bis ins Ruhrgebiet ist übersät mit brennenden Flugzeugwracks. Das Lichtenstein-Gerät arbeitet unheimlich präzise.

Oberleutnant Knacke schießt in 30 Minuten vier Bomber ab. Dann erlebt er etwas Schreckliches. Heu meldet eine Erfassung in 2000 Metern Entfernung. Knacke geht es nicht schnell genug. Mit Vollgas holt er den Gegner ein und sieht plötzlich aus dem Dunkel die Glaskanzel des englischen Heckschützen auftauchen. Vom Jagdfieber gepackt, schießt Knacke sofort in die vollen Tanks hinein. Den englischen Heckschützen packt die Angst, und mit einem Ruck schiebt er seine Vierlings-MGs zur Seite – und springt ab: mitten in die Luftschraube des verfolgenden Nachtjägers hinein. Ein kurzer, dumpfer Schlag erschüttert Knackes Maschine. Der Motor zittert und vibriert so stark, dass Knacke ihn abstellen muss. Völlig abgekämpft landet er seine manövrierunfähige Me 110 in Venlo. Monteure eilen herbei und leuchten die Maschine ab. Im Schein der Taschenlampen entdecken sie noch Blut und Haare an den verbogenen Luftschrauben. Fetzen einer Uniform hängen an der Antenne des Lichtenstein-Gerätes. Das Schicksal des Engländers erschüttert alle. Über hundert Feindbomber liegen in dieser Nacht zerschmettert auf holländischem Gebiet. Die unsichtbaren Strahlen des Li-Gerätes verhinderten einen groß angelegten Nachtangriff auf das Ruhrgebiet und wurden zum Verderben der englischen Besatzungen.

Nekrolog: Oberleutnant Reinhold Knacke, das Ass der 1./Nachtjagdgruppe I, wurde am 1. Januar 1919 in Strelitz geboren. Der junge Staffelkapitän errang in harten Luftkämpfen im Raum über Holland 43 Nachtjagdsiege. Seine Leistungen wurden mehrfach im Wehrmachtsbericht erwähnt.

Aber die schweren Einsätze zehrten auch an seinen stählernen Nerven. Knacke spürte das und lebte absolut enthaltsam. Er trank und rauchte nicht und entspannte seinen Körper in den Ruhestunden durch Sport und Spiel mit seinen Staffelkameraden. In einer Februarnacht des Jahres 1943 erfüllte sich das Schicksal dieses zielstrebigen, bescheidenen Fliegeroffiziers. Sein Kommandeur hatte soeben das Eichenlaub zum Ritterkreuz für ihn beantragt, aber die Auszeichnung sollte ihn nicht mehr lebend erreichen. Nach einem erbitterten Luftkampf mit einer viermotorigen Halifax stürzten Feindbomber und Nachtjäger zusammen in die Tiefe. Der englische Heckschütze eröffnete gleichzeitig mit Knacke das Feuer, und die sich kreuzenden Garben trafen beide Maschinen tödlich. In den frühen Morgenstunden fanden die Suchtrupps Besatzungen und Flugzeugtrümmer beider Maschinen nebeneinander liegend.

Ruhe vor dem Sturm

Mitten in der erfolgreichen Lichtenstein-Abwehrschlacht gegen die RAF werde ich im Dezember 1942 mit der dritten Staffel der Nachtjagdgruppe I nach Parchim versetzt. Dieser Befehl trifft mich völlig unerwartet, denn in den anderthalb Jahren meiner Zugehörigkeit zur 1./Nachtjagdgruppe I ist mir diese Gruppe ans Herz gewachsen. Die stolzen Erfolge der Staffeln und die gemeinsam verlebten schweren, aber auch schönen Stunden haben uns einander sehr nahegebracht.

Parchim liegt im Mecklenburgischen und wurde bisher vom Krieg nur wenig berührt. Wohltuende Ruhe und tiefen Frieden strahlen Menschen und Landschaft aus. Nach den aufregenden Einsätzen in Holland fühle ich mich in einen zeitlich nicht begrenzten Urlaub versetzt. Der Kommandant von Parchim ist über die Ankunft unserer Einsatztruppe sichtlich erfreut. Die vollen Hangars werden von den alten Schulmaschinen geräumt und dienen zur Unterstellung der nagelneuen Nachtjagdtypen, die aus Gotha eintreffen. Die mit allen technischen Mitteln zur Überholung von Flugzeugen ausgerüstete Werft spezialisiert sich auf unsere Messerschmitt-Maschinen. Die gesamten Flugplatzanlagen bedürfen einer Renovierung für den Nachtjagdbetrieb. Weihnachten 1942 ist die Gruppe komplett und voll ausgerüstet. Das Rückgrat der 3./Nachtjagdgruppe VI bildet die alte Einsatzstaffel aus Venlo mit ihren reichen Kampferfahrungen. An der Spitze der neuen Nachtjagdgruppe steht Hauptmann Schönert, ein erfahrener Offizier. Fast alle Besatzungen treffen frisch von der Fliegerschule ein. Nacht für Nacht wird geflogen und die kostbare Zeit ausgenützt, denn auch den jüngeren Piloten ist es klar, worum es in Parchim geht: um den Schutz der Reichshauptstadt vor dem kommenden Bombenterror.

Prächtigen Nachwuchs erhalten wir von den Fliegerschulen. Es sind ganze Kerle, mit Leib und Seele der Fliegerei verschrieben. Hauptmann Schönert erkennt die Chance, in aller Ruhe und ohne Feindstörung seine Besatzungen frontreif zu machen. Was wäre wohl geschehen, wenn diese jungen Piloten von der Schule weg sofort in den Kampf geworfen worden wären? Der Westen hat's gezeigt. Nacht für Nacht bleiben die jungen Besatzungen aus, die alten dagegen halten sich eisern und schießen dabei noch erfolgreich ab. Doch die „Neuen" in Parchim wollen ihr Glück gar nicht verstehen. Im Gegenteil, sie schimpfen auf das gottverlassene Nest und den langweiligen Friedensbetrieb. Doch Hauptmann Schönert pflegt zu sagen: „Der Heldentod ist schön, aber nützlicher bist du deinem Vaterland als lebender Flieger."

Im Westen tobt unterdessen die Abwehrschlacht in unverminderter Härte weiter. Im Mai 1943 trifft ein Fernschreiben der Division ein: Der Westen braucht Verstärkung. Da in den kurzen Nächten des Sommers nur mit Angriffen auf das

Ruhrgebiet zu rechnen ist, zieht das Jagdkorps die erfahrenen Besatzungen auf den Flugplätzen in Holland und Belgien zusammen. Auch ich erhalte Verlegebefehl zum Westen. Meine Besatzung ist begeistert. Umso trüber ist die Stimmung bei den Kameraden, die uns an den Maschinen verabschieden. Unsere „Mühlen" sind vollgestopft mit allem möglichen Zeug, was der Flieger bei einer Abkommandierung mitnimmt: Radio, Hund, Wäsche, Badezeug, „Quetschkommode" und vieles andere. Der Platz ist eng an Bord. Bordfunker und Schütze sitzen eingeklemmt in der hinteren Kabine. Unsere Me 110 gleicht eher einem Möbelwagen als einer schneidigen Nachtjagdmaschine. Im eleganten Tiefflug verabschieden wir uns von unseren Kameraden am Boden und fliegen Kurs West.

In der Abenddämmerung um 19.33 Uhr lande ich auf dem großen Flugplatz in Gilze bei Breda und melde mich bei dem Kommandeur, Hauptmann Frank, einem lieben Bekannten aus der Venloer Zeit. Die Wiedersehensfreude ist groß und herzlich. Von meinen neuen Kameraden sind die Leutnante Heinz Strüning und Bussmann sowie Oberfeldwebel Gildner erfolgreiche Fernnachtjäger. Strüning erzählt mit „kölschem Humor" aus den Tagen der Fernnachtjagd über England. In den Jahren 1941 und 1942 kreuzten diese tapferen Piloten unermüdlich über Englands Landehäfen auf und schossen die Bomber kurz vor der Landung ab. „Onkel Heini", wie wir Jungen ihn wegen seines Alters nennen, lebt bei den Erzählungen seiner nervenaufreibenden Abenteuer sichtlich auf. „Kinder, Kinder", meint er scherzhaft, „so viele Tommys hingen über den Landeplätzen, dass wir sie mit der Mütze herunterschlagen konnten!"

Eines Abends im Juli 1943 hocken wir in unserem splittersicheren Unterstand und warten auf den Einsatz. Da kommt Strüning und platzt heraus: „Mensch Kinder, habe ich gelacht! Heut' ist so ein Tausendsassa bei uns eingetrudelt, einer mit blauem Blut. Aber da muss ich mich erst einmal setzen." Wir hören plötzlich das feine Singen von Motoren, das immer stärker wird und schon direkt über unseren Köpfen schwingt. Ein lautes Zischen – und wir liegen alle flach am Boden. Bomben! Das Licht flackert und geht aus. Wums! der nächste Segen schlägt ein. Eigentlich sollten wir ja in die Splittergräben springen, aber niemand denkt daran. Gegen Splitter sind wir ausreichend geschützt, und warum sollten die Bomben gerade aufs Dach fallen? Onkel Heini steckt eine Kerze an und unterhält uns weiter. „Da sitze ich heute Nachmittag mit Hauptmann Frank zusammen, als plötzlich ein hagerer, langer Hauptmann hereinkommt. ‚Guten Tag, Frank, ich bin Wittgenstein, zu Ihnen abkommandiert. Wo ist was los? Wo gibt's was abzuschießen?' ‚Der hat's aber eilig, zum lieben Gott zu kommen', denke ich. Im gleichen Moment hat er sich auch mir schon vorgestellt. Hauptmann Frank fragt verdutzt; ‚Ach, Herr Kamerad, Sie sind wohl der Prinz Wittgenstein, früherer Kampfflieger?' ‚Ganz richtig, mein lieber Frank, doch lassen Sie den Prinz weg, einfach Wittgenstein! Stellen Sie bitte meine Maschine direkt neben den Gefechtsstand, damit ich sofort starten kann!' ‚Toller

Kerl!', denke ich und verabschiede mich. Draußen ziehe ich die Besatzung des Prinzen ins Gespräch. Die erzählt mir unter anderem, ihr prinzlicher Kutscher habe neulich den Bordfunker in der Maschine strammstehen lassen und mit drei Tagen Arrest bestraft, weil er eine Erfassung mit dem Lichtenstein-Gerät mitten im Einsatz verloren hatte. Als er kurz danach drei Tommys abschoss, begnadigte er seinen Bordfunker und verlieh ihm das EK I. Das alles in 5000 Metern Höhe mitten im feindlichen Bomberverband. Bei Hinflügen sei der Prinz einfach nicht zu halten. Er starte Hals über Kopf kreuz und quer und lande erst wieder, wenn nur noch „Kondenswasser" in der Spritleitung sei."

Ich selbst hatte heute das „Vergnügen", mit ihm zusammen den Raum „Biber" zu befliegen. Bei seinem Eintreffen am Funkfeuer gab er folgenden Funkspruch durch: „Verstecken Sie sich am Funkfeuer, jetzt jage ich!" Da er Hauptmann ist und ich nur Oberleutnant bin, durfte ich nicht widersprechen. Aber ich jagte trotzdem.

Nekrolog: Bald gehörte Heinrich Prinz zu Sayn-Wittgenstein mit zu den erfolgreichsten Nachtjägern und wurde mit den Experten der Nachtjagd Major Streib und Major Lent in einem Atemzug genannt. Aber der Ehrgeiz dieses leidenschaftlichen, hervorragenden Fliegers zielte darauf hin, an der Spitze der Nachtjagdelite zu stehen. Von einem unbezähmbaren Tatendrang erfüllt, schoss der junge Geschwaderkommodore in harten Luftkämpfen 84 Feindbomber ab. Aber sein 84. Nachtjagdsieg, zugleich der fünfte Abschuss in der Nacht des 21. Januars 1944, führte ihn nicht nur an die Spitze der deutschen Nachtjäger, sondern auch in den Tod. Das Schicksal vergönnte es dem Prinzen nicht, diesen stolzen Erfolg zu überleben. Unmittelbar nach seinem fünften Nachtabschuss wurde seine Maschine von einem englischen Fernnachtjäger angegriffen und abgeschossen. Prinz zu Sayn-Wittgenstein ließ sofort seine Besatzung mit dem Fallschirm aussteigen, er selbst versuchte, die Maschine zu retten. Der Versuch misslang. Zu spät erkannte er die Gefahr und sprang kurz vor dem Aufprall aus der brennenden Maschine heraus. Am nächsten Tag fand man ihn tot neben den Trümmern liegen.

Major Heinrich Prinz zu Sayn-Wittgenstein, geboren am 14. August 1916 in Kopenhagen, ausgezeichnet mit Eichenlaub und Schwertern zum Ritterkreuz, wird unvergesslich in allen Nachtjägerherzen als vorbildlicher, tapferer Fliegeroffizier weiterleben.

Der 21. Juli 1943

Ein warmes, mildes Lüftchen weht in die muffigen Baracken hinein und lockt uns nach draußen. Auf der gegenüberliegenden Seite des Flugplatzes werden Motoren angeworfen. „Aha", meint Onkel Heini, „das sind die Reste unserer noch nicht am Boden zerstörten Kampfflieger. Die armen Kerle starten jetzt nach England. Neulich habe ich mich mit einem Oberfeldwebel von ihnen unterhalten. Die sind wirklich zu bedauern. Früher starteten ihre Verbände mit 400 bis 600 Maschinen, heute sind es noch ganze 100. Zudem sind die Maschinen überaltert und damit den englischen Nachtjägern fast wehrlos ausgeliefert. Wenn die heute Nacht mit 30 Bombern starten, dann kommen vielleicht 20 morgen früh zurück." Tatsächlich, unsere stolzen Kampffliegerverbände im Westen sind arg zusammengeschrumpft. Ein Teil wurde nach dem Osten verlegt, der Rest wird Nacht für Nacht dezimiert, ohne hinreichenden Nachschub zu erhalten. England hat nicht nur die Luftherrschaft über der Insel, sondern auch über dem Reichsgebiet erkämpft. Auch der einfache Soldat beginnt jetzt, über die Misserfolge unserer Luftwaffe nachzudenken. Seine aufkommenden Zweifel werden aber durch geschickte Propaganda immer wieder erstickt. Die NS-Führungsoffiziere halten Vorträge über die neuen Waffen „V 1" und „V 2". „Wir haben es gar nicht mehr nötig", versichern sie, „nach England zu fliegen. Bald werden wir die Briten mit unserer V-1-Waffe in die Knie zwingen. Bis dahin muss der deutsche Soldat aushalten und sein Bestes tun, die Heimat vor weiteren Verlusten zu schützen. Es lebe der Führer!" Es sind immer die gleichen Worte: aushalten, aushalten!

Nun, die Nachtjagdverbände geben wirklich ihr Bestes her. Vom Geschwaderkommodore bis zum jüngsten Gefreiten starten sie Nacht für Nacht gegen den Feind. Das Bodenpersonal rackert sich unverdrossen ab, damit die Maschinen bis zum Einbruch der Dunkelheit wieder einsatzbereit sind. Aber im Zeitalter der Technik kann alle Mühe und Aufopferung der Verbände nichts helfen, wenn der eigene technische Fortschritt dem des Feindes nachhinkt. Was wir brauchen, ob Tagjäger, Kampfflieger oder Nachtjäger, das sind schnellere und bessere Maschinen. Ist es nicht eine Schande für unsere Führung, dass der Tommy über dem Reichsgebiet länger und schneller fliegen kann als unsere eigenen Jäger? 1940 kämpften unsere Me 109 und Focke-Wulfs gegen gleichwertige Gegner auf „Hurricane" und „Spitfire". Und wie sieht's heute aus, im Jahre 1943? Noch immer starten die gleichen Me 109 und Focke-Wulfs, wenn auch in aufpolierter Ausführung, gegen schnellere Feindmaschinen wie „Thunderbolt", „Mustang", „Mosquito" und „Lightning". Die Hurricanes und Spitfires dienen den Alliierten nur noch als Schulmaschinen. Täglich fragen wir uns, warum unsere Luftwaffe nicht mit den Turbo-Jägern ausgerüstet wird, deren Pläne

Professor Messerschmitt schon seit 1941 fertig in seiner Schublade liegen hat. Will man so lange zögern, bis es vielleicht zu spät ist? Das sind unsere Gedanken beim Warten auf den nächtlichen Einsatz.

Die Engländer sind kaum gestartet, da erreicht uns der Befehl: „Sitzbereitschaft für alle Maschinen!" Der Tommy befindet sich im Anflug.

00.50 Uhr: Startbefehl! Ich fliege direkt Kurs auf die Insel Schauwen und steige auf 5000 Meter. Der Gefechtsstand „Biber" meldet die ersten Erfassungen. 01.00 Uhr: mein Bordfunker Facius meldet einen Tommy in 1000 Metern Entfernung mit Kurs West. Vollgas! Schnell rückt die Feindmaschine näher. Wir befinden uns direkt über der Küste. Das Meer spiegelt fahles Mondlicht wider, das Land liegt in tiefem Dunkel. Da erhält meine Maschine die ersten Propellerböen. Jetzt heißt's aufpassen! Facius gibt die letzte Meldung durch: „Feind 50 Meter voraus auf gleicher Höhe." Da sehe ich auch schon die glühenden Auspuffrohre des Briten, acht Stück an der Zahl: also eine Viermotorige! Ich drücke meine Maschine nach unten und setze mich 50 Meter unter den Tommy. Mein Bordfunker hat bereits den Feindtyp erkannt, eine Handley Page Halifax. Ich greife an und treffe die linke Fläche mit einem Feuerstoß. Hell prasseln die Flammen aus den Tanks heraus, die englische Kokarde leuchtet auf. Wie ein Komet stürzt der brennende Bomber in die Tiefe. Und weiter geht die Jagd! 01.43 Uhr: wieder eine Erfassung im Lichtenstein-Gerät. Facius macht seine Sache gut. Gelassen schleichen wir uns an den Gegner heran. 1000 Meter, 600 Meter, 200 Meter, 100 Meter – und schon sehe ich den dunklen Schatten, wieder eine Handley Page Halifax. Um 01.44 Uhr stürzt auch dieser Bomber brennend in die Tiefe. Dann wird es still im Äther.

Doch da meldet Gefechtsstand „Biber": „Schwerer Angriff auf Köln!" Die englischen Verbände treffen zersplittert über Köln ein. Ich erhalte von der Bodenstation den Befehl, über dem Funkfeuer Biber zu kreisen und die Rückflüge abzuwarten.

In weiter Ferne sehen wir am westlichen Horizont einen kurz aufflackernden Lichtschein: Die Bomben fallen in die Domstadt. Doch bald meldet „Biber" die ersten Rückflüge. Schon weit vor Erreichen der Küste drücken die Engländer die Höhe weg, um mit größerer Geschwindigkeit den Kanal zu überfliegen und ans rettende Ufer zu gelangen. „Falke 10 von Biber, bitte melden!" Ich gebe Flughöhe und Kurs durch. „Falke 10, antreten 280 Grad!

Feindflugzeuge in 3000 Meter. Kuriere geben Höhe auf." Sofort reagiere ich und setze mich hinter den Gegner. Der Abstand beträgt noch 6000 Meter. Ich stürze steil nach unten und nehme Fahrt auf. Facius lässt die Fangarme des Lichtenstein-Geräts spielen und tastet den Luftraum ab. Da taucht auch schon der Feindzacken im Suchgerät auf. Biber meldet sich wieder: „Feind fliegt mit hoher Geschwindigkeit die Küste an. Bitte geben Sie Vollgas!" „Der wird uns doch nicht entwischen?", meldet sich besorgt mein Bordfunker. Nein, der darf uns nicht entwischen! Die Motoren heulen auf, die Geschwindigkeitsskala steigt auf 500 km/h an. Nur langsam schieben wir uns an den Gegner heran. Facius meldet: „Gegner kurvt." Ständig pendelt der Zacken auf der Braunschen Röhre von links nach rechts und wieder zurück. Wir sind bereits über dem Meer, Höhe 2000 Meter. Ich setze alles auf eine Karte und stelle die Gashebel auf Volllast. Diese Beanspruchung halten die Motoren höchstens fünf Minuten durch. Facius stoppt die Zeit. Die Maschine zittert und bebt, das Vibrieren und unruhige Laufen der Motoren überträgt sich auch auf die Besatzung. Es sind die Sekunden der höchsten Nervenbelastung. Man rechnet jeden Augenblick mit einer Katastrophe. Facius meldet leise: „Abstand verringert sich schnell. Kurier noch 1000 Meter voraus." Nun, einer von uns beiden wird nur noch zehn Minuten zu leben haben, denn über dem Meer gibt es keine Rettung. Einer muss in die Tiefe, so will es das Gesetz des Krieges. Facius meldet sich wieder: „Abstand 600 Meter, Feind fliegt geraden Kurs und gibt Höhe auf." Schnell einen Blick auf den Höhenmesser: er zeigt 1200 Meter über dem Meeresspiegel. Diese niedrige Höhe ist verdammt brenzlig. Es verbleiben nur noch Sekunden, um nötigenfalls aus der brennenden Maschine abzuspringen. Der Fallschirm braucht seine Zeit zum Öffnen, die Schwimmweste muss vor dem Sprung ins Wasser gefüllt sein, sonst sackt man wie ein Bleiklotz in die Tiefe. Abstand 400 Meter. So, jetzt alle Gedanken hinweg! Helles Mondlicht im Rücken begünstigt den Tommy. Er hat die große Chance, mich zuerst zu sehen. Aus diesem Grunde setze ich mich seitlich ab, um nicht durch einen vollen Feuerstoß aus der Heckkanzel des Gegners erledigt zu werden. Facius meldet: „Abstand 150 Meter, Flughöhe 800 Meter, Feind rechts voraus!" Und da fliegt er auch schon! Die Haifischflosse des Bombers glänzt im hellen Mondlicht. Im gleichen Augenblick hat mich der Tommy ebenfalls erkannt und kurvt wild nach unten. Der Kampf auf Leben und Tod beginnt. Kaum sitze ich in Schussposition, zieht der Engländer steil nach oben. Seine Tragflächen breiten sich unheimlich, wie hilfesuchend, gegen den dunklen Nachthimmel aus. Aber ich bleibe ihm auf den Fersen. Im Hochziehen läuft der Rumpf des Gegners voll in mein Visier. Ich schieße, aber der Tommy erkennt blitzartig die Gefahr und stürzt nochmals steil nach unten. Mir rinnt der Schweiß von der Stirne. Der Höhenmesser zeigt nur noch 300 Meter über dem Meeresspiegel. Kurz über dem Wasser fängt der Engländer die Maschine ab – im letzten Moment. Nun kann er nicht weiter herunterstürzen, denn unten wartet das Meer. Der Tommy hat die Gefahr erkannt und kurvt wie wahnsinnig, um mir kein genaues Ziel zu bieten. Dabei schießt er verzweifelt aus allen Rohren. Wild jagen die Leuchtspuren um meine Maschine herum. Jetzt heißt es Nerven behalten! Ich tauche noch einmal nach unten und fliege jetzt dicht über dem Wasser. Der Tommy hat mich anscheinend durch dieses Manöver aus den Augen verloren. Nur einen Augenblick fliegt er ruhig, da ziehe ich auch schon meine Maschine steil nach oben und drücke auf die Auslöseknöpfe der Kanonen und Maschinengewehre. Eine riesige Stichflamme jagt aus den linken Benzintanks. Der Bomber stürzt mitsamt der Besatzung ins Meer. Meine Leute atmen auf. Sie mussten diese Minuten miterleben, ohne sich selbst betätigen zu können. Keiner bringt ein Wort heraus, als wir über der Absturzstelle kreisen. Ein grellrotes Gurgeln im Wasser, dann wieder Finsternis und Stille. Langsam steigen wir auf 1000 Meter und fliegen die holländische Küste an. Facius ruft den Gefechtsstand Biber. Doch Biber hört uns nicht, zu weit hat uns der Luftkampf auf die See hinausgetrieben. Nach diesem dritten Abschuss bin ich fertig. Nur noch heim, landen, schlafen! Endlich antwortet Biber. „An Biber von Falke 10!", gebe ich durch. „Dritter Abschuss einer Vickers Wellington im Planquadrat IG 33 über See. Reise, Reise." Um 02.47 Uhr setzen meine Räder auf der Betonbahn von Gilze-Rijn auf. Die Glückwünsche meiner Kameraden überhöre ich. In der Baracke treffe ich auf Hein Strüning. „Mensch, Johnen, ich war über Köln. Es war ein grausiger Anblick. Die ganze Stadt ein Flammenmeer. Hoffentlich leben meine Frau und meine Kinder noch. Wenn das so weitergeht, sind wir bald im Eimer." Unser sonst so lustiger Hein ist ernst geworden. Langsam wandern wir unseren Unterkunftsbaracken zu. Der Nachtwind kühlt wohltuend die heißen Köpfe. „Gute Nacht, Hein, morgen auf ein Neues!" „Gute Nacht, aber hoffentlich nicht wieder auf Köln."

Furchtbares hat sich in der brennenden Stadt ereignet, wie wir am nächsten Tag erfahren. Hunderte von Menschen stürzten, irrsinnig vor Angst, von der sengenden Hitze getroffen, in die schwarzen Fluten des Rheins. Mütter sprangen mit ihren Kindern in den reißenden Strom und versanken lautlos, ohne dass ihnen jemand beistehen konnte. Der nächste Bombenhagel brachte das hilflose Jammern der Verwundeten zum Verstummen. Schuldlose Opfer einer sinnlosen Zerstörungswut!

Die He 219

Durch glücklichen Zufall bin ich wieder in meinem alten Einsatzhafen Venlo gelandet. Doch wie hat sich die erste 1./Nachtjagdgruppe I verändert! Mein alter Kommandeur Major Streib begrüßt mich freundschaftlich. Von seinen Getreuen aus der harmlosen Anfangszeit der Nachtjagd sind nur noch wenige übrig. Der erfahrene Stamm ist in alle Winde zerstreut und bildet das Rückgrat der Nachtjagdgruppen von Paris bis nach Flensburg. Neue Gesichter sind aufgetaucht. Aus dem einst so ritterlichen Kampf der Nachtjäger, wie er der fairen, disziplinierten Erziehung der Fliegertruppe entspricht, hat sich von Monat zu Monat unter dem Eindruck der entsetzlichen Verluste der Bevölkerung ein erbitterter Kampf entwickelt, in dem kein Pardon gegeben wird. Die Gesichtszüge der Piloten sind verhärtet, die frühere jugendliche Ausgelassenheit ist verschwunden.

Major Streib, der erfolgreichste Gruppenkommandeur der Nachtjagd, schoss selbst 66 Feindbomber ab und erhielt für seinen unermüdlichen Einsatz das Eichenlaub mit Schwertern zum Ritterkreuz. In der letzten Nacht konnte er mit einer neu entwickelten Nachtjagdmaschine, der „He 219", innerhalb kurzer Zeit fünf Nachtjagdsiege erreichen. Doch dann passierte ihm ein Missgeschick bei der Landung. Die „He 219", erstmalig auf Anregung des kommandierenden Generals Kammhuber in Zusammenarbeit zwischen Nachtjagdführung, Truppe und Industrie entwickelt, steckte noch in den „Kinderschuhen". Zwar waren die Forderungen der Truppe auf hohe Geschwindigkeit, starke Bewaffnung, längere Flugzeit und gute Sichtverhältnisse erfüllt, aber dieses einzige Exemplar wies noch aerodynamische Fehler auf. Bei hoher Geschwindigkeit traten am Leitwerk erhebliche Schwingungen auf. Der Rumpf wurde daraufhin verlängert. Streib flog diese Maschine dann von ihrem siebten Flug an. In der vergangenen Nacht bestand nun die „He 219" ihre Feuerprobe. Fünf Bomber gingen zerschmettert zu Boden. Aber bei der Landung fielen, obwohl die Maschine keine Treffer hatte, plötzlich einige Instrumente aus; und dann versagten die Landeklappen. Sie fuhren zwar auf „Landestellung" aus, gingen aber gleich wieder auf Stellung „Normalflug" zurück. Streib konnte infolgedessen nur mit hoher Geschwindigkeit landen. Als die Maschine hart auf der Betonbahn aufsetzte, brach plötzlich der rechte Motor aus der Fläche heraus. Ein ohrenbetäubender Krach folgte. Die Maschine zerlegte sich buchstäblich in Einzelteile, Tragflächen und Rumpf brachen auseinander, die gläserne Führerkanzel löste sich vom Rumpf und wirbelte mitsamt dem Piloten 50 Meter durch die Luft. Streib selbst blieb bei diesem „Torpedo-Flug" unverletzt. Feuerwehr und Bergungstrupps eilten herbei, um seinen Bordfunker, Unteroffizier Fischer, aus den Trümmern zu befreien. Wie durch ein Wunder blieb auch er unverletzt. Das Fliegerglück stand beiden rechtzeitig zur Seite.

Die tödlichen Stanniolstreifen

Am 27. Juli 1943 liegt etwas in der Luft. Schon die frühzeitigen Warnmeldungen der Freya-Geräte an der Kanalküste lassen einen Großangriff der Engländer erwarten. Sämtliche Dienststellen der Flakeinheiten, Nachtjagdgruppen und zivilen Luftschutzorganisationen erhalten schon am späten Nachmittag Befehl zu erhöhtem Einsatz. Was haben die Engländer vor? Welche Stadt soll heute das Opfer ihrer monatelang bis in alle Einzelheiten ausgeklügelten Angriffsvorbereitungen werden? Alle bösen Ahnungen sollen sich in dieser hereinbrechenden Nacht erfüllen. Ahnungslos starten die Nachtjagdverbände den englischen Bombern entgegen, deren Spitzen über Nordholland gemeldet werden.

Um 0.18 Uhr starte auch ich mit meiner Me 110 in die Nacht hinaus, Richtung Amsterdam. An Bord ist alles in bester Ordnung und die Besatzung bei guter Stimmung. Bordfunker Facius überprüft noch einmal die Funkgeräte und meldet alles einsatzbereit. Die Bodenstationen rufen ununterbrochen die Nachtjagdmaschinen an und geben Standortmeldungen der Bomber durch. Doch in dieser Nacht fällt mir auf, dass die Meldungen hastig und nervös in den Äther geschickt werden. Anscheinend ist man sich nicht darüber klar, wo eigentlich der Gegner steckt, und welche Flugrichtung er nehmen wird. Das rechtzeitige Erkennen der Anflugrichtung ist aber ausschlaggebend, um die Nachtjagdverbände möglichst rasch in den Bomberstrom einzuschleusen. Aber die Funkmeldungen widersprechen sich heute dauernd. Einmal steckt der Gegner über Amsterdam, dann plötzlich westlich von Brüssel, und ein andermal werden die Verbände weit draußen auf See im Planquadrat 25 gemeldet. Was tun? Die Unsicherheit der Bodenstationen überträgt sich auf die Besatzungen. Als dieses Versteckspielen eine Weile weitergeht, denke ich „Götz von Berlichingen" und fliege stur Richtung Amsterdam. Aber bis zu meinem Eintreffen über der Großstadt hat sich die gesamte Luftlage vollends verwirrt. Kein Mensch weiß, wo der Engländer steckt, aber alle Nachtjäger melden bereits Erfassungen. Mir geht es nicht anders. In 5000 Metern Höhe gibt mir mein Bordfunker die ersten Feindmaschinen im Suchgerät durch. Ich strahle. Sofort reiße ich die Maschine auf Einflugkurs in Richtung Ruhrgebiet, denn auf dieser Fährte muss ich ja unbedingt an den Engländer herankommen. Facius meldet denn auch zugleich drei bis vier Erfassungen im Lichtenstein-Gerät. Hoffentlich reicht die Munition für diese einmalige Gelegenheit.

Doch plötzlich schreit Facius: „Engländer auf Gegenkurs, Entfernung nimmt rasant ab! 2000 Meter, 1500 Meter, 1000 Meter, 500 Meter – weg!"

Ich bin sprachlos. Doch schon hat Facius ein neues Ziel. „Vielleicht war es ein deutscher Nachtjäger, der mit Westkurs flog", tröste ich mich und fliege nun den nächsten Bomber an. Es dauert nicht lange, da schreit Facius wieder: „Bomber nähert sich mit rasanter Geschwindigkeit: 2000 Meter, 1000 Meter, 500 Meter – weg!" „Mensch Facius, du spinnst", bringe ich noch humorvoll heraus.

Doch der Humor soll mir bald vergehen, denn dieses Affentheater wiederholt sich jetzt zehn bis zwanzig Mal, bis mir die Sache zu bunt wird und ich Facius eine Gardinenpredigt verpasse, die seine Funkerehre aufs Tiefste verletzt.

In diese gespannte Atmosphäre an Bord dröhnt plötzlich die Bodenstation hinein: „Hamburg, Hamburg! Tausend Feindbomber über Hamburg! An alle Nachtjäger! An alle Nachtjäger! Express nach Hamburg!" Mir verschlägt's die Stimme. Jetzt jage ich eine halbe Stunde im vermeintlichen Bomberstrom, und dabei fallen schon die Bomben auf Deutschlands Hafenstadt! Nach Hamburg ist es noch weit. Das Ijsselmeer, die Ems, die Weser verschwinden unter uns, dann taucht in der Ferne Hamburg auf. Die Stadt brennt bereits lichterloh. Der Anblick ist schaurig. Bei meiner Ankunft über der Stadt meldet die Bodenstation bereits die Abflüge des Feindes in Richtung Helgoland. Zu spät! Die Flakgeschütze haben schon ihr Feuer eingestellt, das grausigste Vernichtungswerk ist vollbracht. Tief bedrückt fliegen wir zum Einsatzhafen zurück.

Wie konnte es zu einer solchen Ohnmacht der deutschen Abwehr kommen! Heute wissen wir es. Die Briten haben das Erfolgsgerät der deutschen Nachtjagd, das Lichtensteingerät, in ihre Hand bekommen und Gegenmaßnahmen ersonnen. Mit lächerlichen Stanniolschnitzeln, den sogenannten Folienstreifen, sind sie nunmehr imstande, die gesamte deutsche Nachtjägerei auf falsche Fährten zu locken und so ihr eigentliches Angriffsziel unbehelligt zu erreichen. Die Idee sucht ihresgleichen an Einfachheit und Genialität. Bekanntlich arbeiten die Suchgeräte auf einer bestimmten Frequenz der Ultra-Kurzwelle. Mit den abgeworfenen Stanniolstreifen stört der Engländer diese Frequenz. Damit ist das Ziel erreicht, den Bomber für den Nachtjäger wieder genau so unsichtbar zu machen, wie er vor Erfindung des Li-Gerätes gewesen ist.

Während der eigentliche Bomberverband weit draußen auf See Hamburg anflog, stießen einige kleinere Verbände über Holland und Belgien nach Westdeutschland vor und warfen Millionen von Stanniolstreifen ab. Diese Streifen täuschten in den deutschen Suchgeräten Feindbomber vor und setzten außerdem sämtliche Bodensuchgeräte außer Gefecht. Die kleineren Verbände der Tommys warfen nun zu genau festgelegten Zeiten über einigen Städten des Ruhrgebietes ungeheure Mengen von Leuchtmunition ab, sogenannte Christbäume. Bomben fielen nur ganz vereinzelt. Die Nachtjäger stürzten auf dieses Angriffszeichen von allen Himmelsrichtungen herbei, um dann vergeblich nach dem Bomberstrom zu suchen. Währenddessen erreichte die Spitze des englischen Kampfverbandes ungehindert die Insel Helgoland und setzte auch dort durch Wolken von Stanniolstreifen die Boden-Ortungsgeräte außer Gefecht. Die Boden- und Luftabwehr war also mit einem Schlage lahmgelegt. Im Morgengrauen des folgenden Tages bedeckten diese Stanniolstreifen weite Flächen Hollands, Belgiens und Norddeutschlands. Gewisse Leute behaupten, diese Schnitzel seien giftig, und das Vieh werde daran krepieren. Nun, die Harmlosigkeit der Stanniolstreifen am Boden stellt sich bald heraus, aber in der Luft wirken sie tödlich, tödlich für das Leben einer ganzen Stadt.

Wenige Tage später erfahren wir Genaueres über die furchtbaren Stunden der schwer getroffenen Stadt. Die Ursachen der schweren Schäden und der gegenüber den vorausgegangenen Angriffen außergewöhnlich hohen Verluste an Menschenleben waren die gewaltigen Feuerstürme. Jegliche Löschversuche waren erfolglos und technisch unmöglich. Die Brände konnten sich unhindert ausdehnen und entfachten Feuerstürme, die sich bis zu 1000 Grad erhitzten und in waagrechter Richtung Frischluftmassen hereinführten, deren Geschwindigkeit das Vielfache eines Orkans erreichte. Die engen städtebaulichen Verhältnisse Hamburgs mit ihren zahlreichen Hinterhäusern und Hinterhöfen begünstigten die Auswirkung der Feuerstürme, aus deren Bereich es kein Entrinnen gab. Durch Abwurf eines Bombenteppichs von unvorstellbarer Dichte wurden in kaum einer halben Stunde weite Gebiete der Stadt in ein einziges Flammenmeer verwandelt. Zehntausende von kleinen Bränden vereinigten sich zu Großbrandflächen. Der Sturm deckte die Häuser ab, entwurzelte Bäume bis zu einem Meter Dicke und schleuderte sie als brennende Fackeln durch die Luft. Die Menschen flüchteten in die Luftschutzkeller hinein, in denen sie später qualvoll verbrannten oder erstickten. Im Morgengrauen bedeckten Tausende verkohlte Leichen die ausgebrannten Straßen. In Hamburg gab's nur noch die Parole: die Stadt verlassen, das Schlachtfeld räumen! Auch in den folgenden Nächten, bis zum 3. August 1943, kamen die Engländer wieder und warfen aus etwa 3000 schweren Bombern über der so gut wie wehrlosen Stadt 1200 Minenbomben, 25 000 Sprengbomben, 3 Millionen Stabbrandbomben, 80 000 Phosphorbrandbomben, 5000 Flüssigkeitsbrandbomben und 500 Phosphorkanister ab. Es wurden rund 40 000 Menschen getötet, weitere 40 000 verwundet, 90 0000 obdachlos oder vermisst. Der Vernichtungsangriff der Royal Air Force auf Hamburg wirkte wie ein Fanal auf alle deutschen Großstädte, auf das ganze deutsche Volk. Alle fühlten, es sei nun höchste Zeit, Schluss zu machen, bevor weiteres Unheil angerichtet werde. Aber der totale Krieg wird von der Führung weiter befohlen. Hamburg bedeutet nur das erste Glied in der langen Kette erbarmungsloser Luftangriffe der Alliierten auf die deutsche Zivilbevölkerung.

Ein Augenzeugenbericht

Remscheid im Bergischen Land wurde am 30. Juli 1943 innerhalb von 42 Minuten in seinen wesentlichen Teilen völlig zerstört. 250 Tonnen Sprengstoff ließen 1 200 000 Kubikmeter Schutt zurück, 1136 Todesopfer waren in dieser Nacht zu beklagen. Was sich während des Angriffes und am folgenden Tage an menschlicher Tragik in Remscheid abgespielt hat, erzählte uns einer unserer Kameraden, der während seines Heimaturlaubes die schwerste Stunde diese Stadt miterleben musste: „Gegen 02.45 Uhr wurde entwarnt. Nun kamen wir endlich, völlig erschöpft, zur Besinnung. Wir schauten durch die Dachluken hinaus: Ein entsetzliches, grausiges Bild bot sich ringsum dar. Der Untergang unserer Stadt! Sie versank in Flammen, die hoch zum Nachthimmel loderten. Ein gewaltig tosender Sturmwind kam geflogen, das Feuer in seinen Sog ziehend und es auf das noch verschont Gebliebene weiter ausbreitend. Wir waren von gierig rasenden, prasselnden und zischenden Feuersbrünsten umgeben.

Von den Turmspitzen war in dem grellen Schein nichts mehr zu sehen. Nur 40 bis 50 Minuten hatte der eigentliche Angriff gedauert. Diese kurze Zeitspanne hatte zur Vernichtung des Kerns unserer Stadt, die unsere Vorväter in Jahrhunderten mit Fleiß aufgebaut hatten, genügt. Ihre Reste wehten uns in die Augen als mächtige Rauchschwaden und als ein gewaltiger Aschenregen, der noch tags darauf den Himmel der Umgebung verdunkelte. Das Herz erstarrte, und der Mund verstummte vor namenlosem Weh. Des Unheils Größe offenbarte sich erst recht mit dem beginnenden Tag. Da dachte man an das Schicksal seiner Verwandten, Freunde und Bekannten und irrte durch die trümmerversperrten Straßen, auf Leichen stoßend, und man fand manchen lieben Menschen nicht mehr vor.

In der Frühe des 3. August, an einem sehr heißen Tage, ging ich auf den Friedhof. Polizeibeamte erschienen mit Wuppertaler Kollegen zur Namensfeststellung der Toten, zur Herstellung der Verlustlisten, zur Einsargung der Gefallenen und zu deren Beerdigung in Sammelgräbern. Rot-Kreuz-Schwestern am Friedhoftor überreichten uns zum Schutze gegen Seuchenansteckung und Leichengift feuchte, in eine entkeimende Flüssigkeit getauchte Tücher. Diese banden wir um Mund und Nase. Ein Tischbein, eilige Stühle und Schemel in dem Wäldchen zwischen den Toten bildeten unsere Arbeitsstätte. Es fehlte am Nötigsten, selbst an Papier und Schreibgeräten. Die Toten erhielten einen mit Fundort und Namen bezeichneten Zettel. Er diente uns zum Anfertigen des Gefallenenverzeichnisses. Alle bei einem Toten vorgefundenen persönlichen Gegenstände wurden eingetragen und für die Hinterbliebenen aufgehoben. Soweit schon Särge angeliefert worden waren, legten die Männer vom Arbeits- und Hilfsdienst die Opfer sofort hinein. In welchem Zustand empfingen wir oft die

Eine Lancaster überfliegt eine brennende Stadt und ist von oben aus gut auszumachen.

Eine Short Stirling musste notlanden. Die Kanzel weist Beschussspuren auf. Gut zu erkennen sind hier die Größenverhältnisse – ein Bewacher befindet sich auf dem riesigen Tragflächenpaar des Bombers.

*Eine Lancaster, die bereits 28 Einsätze hinter sich hat, wird mit Luftminen
für den nächsten Angriff auf eine deutsche Stadt beladen.*

*Die Besatzung einer Lancaster macht sich zum Einsteigen bereit. Sieben bis acht Mann waren für die
Führung und Verteidigung eines großen Bombers notwendig. Im Vordergrund sieht man Luftminen.*

Eine Lancaster im Flug. Dieser Bomber wurde zahlenmäßig von den Briten am meisten eingesetzt.

Die Handley Page Halifax war der zweite in Großserie gebaute viermotorige Bomber der Briten. Lancaster und Halifax waren im nächtlichen Luftkampf schwer zu unterscheiden, beide besaßen ein Doppelleitwerk. Diese Halifax hat Reihenmotoren.

Eine Halifax mit Sternmotoren beim Warmlaufen der Motoren kurz vor dem Start.

Nach zwölf Bombenflügen über Deutschland hat es diese Halifax erwischt. Die nächsten Einsätze waren bereits vormarkiert worden. Das Aluminium der abgeschossenen Bomber wurde sogleich eingeschmolzen und für die Produktion deutscher Flugzeuge verwendet.

Trümmer einer abgeschossenen Halifax am Morgen nach einem Luftangriff.

Die „Schnauze" einer Me 110 mit 2-cm-Kanonen und MGs. Die Besatzung steigt gerade ein. Der Pilot sitzt bereits hinter seinem Reflexvisier.

Oberleutnant Martin Becker besichtigt das Leitwerk einer von ihm am 24. September 1943 abgeschossenen Lancaster.

Ein Pulk von Me-110-Nachtjägern des NJG 6, bereits mit Ortungsgeräten ausgestattet, im Anflug auf gegnerische Bomberverbände.

Einsatzbesprechung des NJG 6 in Mainz-Finthen, am 24. Dezember 1943. Im Hintergrund an der Kreidetafel Tarn-Namen der Einsatzgebiete des NJG 6, zum Beispiel „Urban" und „Tristan", die für bestimmte Planquadrate stehen.

Einsatzbesprechung des NJG 6 in Mainz-Finthen, am 24. Dezember 1943. Der „Wetterfrosch" berichtet.

Auch bei den Nachtjägern mussten die Flugzeuge sorgfältig gewartet werden. Die Nachtjäger hatten jedoch den Vorteil, dass ihre Einsatzhorste meist im Reichsgebiet lagen und im Regelfall gute Wartungsmöglichkeiten vorhanden waren.

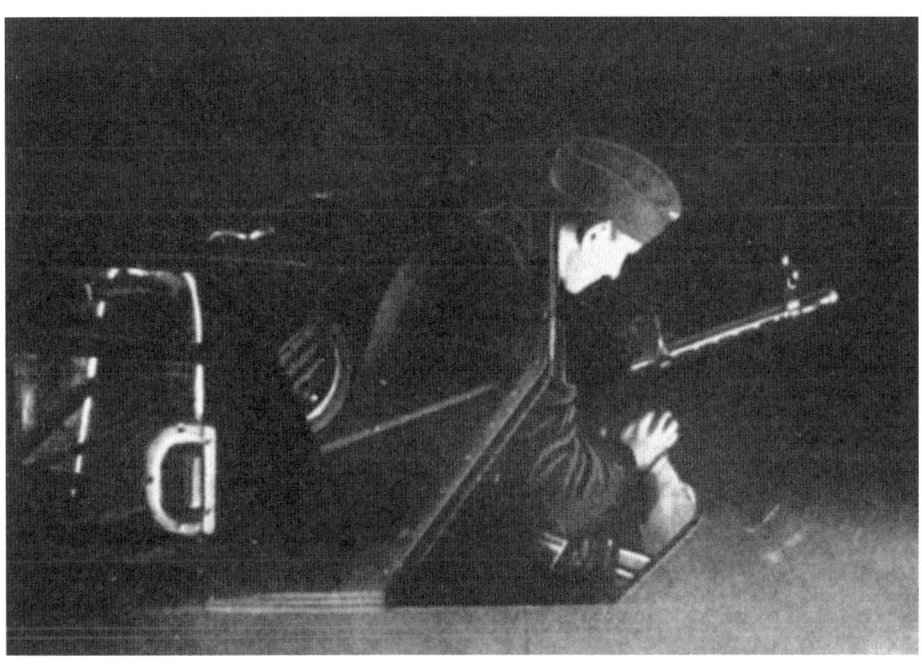

Ein Waffenwart macht das MG 15 klar, das der Heckschütze bediente. Bald wurde klar, dass ein Doppel-MG wesentlich bessere Verteidigungsmöglichkeiten gegen britische Fernnachtjäger bot und auch bei Heckangriffen auf Bomber viel wirkungsvoller war.

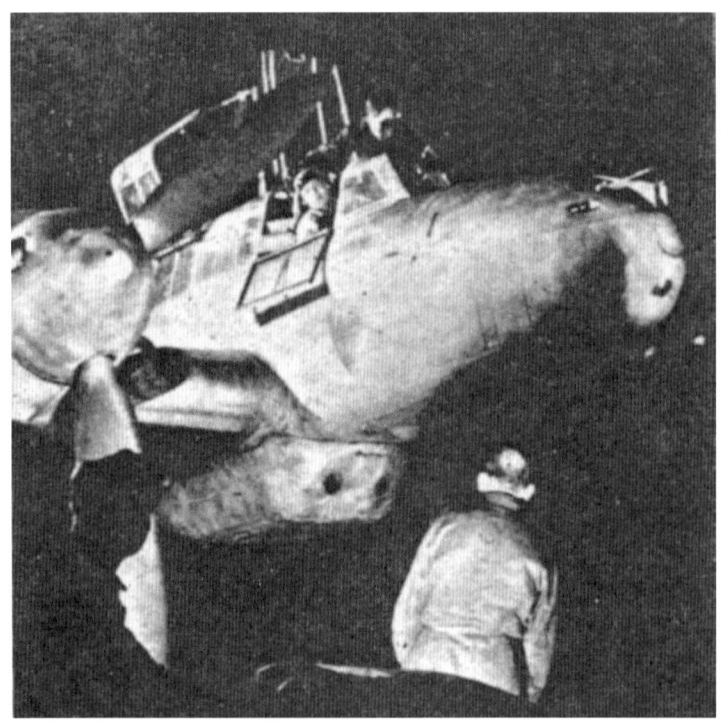

Letzte Anweisung vor dem Motorenlauf und dem Start in die stockdunkle Nacht, den einfliegenden Bombern entgegen.

Hier der Start der Me 110 von Helmut Lent vom NJG 1. Helmut Lent erreichte über 100 Luftsiege in der Nachtjagd; ihm wurden die Brillanten verliehen. Nur Heinz-Wolfgang Schnaufer war noch erfolgreicher.

Eine angestrahlte Me 110 in Angriffsposition. Ähnlich haben sie die Britenbomber im letzten Augenblick gesehen.

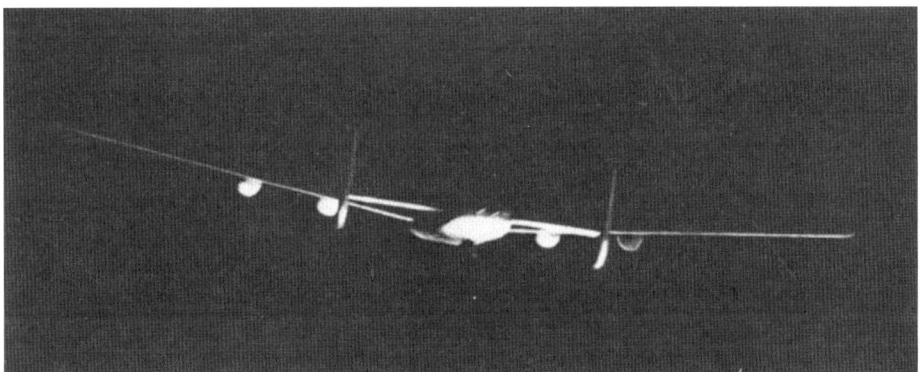

*Schemenhaft von den Bränden beleuchtet, die sie verursacht haben,
taucht ein Lancaster-Bomber aus der Dunkelheit auf.*

Eichenlaubträger Martin Becker vom NJG 6 hinter seiner Panzerglasscheibe in seiner Me 110.

*Peter Spoden (Mitte rechts) gratuliert Wilhelm Johnen (Mitte links) zu einem Luftsieg.
Ein Bild aus einem PK-Bericht der Illustrierten „Signal" aus dem Jahre 1943.*

Nächtliche Motorenprüfläufe bei einer Me 110. Ohne die fleißigen Warte war kein Einsatz möglich.

Ritterkreuzverleihung an Hauptmann Fellerer im April 1944. 1: Knieling, 2: Johnen, 3: General Huth, 4: Fellerer, 5: H. Schulte, 6: J. Kraft, 7: Thun. Anscheinend hat General Huth sein eigenes Ritterkreuz an Fellerer „ausgeliehen".

Peter Spoden (Mitte) mit Helmut Schulte (links) und Josef Kraft (rechts) in fröhlicher Runde beim NJG 6.

Abschusstafeln über die „Sieger im Luftkampf" des NJG 5 erhalten im Februar 1944 einen weiteren Eintrag.
Die schön gemalte Me 110 an der Wand trägt die Kennbuchstaben „C9" des NJG 5.

Die Ehrentafel der im Luftkampf gefallenen Angehörigen der 5. Staffel des NJG 5,
in der Wilhelm Johnen bis Anfang 1944 flog.

Die 6. Staffel des NJG 6 in Neubiberg 1944. In der unteren Reihe,
Mitte: Hauptmann Martin Becker, der Staffelkapitän, rechts neben ihm sein Bordschütze Karl-Ludwig Johannsen.

Beisetzung eines gefallenen Nachtjägers in Ingolstadt im Winter 1943/44.
Der Sarg ist flankiert von Me-109-Tagjägern.

Wilhelm Johnen wurde am 28. April 1944 über Schweizer Gebiet zur Landung gezwungen. Seine Me 110, mit dem neuesten Ortungsgerät „Lichtenstein" ausgestattet, wurde in Zürich-Dübendorf eingehend untersucht.

Das Leitwerk von Johnens Me 110 mit 17 Nachtjagdabschüssen.

Johnen gelangte mit seiner Besatzung wieder nach Deutschland zurück.

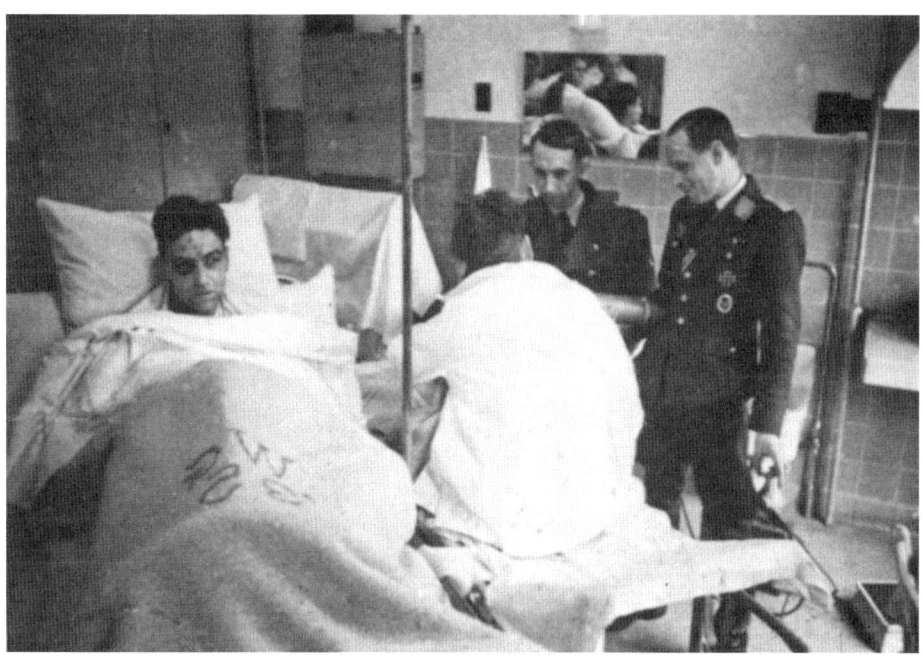

Ein abgesprungener britischer Pilot, flankiert von einem holländischen Polizisten und einem deutschen Soldaten. Im Laufe der Luftschlacht über Deutschland gelangten Tausende englische RAF-Angehörige in deutsche Gefangenschaft. Deutsche Nachtjäger besuchen verwundete englische Bomberbesatzungen in einem deutschen Lazarett.

Eine notgelandete Lancaster ist völlig ausgebrannt.
Die Besatzung ist möglicherweise noch davongekommen.

Aber auch die deutschen Nachtjäger hatten viele Ausfälle zu verzeichnen. Außer den direkten Verlusten im Luftkampf gab es auch viele Unfälle bei Starts und Landungen sowie Abstürze durch Spritmangel. Hier brennt eine Me 110.

sterblichen Überreste! In Eimern, Müllgefäßen und Blechwannen! Da hieß es oft nur kurz und erschütternd: Asche der Hausgemeinschaft von Straße Nummer soundso. In der Asche entdeckten wir verkohlte Knochen, Hände und Metallgegenstände. Hier handelte es sich im die Überreste von vielleicht sechs, dort von elf, dreizehn oder gar noch mehr Mitbürgern. Es musste dann durch Nachfragen erforscht werden, wie viele Personen in dem vernichteten Hause zur Zeit des Angriffs geweilt hatten, und wer davon vermisst wurde. So konnte man, allerdings nur bedingt sicher, die verkohlten Körperteile und Aschehäufchen als das Gebein der zahlenmäßig Vermissten annehmen, sie in einer einzigen Grabstelle beisetzen und diese als Ruhestätte aller betrachten. Wir mussten sie für tot erklären und konnten ihnen keine Grabstätte bereiten."

Wieder in Parchim

Anlässlich unserer Heimkehr aus dem Westen nach Parchim findet ein kleines Fest statt, bei dem die Wellen höher und höher schlagen. Mein Staffelkamerad Peter Spoden aus Essen, dessen Talent als Kasino-Offizier bekannt ist, muss immer wieder in den Keller steigen. Der „Alte", Hauptmann Schönert, lebt unter diesen jungen, ausgelassenen Menschen förmlich auf. Er erinnert sich an seine eigene Jugend und erzählt mit Begeisterung von seinem Leben als Seemann. In einer kleinen Ruhepause steht er plötzlich auf, packt einen von uns an den Schultern und geht mit ihm zum Fenster. Die letzten Strahlen der Abendsonne brechen über die am Horizont liegende Wolkenbank und färben den Himmel blutrot. Eine ungeheure Farbenpracht, vom zartesten Blau bis zum feurigen Rot, entfaltet sich an der aufziehenden Wolkenbank. Der Abendwind ist eingeschlafen und tiefe Ruhe liegt übe dem Land. Hauptmann Schönert öffnet das Fenster. Frische, kühle Luft dringt herein. Herb duften die Kiefernwälder. Genießerisch zieht er den Rauch seiner Zigarre ein und wendet sich kameradschaftlich an uns: „Jungens, Ihr habt Euch ein verflucht hartes Brot ausgesucht. Ihr steigt in die Maschinen. Die dunkle Nacht schluckt Euch. Einzeln kehrt Ihr zurück aus dem einsamen Zweikampf. Tausende von Metern über der gepeinigten, brennenden Erde. Jeder von Euch wirft sein Leben mit Selbstverständlichkeit in die Waagschale. Ein verflucht hartes Leben! Mit zwanzig Jahren lebte ich anders, sorgloser und glücklicher. Ich segelte damals als Schiffsjunge durch alle Meere und lernte die fremden Völker schätzen und lieben. Es gibt nette Kameraden überall. Wir waren bunt zusammengewürfelt auf unserem Frachter: Engländer, Norweger, Dänen und Deutsche. Zuerst herrschte eisige Kühle zwischen uns. Doch als wir den ersten Sturm hinter uns hatten, lächelte der eine dem anderen zu. In den ersten Tagen kramte jeder für sich, doch als uns alle das Heimweh packte, rückten wir näher und schütteten einander das Herz aus. Bald fühlten wir uns als Kameraden und Brüder. Zum Henker mit allen Vorurteilen! Hier zeigte sich beim Heulen des Sturmes, wenn die schweren Sturzseen über Bord gingen und Gevatter Tod an der Reeling stand, die wahre Gemeinschaft der Nationen. Da lachten wir beim Toben des Meeres einander zu. Dieses Lachen bedeutete bedingungsloses Vertrauen und Hilfe bis in den Tod. Hatte sich dann nach Stunden der Orkan gelegt, atmete alles erleichtert auf: Wir waren dem Leben wiedergeschenkt. Als wir nach vielen Monaten in den Heimathafen zurückkehrten, war eine Gemeinschaft aus uns geworden, die keine Unterschiede nach Volk, Rasse und Sprache kannte. Schweren Herzens nahm jeder Abschied, in der Hoffnung, die in Not und Freude geborene Kameradschaft nie wieder zu vergessen.

Und seht, diese Kameradschaft habe ich auch bei Euch gefunden. Auch wir sind gleichen Gefahren ausgesetzt. Doch … etwas frisst in mir!" Ein bitterer Zug legt sich bei diesen Worten um seinen Mund. „Wir zerfleischen uns selbst. Unser Kampf ist nicht gegen die Gewalten der Natur zum Wohle der Menschheit gerichtet, sondern mit allen Mitteln der Technik auf die Vernichtung blühender Menschenleben. Sitzen nicht in den Bombern, die Nacht für Nacht unsere Städte in Trümmer werfen, Menschen unserer Rasse, ja, nicht vielleicht der blonde Engländer, mit dem ich auf dem Frachter in der Biskaya Kameradschaft geschlossen habe? Jeder tut seine Pflicht. Aber stacheln wir damit nicht unseren Hass an? Des Nachts sehen wir nur den Feindbomber, seine leuchtende Kokarde. Die Städte brennen. Der Bomber muss herunter auf Biegen und Brechen; fällt er, jauchzen wir auf. Wir sehen nur den Bomber brennen, nicht den Menschen, wir sehen die Kokarde stürzen, nicht die Jungens, die unter Todesqualen in den Gurten hängen. Und dann triffst du vielleicht einmal einen Tommy, der sich mit dem Fallschirm retten konnte. Du triffst ihn unten. Seine Augen haben die Härte des Kampfes verloren. Ihr drückt einander die Hände. Dieser Händedruck ist der Anfang einer im Kampf auf Leben und Tod entstandenen Kameradschaft. Dankbar nimmt er die dargebotene Zigarette. Das Trennende ist gefallen – zwei Menschen stehen einander gegenüber. Fremdheit und Propaganda haben sie zu Feinden gemacht, die gemeinsame Gefahr des Kampfes zu Freunden. Wie sich hier im Kleinen der Hass zu Freundschaft umwandelte, möge sich auch der Hass der Völker in Freundschaft umwandeln. Nur der eiserne Panzer, in den sich die Nationen hüllen, der nach außen hin mit Kokarde und Drohungen gekennzeichnet ist, muss abgeschafft werden. Denn je mehr sich die Welt der modernen Technik bedient, umso blutiger werden die Kämpfe. Je mehr sich der Mensch in Panzer und Stahl hüllt, umso größer wird der Vernichtungswille. Darum muss das blutige Morden ein Ende nehmen. Die Völker müssen ihre blutbefleckten Panzer ablegen, wenn nicht die ganze Welt zugrunde gerichtet werden soll. Es gibt einen Weg des friedlichen Zusammenlebens aller Völker, und dieser Weg muss gemeinsam beschritten und geschützt werden, um jeden, der ihn verlässt, gemeinsam zu richten." Hauptmann Schönert schaut sinnend in den dunklen Abendhimmel.

Nur kurz sind diese Stunden der Entspannung und Erholung, denn wie ein Damoklesschwert hängt die Drohung der Briten über der Reichshauptstadt: das Herz Deutschlands aus der Luft zu vernichten. Wir alle leben im Bann des kommenden Unheils. Die Ruhezeit muss unbedingt zur Ausbildung des Nachwuchses genutzt werden. Nacht für Nacht wird geflogen, geübt und geschult, bis die „Jungen" mit traumwandlerischer Sicherheit ihre Maschinen beherrschen.

Geheimnisse des Nachrichtenwesens

Die tödlichen Stanniolstreifen wirkten wie ein Schock auf das gesamte Nachrichtenwesen. Doch der deutsche Erfindergeist regte sich bald, und in fieberhafter Arbeit brachten unsere Funkspezialisten ein neues, besseres Suchgerät heraus: das SN2, eine Weiterentwicklung des Lichtenstein-Gerätes. Schon äußerlich ist das SN-2-Gerät an unseren Maschinen zu erkennen: Noch größer sind die Antennenarme als beim Lichtenstein-Gerät. Der Name „Drahtverhau" ist jetzt wirklich zutreffend. Das SN2 arbeitet auf mehreren Ultra-Kurzwellen, sodass der Funker bei Störung der eingeschalteten Frequenz nur umzuschalten braucht. Aber es gehört viel Übung und Fingerspitzengefühl dazu, den Feindbomber klar auf die Platte des neuen Gerätes zu bannen. Nacht für Nacht fliegen die Besatzungen, um Pilot und Bordfunker aufeinander abzustimmen. So hat der Kommandeur auch für diese Nacht einen Übungseinsatz befohlen.

Die großen Hallentore werden durch einen Druck auf eine elektrische Auslösung in Bewegung gesetzt. Grelles Licht fällt hinaus auf das betonierte Hallenvorfeld und verliert sich in der Weite des Flugplatzes. Harmlos stehen die weißen Nachtjagdmaschinen da mit ihren drohenden, vom Pulverdampf geschwärzten Kanonenmündungen. Wie dünne, greifende Fangarme sehen die Suchantennen am Bug der Flugzeuge aus. Starker Benzin- und Ölgeruch füllt die Halle. Einige Monteure arbeiten gewissenhaft im Scheinwerferlicht an den Motoren der C 9 ES, an deren Leitwerk mit schwarzen Balken 17 Abschussstriche verzeichnet sind.

„Arbeiten abbrechen! Die Staffel fliegt Zieldarstellung. Alle Maschinen zum Start aufrollen!", befiehlt der Oberwerkmeister.

Inzwischen sind auch die anderen Monteure aus der Bereitschaftsbaracke eingetroffen und decken die Flugzeuge ab. Schnell werden noch die Kabinenscheiben peinlich gesäubert, denn jedes Staubkörnchen auf dem Panzerglas irritiert den Nachtjäger. Wie oft ist mancher junge Pilot minutenlang mit Vollgas hinter so einem Staubkörnchen hergejagt, bis er dann feststellen musste, dass der angebliche Schatten am hellen Nachthimmel nicht näherrücken wollte. Kostbare Zeit ging so verloren.

Schwere Zugmaschinen rollen heran und ziehen mit Drahtseilen die Flugzeuge aus den Hallen. Fallschirmwarte holen die „Rettungsringe der Luft" aus den Trockenräumen und legen sie behutsam und griffbereit in die Sitze.

„Achtung, Achtung! Feindlage: einige Einflüge schneller Kampfflugzeuge in das westliche Reichsgebiet. Kein Kampfverband gemeldet. Wetterlage: Hochdruckgebiet über Westeuropa. Leichte Zirrusbewölkung in 5000 bis 6000 Metern. Wind aus 180 bis 200 Grad, 10 bis 20 km/h. Ein Tag nach Vollmond. Folgende Flugzeuge zur Zieldarstellung: AS nach Raum Reiher, DS nach Raum Schwan, FS nach Raum

Reh, HS nach Raum Bär. KS bleibt in Reserve. Start 01.00 Uhr. Ende, Ende!" Das Licht in der Halle wird gelöscht. Heller Mondschein liegt über dem Flugplatz und gibt den Flugzeugen ein schemenhaftes Aussehen. Die Ersten Warte springen auf die Maschinen und überprüfen nochmals mit der Taschenlampe alle Instrumente und Hebelstellungen.

„Alles klar?", erkundigt sich besorgt der Oberwerkmeister. „Dann Motoren warmfahren! Achten Sie auf Kühlstoffanzeige! Heute bei der warmen Temperatur Kühlerklappen ganz auf!"

Im Heckstand leuchtet die Kontrolllampe auf. Der Erste Wart drückt auf den Anlasser des rechten Motors: „Alles frei?" „Alles frei!", antworten die Monteure und entfernen sich aus dem Gefahrenbereich der Luftschraube.

Das Summen des Schwungkraftanlassers wird immer stärker. Stotternd dreht sich die „Latte", helle Flammen von unverbrauchtem Kraftstoff schlagen aus den Flammenvernichtern heraus. Zuviel Anlassstoff eingespritzt! Hebel auf Vollgas, und schon zündet der Motor. Nach kurzem Schütteln geht er zu ruhigem Lauf über: Alles in Ordnung! Nun noch der linke Motor. Ruhig und monoton laufen beide Motoren. Geballte Kraft von je 600 PS ist in diesen stählernen Präzisionswerken vereint. In gleichen Abständen läuft ein aufbäumendes Zittern durch die ganze Maschine, Benzin- und Öldruck steigen langsam an. Kurzes Abbremsen der Motoren: Bedächtig schiebt der Wart die Gashebel nach vorn. Unbändig heulen die Motoren auf, sodass man sich nicht mehr verständigen kann. Die Tourenzähler springen von 1500 auf 2700 bis 2800 Touren in der Minute. Keine Fehlzündung und keine Nebengeräusche sind zu hören. Befriedigt stellt der Wart ab. Ein rotes Blinken mit der Taschenlampe verständigt den Zweiten Wart, der unter die Motorgondel springt und die Schnellstoppvorrichtung zieht. Ruckartig bleibt die Latte stehen. Bald sind alle Flugzeuge überprüft. Telefonisch gibt der Oberwerkmeister die Klarmeldung an den Gefechtsstand durch.

Hier in der Zentrale, dem Gehirn der Nachtjagd, laufen Hunderte von Leitungen zusammen. Kaum eine Minute dauert es, bis ein Nachtjäger irgendwo im dunklen Äther vom Einflug und Standort eines Flugzeuges verständigt ist. Nur mit Verzögerung von Sekunden wird der Jäger auf einer großen Mattscheibe als grüner, leuchtender Punkt mit genauem Standort, Kurs und Höhe geführt. Schon beim Eintritt in die Vorräume des Gefechtsstandes ist man vom Summen und Surren der Funkgeräte, vom Klingeln der Telefone beeindruckt. Erfahrene Männer des Nachrichtenwesens zaubern in Sekunden Sprechverbindungen mit den entlegensten Flugmeldestationen her. Alle Kabel laufen zentral auf dem Kommandotisch im Gefechtsstand zusammen. Indirektes Licht erfüllt den Raum und schafft eine unheimliche Atmosphäre. Unwillkürlich haftet der Blick auf einem leuchtenden Transparent: „Feindtätigkeit – Ruhe Zieldarstellung". Die jeweilige Luftlage wird hier angezeigt. Augenblicklich leuchten die grünen Buchstaben „Ruhe" auf. Eine elektrische Uhr zeigt die genaue Zeit an: Es ist 15 Minuten vor 01.00 Uhr. Da durchfährt ein schrilles Läuten den Gefechtsstand. Verschlafen drängen sich die Soldaten und Nachrichtenhelferinnen aus den Bereitschaftsräumen auf ihre Plätze. Doch alle Müdigkeit ist verschwunden, als man hört, wie draußen auf dem Flugplatz die Motoren angelassen werden und sich die Besatzungen zum Start vorbereiten. Jetzt heißt es zwei Stunden wach sein. Von der genauen Arbeit des Gefechtsstandes hängt es ab, ob sich der Einsatz des Lebens dieser jungen Flieger lohnt. Zu gut sind jedem Soldaten, jeder Helferin der Pilot, der Bordfunker, der Bordschütze der einzelnen Nachtjagdmaschinen bekannt.

Energisch tritt der Oberst ein. Alle Offiziere, Soldaten und Helferinnen haben ihre Plätze eingenommen. Der Oberst nimmt in der Mitte des Kommandotisches Platz, den Blick auf die große Mattscheibe gerichtet, auf der nun die beflogenen Nachtjagdräume – Reiher, Schwan, Reh und Bär – aufleuchten. Deutlich sind alle markanten Städte, Dörfer, Flüsse und Seen eingezeichnet.

„Alle Leitungen klar?", fragt der Oberst seinen Ia, der links neben ihm sitzt.

„Jawohl, Herr Oberst, alle Verbindungen überprüft. Die direkte Leitung zum Jägerleitoffizier nach ‚Reiher' ist gestört, aber wir haben eine Notschaltung über Stellung ‚Schwan' hergestellt."

„Danke, in Ordnung!"

Annähernd 80 bis 100 Hebel befinden sich auf dem Kommandotisch. Ein leichter Druck auf sie genügt, um eine Telefonverbindung über Hunderte von Kilometern herzustellen. Rechts von der großen Mattscheibe ist eine Tafel angebracht, auf der die Besatzungen mit Flugzeug, Start- und Landezeit aufgezeichnet sind. Auf der linken Seite wird eine gläserne Flukokarte indirekt beleuchtet, die das gesamte deutsche Reichsgebiet nebst Holland, Belgien und Frankreich bis an die Kanalküste umfasst. Auf dieser Karte werden alle Feindflugzeuge, die durch Warn-, Horch- und Messgeräte erfasst werden, mit Standort, Kurs und Anzahl eingezeichnet. Heute Abend sind nur einige schnelle Kampfflugzeuge mit Kurs auf Berlin eingezeichnet, und zwar vom neuen Typ der schnellen „Mosquitos", denen unsere Nachtjäger vorerst machtlos gegenüberstehen.

Fünf Minuten vor 01.00 Uhr: „Befehl an alle Nachtjagdräume! Freya- und Würzburggeräte einschalten! Mikrofone besetzen! Alle Verbindungen auf dem Kommandotisch schalten!"

Der Verbindungsoffizier der Nachtjagdgruppe tritt ein, zusammen mit dem Nachtflugleiter. Letzterer begibt sich sofort auf den Turm. Ein Funker hat hier bereits die Sprechverbindung mit den Besatzungen in den Flugzeugen aufgenommen. Die „AS" („Anton-Siegfried") meldet sich. „Meteor von Drossel 36. Bitte kommen!"

„Drossel 36 von Meteor. Viktor. Ich verstehe Sie gut. Nehmen Sie Lautstärke zurück!" „Viktor. Rolle zum Start. Drücken Sie Christbaum!" Dies ist das Stichwort für die Aufhellung des Flugplatzes. Nacheinander schaltet der Nachtflugleiter Leuchtpfad, Hindernisbefeuerung, Horizont und Drehscheinwerfer ein. Wundervoll bietet sich vom Turm aus der Anblick der vielen roten, grünen und weißen Lampen. Die Vollmondnacht ist so klar, dass man die Zeitung lesen könnte. Bei solchem Wetter macht es den jungen Piloten Vergnügen, sich in die linden Lüfte zu schwingen. Die „AS" mit Unteroffizier Zawadka steht startbereit an den beiden weißen Lampen. Der Flugleiter erkundigt sich nochmals telefonisch nach der Luftlage: Alles klar! Ein grünes Leuchtzeichen aus der Pistole gibt den Start frei. Punkt 01.00 Uhr startet die erste Maschine, nacheinander folgen zügig die anderen. Kurz heulen die Motoren auf, langsam setzen sich die sechs Tonnen schweren „Dampfer" in Bewegung und holen rasend schnell Geschwindigkeit auf. Schon nach 800 Metern zeigt der Fahrtmesser 150 km/h an. Leises Ziehen am Steuerknüppel, und die Maschine schwebt. Angestrengt schaut Zawadka auf die Blindfluginstrumente. Es ist schwer, sich nur diesen Instrumenten anzuvertrauen und nicht hinauszublicken, um die Orientierung an Wolkenbänken oder der Erdoberfläche aufzunehmen. Mancher junge Pilot hat es getan und im gleichen Moment das Flugzeug überzogen oder aus der niedrigen Höhe in den Erdboden hineingesteuert. Eisern haftet der Blick Zawadkas an den Instrumenten. Mechanisch greifen seine Hände zu den Hebeln und führen die nötigen Einstellungen aus. Landeklappen und Fahrwerk sind eingefahren. Schnell steigt die Maschine auf 300 bis 500 Meter. „Drossel 36 von Meteor!", tönt es aus dem Äther. „Meteor von Drossel 36! Alles in Ordnung. Fliege ab nach Raum Reiher. Ende, Ende!"

Im Gefechtsstand ist jetzt alles mobil geworden. Die Suchgeräte des Nachtjagdraumes haben bereits den Nachtjäger erfasst und geben prompt den Standort verschlüsselt durch. In der Auswertung wird der verschlüsselte Standort in das Planquadrat der Jägergradnetzkarte umgewertet und mithilfe kleiner Projektionsapparate auf die große Mattscheibe geworfen. Der grüne Punkt leuchtet auf. Wie von einem Magneten angezogen, bewegt er sich langsam auf den Mittelpunkt des Warteraumes. „Das hat mal wieder geklappt", atmet erleichtert der Oberst auf. „Es ist erstaunlich, wie schnell sich die Nachrichtenhelferinnen draußen in den Stellungen eingearbeitet haben. Den Frauen scheint das Nachrichtenwesen im Blute zu liegen." Ein grüner Punkt nach dem andern leuchtet auf der Mattscheibe auf. Alle Jäger haben Funkverbindung mit den Bodenstationen aufgenommen und sind auf 4000 Meter Höhe geklettert.

Die „AS" mit Unteroffizier Zawadka bewegt sich auf die Ostseeküste zu. Der grüne Punkt steht unmittelbar vor der Küste. Der Oberst nimmt eine Stichprobe vor. Ein kleiner Druck auf einen der vielen Hebel genügt, um die Sprechverbindung mit dem Nachtjagdraum Reiher herzustellen.

„Bitte schalten Sie mich auf Boden-Bord-Verkehr mit dem Jäger!"
„Einen Augenblick warten! Sprechverkehr durch Feindsender stark gestört. Wir schal-

ten auf andere Frequenz." Der Kommandeur setzt sich eine FT-Haube auf und wartet einen Moment. Da meldet sich auch schon die Maschine. Äußerste Ruhe herrscht im Gefechtsstand. „Drossel 36 von Meteor. Standort unmittelbar über der Küste. Kurs 106 Grad, Höhe 4150 Meter. Ende, Ende!" Prompt antwortet der Jäger und bestätigt die Standortdurchsage des Gefechtsstandes. Eine einzigartige Leistung des Nachrichtenwesens! Der Gefechtsstand „Meteor" ist so in der Lage, zehn bis zwanzig, ja sogar dreißig Nachtjäger genau zu führen. Das wiederum bedeutet eine gewaltige Erleichterung für die Besatzungen in der Luft und eine schlagartig einsetzende Abwehr bei stärkeren Feindeinflügen. Der Nachtjäger kann unbehindert dem Feind nachjagen, über die Ostsee, die Nordsee, Holland oder Frankreich hinweg bis zur englischen Küste. Er kann jede Minute seinen Kurs ändern – eine kurze Anfrage bei „Meteor" genügt, um den augenblicklichen Standort zu erfahren. Mehr noch! Oft hat die Maschine in schweren Luftkämpfen viele Treffer abbekommen und ist nicht in der Lage, selbstständig einen Landehafen zu finden. Dann gibt der Jäger das Stichwort „Luftnot" durch, und sogleich arbeitet der Gefechtsstand fieberhaft. Der Verbindungsoffizier der Nachtjagdgruppe greift ein. Ein Blick auf die Mattscheibe genügt, um den Standort der beschädigten Maschine abzulesen. Diesen Standort trägt der Verbindungsoffizier in die Luftnotkarte ein, auf der alle Flugplätze mit Größe, Nachtbefeuerung und Hindernissen eingezeichnet sind. Innerhalb von 30 Sekunden ist mithilfe von Zirkel, Kursdreieck und Rechentabelle der Kurs mit allen näheren Angaben zum nächsten Landehafen errechnet, in weiteren 30 Sekunden die Boden-Bord-Verbindung „Meteor-Luftnotmaschine" hergestellt. Während die Maschine Kurs auf den Landehafen nimmt, arbeitet sich der Fernsprecher auf der Strippe bis dorthin durch und verständigt den Nachtflugleiter von der bevorstehenden Landung des angeschlagenen Nachtjägers. Blinkfeuer treten in Tätigkeit und weisen den Jäger in Richtung auf den Landehafen, Leuchtraketen steigen in den Himmel, traubenartig in der Luft platzend. Diese „Radieschen" sind bei guter Nachtsicht auf 20 bis 30 Kilometer zu erkennen und erleichtern das Auffinden des Landehafens.

Freilich, wenn schwarze, tief hängende Regenwolken über die Erde jagen, wenn der Regen gegen die Panzerscheiben des Flugzeuges klatscht und nur die phosphoreszierenden Blindfluginstrumente dem Flieger entgegenstrahlen – dann hilft auch die schönste Organisation des Nachrichtenapparates nichts. Wenn Sturmböen von 150 km/h die Maschine hin- und herschleudern, wenn in Sekundenschnelle sich die Luftschrauben, die Tragflächen und die Motoren in einen schweren, dicken Eismantel hüllen, dann droht der Maschine mitsamt ihren donnernden Motoren der Sturz in den Abgrund. Wenn teuflische Elmsfeuer auf den Antennen, Scheiben und Luftschrauben geistern und den Nachtjäger blenden, dann kann sein Auge nicht einen Meter weit in die Finsternis eindringen. In diesen Augenblicken wird der Flieger geboren, der selbst Naturgewalten durch seine Willenskraft überwindet. Jetzt gilt es, durch das Unwetter hindurchzustoßen, um entweder mitsamt der Besatzung in den brodelnden Hexenkessel hineinzustürzen, oder aber den freien Himmel zu gewinnen. Gott ist diesen Piloten im Herzen vertrauter, als manche es glauben. Mit jeder glücklichen Landung schenkt er ihnen das Leben wieder, das sie bereitwillig für ihre Mitmenschen eingesetzt haben.

Ruhig und gleichmäßig mahlen die Luftschrauben der „AS" durch die eisige Luft in 4000 Metern Höhe. Kein Wölkchen am Himmel, das die Sicht beeinträchtigen könnte. Wundervoll glitzern die Flüsse und Seen im Mondlicht auf der dunklen, fernen Erde. Gegen die helle Ausstrahlung des Mondes verblassen die Sterne. Schneidende Kälte zieht durch die unteren Kanonenöffnungen in die Kabine. Fröstelnd räkelt sich die Besatzung in den Pelzjacken. Zawadka stellt die Kombinationsheizung ein. Die elektrischen Heizgeräte durchglühen Handschuhe und Stiefelsohlen und spenden wohltuende Wärme. „Warum antwortet die Bodenstelle nicht mehr?", fragt der Pilot besorgt durch die Bord-Eigenverständigung bei seinem Bordfunker an. „Wahrscheinlich Senderausfall. Ich schalte um auf ‚Schwan'." „Schwan von Drossel 36! Bitte kommen!"

Station Schwan meldet sich sofort: „Von Schwan. Verstehe Sie gut. Bleiben Sie auf meiner Frequenz! Jäger im Ansatz auf Sie."

„Äußerste Vorsicht!", meint trocken der Bordschütze, „gleich wird scharf geschossen, oder wir rammen mit unserem Verfolger zusammen. Werde zur Vorsicht eine rote Leuchtpatrone in den Lauf schieben, falls er zu dicht an uns herankommt."

„Von Schwan an Drossel 36!", tönt es schon wieder. „Sie fliegen zu schnell. Halten Sie!"

Lächelnd nimmt Zawadka die Spitze heraus und geht zum Langsamflug über. Der Erfolg bleibt nicht aus. Schon tönt es wieder von unten mit verärgerter Stimme: „Bussard 30! Sie Uhrmacher! Sie sind an Ihrem Gegner vorbeigeschossen!" Zawadka freut sich. Er hat seinen Verfolger nämlich gesehen, wie er mit unheimlicher Fahrt vorbeisauste. Gefechtsstand Meteor befiehlt darauf Wechsel im Ansatz. Jetzt fliegt Zawadka als Jäger. Der Jägerleitoffizier von Schwan meldet sich mit krächzender Stimme: „Drossel 36! Schalten Sie Jägerkennung ‚Friedrich'! Vollgas! Treten Sie an auf 360 Grad! Feindflugzeug 20 Kilometer voraus. Höhe 4250 Meter. Ende, Ende!" Die Motoren heulen auf. Automatisch strahlt die Kontrolllampe die Kennung „F" aus, ein Zeichen dafür, dass die Bodensuchgeräte den Nachtjäger erfasst haben und ihn auf 100 Meter genau an den Feind führen. Der Fahrtmesser steigt stetig. „Achtung, Achtung, Drossel 36! Feindflugzeug ändert Kurs. Fliegen Sie 295 Grad!" Äußerste Ruhe herrscht nun an Bord. Der Bordfunker schaltet das SN-2-Gerät ein. Unsichtbar tasten die elektrischen Wellen den Luftraum weit vor der Maschine ab, alles greifend, was ihnen begegnet. Aufmerksam verfolgt der Bordfunker auf der Braunschen Röhre die entstehenden Bilder. Unruhig flackert das grell leuchtende blaue Band vor seinen

Augen. Keine Veränderungen zeigen sich. Plötzlich schreit der Bordfunker los: „Ich hab' ihn!" Erschreckt fahren die anderen zusammen: „Rindvieh, deswegen brauchst du doch nicht zu brüllen, als ob es hinten brennt!" Fast unsichtbar für das ungeübte Auge erscheint auf der Braunschen Röhre ein winziger Zacken: der Gegner. Langsam wandert er nach rechts, denn das Flugzeug fliegt eine Rechtskurve. Pausenlos gibt nun der Bordfunker seinem „Kutscher" Messwerte durch und führt ihn an das Ziel heran. Deutlich hebt sich jetzt der Zacken auf der Braunschen Röhre heraus. Da schreit auch schon der Bordschütze aus Leibeskräften: „Ich sehe ihn, da fliegt er!" Zawadka fährt auf dieses Indianergeheul abermals zusammen. Er flucht kräftig: „Reißt Euch doch zusammen! Was heißt hier da fliegt er? Wo er fliegt, will ich wissen." Da fliegt er doch!", tönt es zurück, „Mensch, siehst Du den Schatten nicht?" Zawadka könnte aus der Haut fahren. Aber was hilft das Schimpfen? Ruhig fragt er seinen aufgeregten Bordschützen: „Siehst Du ihn noch?" „Ja, da fliegt er!" „Rechts oder links?!" „Natürlich rechts! Etwas höher!" So natürlich ist das für Zawadka nicht, denn seine Augen sehen nur den hellen Sternenhimmel. Leicht kurvt er nach rechts ein und steigt etwas höher. Plötzlich brüllt auch er selber los: „Ich sehe ihn! Ich sehe ihn!" Vor Freude lässt er den Steuerknüppel los und schlägt sich vergnügt auf die Knie, denn dies ist die erste Maschine, die er am Nachthimmel gesehen hat. Weiter fliegt der feine, gespenstische Schatten des „Gegners" am Nachthimmel, seine Umrisse sind deutlich zu erkennen. Jetzt gewahrt Zawadka auch die glühenden Auspuffrohre, starker Funkenregen fegt aus den Motoren. Nach und nach heben sich auch Tragflächen, Leitwerk und Rumpf deutlich gegen das Mondlicht ab. Noch 80 Meter beträgt der Abstand. Ein kurzer Feuerstoß in die Benzintanks würde genügen, um den „Gegner" in eine brennende Fackel zu verwandeln. Hell glitzert das Kabinendach im Mondlicht. Noch dichter schiebt sich Zawadka ran, auf 40, auf 20 Meter. Jetzt endlich hat sein verfolgter Kamerad ihn ebenfalls entdeckt: Er schaltet die Positionslampen ein und wackelt um die Längsachse. „Aha, dem hat's auch gedämmert", stellt der Bordfunker fest. „Wenn der ebenso unbekümmert im feindlichen Bomberverband fliegt, wird er bald ins Jenseits fahren."

„Übung abbrechen!", mahnt plötzlich die Bodenstelle durch den stillen Äther. Langsam verliert die Maschine Zawadkas an Höhe und nimmt Kurs Heimathafen.

Die Führung von der Erde aus gibt dem gesamten Verteidigungswerk der Nachtjäger erst die eindeutige Richtung. Sie stellt die Aufgaben und zeigt, wie sie gelöst werden müssen. Ohne sie würde sich vermutlich in der Luft nur eine Reihe von zufälligen Einzelgefechten abspielen, die keinen Zusammenhang miteinander hätten. Es ist schwer, sich einen Begriff vom Wesen dieser Führung zu machen. Wenn man die Weite der Räume bedenkt, die das Operationsgebiet der Nachtjagdverbände umschließt, findet man als Vergleich nur die Oberste Heeresleitung selbst. Doch auch dieser Vergleich hinkt, denn die Luftführung hat mit ganz anderen Faktoren zu rechnen. Andersartig ist vor allem die Schnelligkeit, mit der sich die Bewegungen von Freund und Feind auf dem Schlachtfeld der Lüfte vollziehen. Wenn man annimmt, dass die Durchschnittsgeschwindigkeit der fliegenden Verbände bei 400 km/h liegt, und berücksichtigt, dass die Entfernung zwischen London und Berlin nur 900 Kilometer beträgt, vermag man sich wohl eine Vorstellung davon zu machen, wie rasch sich die Situation einer solchen Luftschlacht verschieben kann. Zwei oder drei Minuten, die bei der Nachrichtenübermittlung oder bei der Befehlsgebung versäumt werden, bedeuten 14 bis 20 Kilometer Flugstrecke. Diese kann ausreichen, um einen gut angesetzten Angriff der Nachtjäger am Gegner vorbeistoßen zu lassen. Nichts ist wichtiger, als die Absicht des Gegners rechtzeitig zu erkennt Dazu müssen die einzelnen Beobachtungen von den Grenzen Europas her mit Blitzesschnelle an die Führung herangebracht werden, und es muss noch Zeit sein, sie zu prüfen. Darauf werden sie – wieder in Blitzesschnelle – ausgewertet und in Befehle übersetzt. Dies alles weiß natürlich auch der Gegner, und so liegt für ihn die Hauptaufgabe darin, seine Absichten so lange wie möglich zu verschleiern und den Nachrichtenapparat der Nachtjagd zu stören. Neben der eigentlichen Luftschlacht geht so ein für den Beobachter unmerklicher, aber verbissener Kampf um den Nachrichtenapparat einher. Der Gegner fliegt viele Punkte an, er schlägt Haken, macht Scheinangriffe, sucht die Funkwellen zu stören. Das alles verlangt und verbraucht Nerven. Die Engländer haben einmal behauptet, dass an einer Luftschlacht 600 000 Menschen beteiligt seien. Mag die Zahl stimmen oder nicht – eines ist sicher: Jeder dieser Männer muss nicht nur ein hervorragender Spezialist, sondern auch ein völlig gesunder Mensch sein.

Nachtkampf mit Minenlegern

Müde und verschlafen räkeln sich die Besatzungen in den Sesseln. Verlassen stehen die Schachspiele, leise Musik erklingt im Radio zur nächtlichen Stunde. Bedächtig wandert der Zeiger der Uhr auf 02.00 Uhr. Einige Besatzungen haben sich in voller Ausrüstung auf ihre Betten gelegt, jeden Augenblick bereit, in die startklaren Flugzeuge zu springen. Spärliches rotes Licht verbreitet eine gemütliche Stimmung und gewöhnt das Auge der Nachtjäger an die Dunkelheit. So braucht das menschliche Auge nur fünf Minuten, um sich der völligen Dunkelheit anzupassen. Normalerweise waren zwanzig Minuten nötig, bis das Auge die Nachtsehfähigkeit erreicht hätte. Mancher ist mit dem Kopf auf die Tischplatte gesunken, ein anderer hält noch das gelesene Buch in der Hand und ist darüber eingenickt. Alle Gespanntheit ist aus den Gesichtszügen gewichen.

Ein leises Knistern im Telefon. Manche schrecken schon bei diesem kaum hörbaren Geräusch im Schlaf zusammen. Noch schlaftrunken nimmt ein Oberfähnrich den Hörer auf. Seine Züge straffen sich:

„Jawohl, Herr Oberst, Division rechnet mit einigen Minenlegern in der Ostsee. Über den nordfriesischen Inseln mehrere Geräuschmeldungen. Danke!"

Wie ein Blitz fahren die Worte des Oberfähnrichs in die Besatzungen. Es ist fast unerklärlich, dass allein diese Worte den tiefsten Schläfer wachmachen können. Alle blicken den Kommandeur an, der sich den Schlaf aus den Augen reibt. Er springt auf, spricht mit dem Gefechtsstand und befiehlt, drei Maschinen startklar zu machen. Alle beugen sich über die Karte und diskutieren eifrig die Möglichkeiten, einen Minenleger anzugreifen. Die Bordfunker überprüfen Frequenzen, Tabellen, Wetter, Signale und Munition. Noch ist nicht bestimmt, wer heute Nacht über der weiten Ostsee jagen wird, um im Kampf mit dem Engländer die Schifffahrt vor erneuten Verlusten zu schützen.

„Verflucht spät, Jungens", meint der Kommandeur Hauptmann Schönert, „aber der Tommy ist wie immer unberechenbar. Ich fliege mit. Wer noch?"

Alle melden sich.

„Na, Oberfähnrich Grond, Sie müssen mal zum Zuge kommen. Vielleicht haben Sie diese Nacht eine Chance. Volle Seenotausrüstung ist mitzunehmen für den Fall des Abschusses über Wasser. Dauernde Funkverbindung auf der Seenotfrequenz halten! Kameradschaftliche Hilfe dem Feinde gegenüber ist selbstverständlich, falls er in eine Notlage kommt. Noch eine Frage?" Es herrscht Schweigen.

Schrill klingelt das Telefon: „Zwei Besatzungen in sofortige Startbereitschaft! Achtung vor Schiffsflak!"

Die zurückbleibenden Kameraden wünschen den „Minensuchern" Hals- und Bauchschuss. Unterdessen begibt sich der Kommandeur mit dem Oberfähnrich und den übrigen Besatzungsmitgliedern in der mondhellen Nacht zur Maschine. Schnell legt er die Schwimmweste an, schnallt das gut verpackte Schlauchboot an seinem Fallschirm fest und überprüft Leuchtfackel, Färbbeutel, Leuchtmunition, Proviant und Seenotflagge. Im Lautsprecher erklingt ein langsamer Walzer. In aller Ruhe raucht man noch eine Zigarette. Da bricht plötzlich die Musik ab.

„Achtung! Startbefehl für beide Maschinen! Minenleger bereits über Schleswig-Holstein. Acht bis zwölf Bomber. Achtung! Achtung! Sofort starten!"

Hannes Richter, der alte, erfahrene Bordfunker, bastelt an seinen Funkgeräten herum und ist überzeugt, dass er dem „Alten" bei diesem Einsatz nur wenig helfen kann, denn die Minenleger fliegen zu niedrig, als dass man sie mit den Nachtjagdsuchgeräten erfassen könnte. Aber Hannes ist trotzdem guter Zuversicht; kann er sich doch beruhigt auf die gute Nase des „Alten" verlassen. Kurzes Summen der Anlasser, schon springen die Motoren an. Eine grüne Lampe leuchtet auf, die Do 217 setzt sich langsam in Bewegung, holt rasend schnell an Fahrt auf und saust quer über den Platz der roten Hindernisbefeuerung entgegen. Kurz, vor den roten Lampen hebt die Maschine vom Boden ab und taucht ein in die Dunkelheit der Nacht.

„Alles klar, Hannes?" „Alles klar." Der Gefechtsstand befiehlt Anflug auf Raum Reiher, dann Kurs 300 Grad auf die anfliegenden Minenleger. Feindhöhe 500 Meter. Geschwindigkeit 320 km/h. Ruhig summen die Motoren. Der „Alte" lädt schon jetzt die Kanonen durch. Ein kurzer Druck auf den Knopf am Instrumentenbrett genügt, um die Verderben bringenden Geschosse in den Lauf einzuführen. Acht rote Lampen leuchten auf, jede zeigt ein geladenes Rohr an. Die Uhr zeigt kurz vor 03.00 Uhr an. Einsam im tiefen Schlaf liegt der Schweriner See. In der Ferne glitzert die Ostsee auf, ein heller, leuchtender Streifen am Horizont.

„Achtung! Drossel Weiß! Express, express!" Der „Alte" gibt Vollgas, beide Motoren geben ihr Äußerstes her. Jetzt beginnt die Nervenprobe. Wunderbar glitzern die Schaumkronen des Meeres im hellen Mondlicht. Doch eine kleine Berührung mit der Wasseroberfläche würde die Maschine in tausend Fetzen zerreißen. Eine Berührung mit dem Wasser ist gefährlicher als eine mit der Erde. Immer leiser wird die Funkverbindung mit der Nachtjagdstellung Reiher. Hauptmann Schönert geht auf Höhe. Plötzlich schreckt er zusammen: Was ist das dort unten? Langsam und träge wälzt sich ein milchiggraues Etwas über das Meer, schluckt die blinkende, leuchtende Meeresoberfläche, türmt sich Hunderte von Metern über dem Wasser, wandert unaufhaltsam vorwärts: Nebel! Dicht über dem nasskalten Schleier rast die Maschine weiter. Nur der Feinhöhenmesser zeigt jetzt noch die wahre Höhe über dem Meeresspiegel an, der vielleicht nur einen Meter unter dem grauen Leichentuch liegt.

„Achtung! Drossel Weiß! Feindflugzeuge kreisen im Planquadrat X und geben Höhe auf." Schnell lässt sich Hannes den Standort seiner Maschine durchgeben, setzt Zirkel und Dreieck an und gibt seinem Flugzeugführer den neuen Kurs durch. Entfernung vom Feind zehn Kilometer. Der Bordschütze drückt die Sicherung zum Suchgerät ein. Eine Minute warmlaufen – dann hebt sich fein, fast unsichtbar für das ungeübte Auge, der Meereszacken auf der Braunschen Röhre ab.

„Gleich müssen die Feindziele in unserem Gerät auftauchen", meint Hannes ruhig. Gespannt schaut er auf das grell leuchtende Band, das nach allen Seiten abgeschirmt ist, um den Piloten nicht zu blenden. Langsam dreht er an dem Hebel und versucht, mit den unsichtbar tastenden Strahlen des Gerätes den kurvenden Gegner zu erfassen.

„Etwas tiefer gehen! Drosseln!" Hauptmann Schönert nimmt sacht Gas weg und gibt Höhe auf.

Da geschieht das Wunder der Technik: Ein feiner, schmaler Streifen bildet sich auf der Braunschen Röhre. Das ist der feindliche Minenleger.

„Er kurvt", schreit Hannes aufgeregt durch die Bordverständigung, „Abstand drei Kilometer! Drosseln!"

Wie ein Luchs späht Hauptmann Schönert den blassen Horizont ab und stellt die Maschine einmal auf die linke, einmal auf die rechte Fläche. Der Nebel ist verschwunden: Beste Gelegenheit für den Minenleger, seine „Eier" dicht über dem Meeresspiegel abzuwerfen. Der Zacken wird immer größer, langsam wandert er nach links aus, bleibt eine Weile stehen, wandert wieder nach links und sinkt immer tiefer.

„Gegner kurvt auf derselben Stelle, gibt Höhe auf. Sehr wahrscheinlich kurz vor dem Abwurf der Mine. Abstand 1000 Meter", gibt Hannes wieder durch. „Geräte abschalten! Aufpassen! Ruhig bleiben!", flüstert jetzt der „Alte", als könnte ihn der Tommy auf diese kurze Entfernung hören.

Grabesstille an Bord. Den Kopf ganz vorgebeugt, schaut der Pilot durch das dicke Panzerglas auf die Meeresfläche. Der Feinhöhenmesser zeigt 400 Meter. Silberhell strahlt das Meer das volle Mondlicht wider. In der unendlichen Ferne hebt sich der junge Tag am Horizont ab. Der „Alte" fährt mit der rechten Hand zum Sicherungshebel der Kanonen. Er hat den Gegner entdeckt. Kein Wort kommt über seine Lippen. Seine Besatzung kennt das. Sie sehen es an der Miene, an der Haltung des „Alten", wenn er den Feind gesichtet hat. Schnell kurvt er ein, stürzt 100 Meter herunter, da taucht auch seitlich ein großer, schwarzer Schatten auf. Ruhig, noch nichts ahnend, rauscht der viermotorige Bomber über die Ostsee hinweg, die schweren Minen noch in seinem Rumpf bergend. Wie Fittiche breitet er seine 40 Meter lange Fläche aus, steuert langsam auf Tiefe. Ungeheuer ist der gewaltige Rumpf mit dem riesengroßen Leitwerk, auf dem deutlich die Kokarde blau-weiß-rot zu erkennen ist. Die achtköpfige Besatzung glaubt sich sicher, hier, fern von der Küste. Doch jetzt hat der Tommy seinen Verfolger entdeckt: nur 200 Meter über dem Meer, zu niedrig, um mit dem Fallschirm abzuspringen, ein deutscher Nachtjäger! Trotzdem –

der Engländer ist zäh. Noch gibt er sich nicht verloren. Ruckartig reißt er die Maschine in einer Steilkurve nach rechts, sodass die vier glühenden Auspuffrohre der Motoren zu erkennen sind, und zieht steil hoch. Aus dem Heckstand rast eine Feuergarbe aus vier überschweren Maschinengewehren auf den Nachtjäger los. Doch der ist schnell und erfahren. Diese Situation hat der „Alte" oft erlebt. Schon beim Hochziehen des Feindes hat er sich tiefer gesetzt – die Leuchtmunition fährt über ihn hinweg. Er saust mit unheimlicher Fahrt über das Wasser, zieht steil hoch. Im selben Augenblick ist der ungeheure schwarze Kasten im Visier drin, wird größer, und schon prasselt die Feuergarbe aus acht Kanonen in den Rumpf hinein, reißt ihn auf, zerfetzt die Motoren, setzt die Tausende von Litern Benzin in Brand. Eine grässliche, lange Flamme fährt unmittelbar unter der Tragfläche des Nachtjägers hinweg. Die Besatzung vermeint, die Hitze der Explosion in ihrer Kabine zu spüren. In letzter Sekunde hat Hauptmann Schönert seine Maschine seitlich vom Gegner weggerissen, vielleicht einen, vielleicht fünf Meter vom Feuer getrennt.

Der „Alte" atmet auf. Noch hält sich der riesige, viermotorige Kasten in der Luft. Doch unaufhaltsam fressen die roten Flammen an ihm. Aus allen Teilen des Flugzeuges schlagen sie schon heraus. Gespenstisch-grässlich ist dieses Bild des todwunden Gegners. Wie gebannt starrt die Besatzung auf die brennende Halifax, die mit unheimlicher Fahrt gleich einem Kometen einen langen Feuerschweif hinter sich herzieht. Noch einmal bäumt sich die Maschine auf, breitet die brennenden Flächen gegen den Himmel, stößt mit dem dunklen, gläsernen Bug, in dem der tapfere Pilot auch in der letzten Sekunde das Steuer nicht aus seiner Hand lässt, gegen den dunklen Nachthimmel, kippt plötzlich über die linke Fläche ab und stürzt mit einer ungeheuren Explosion ins Meer. Fliegertod – Seemannstod! Ergriffen von dem tapferen Sterben des Gegners gibt Hauptmann Schönert nur zögernd seine Meldung durch:

„Von Drossel Weiß – Abschuss Minenleger im Planquadrat X. Jage weiter."

Noch einmal kreist der Nachtjäger über den silberhellen Schaumkronen, die unschuldig übereinander purzeln, als hätten sie nicht vor wenigen Sekunden acht Menschen zu sich in die Tiefe gerissen. Nur ein großer, dunkler Ölfleck deutet den Kampf auf Leben und Tod an, der sich vor ein paar Minuten dicht über dem weiten Wasser unter dem hellen Nachthimmel abgespielt hat.

Erste Luftschlacht über Berlin

Das Herzstück Deutschlands, das fast fünf Millionen Einwohner in seinen Mauern birgt, ist bisher von großen Luftangriffen verschont geblieben. In der Nacht vom 23. zum 24. August 1943 jedoch hat die Royal Air Force über eine Entfernung von 900 Kilometer die Luftoffensive gegen die deutsche Reichshauptstadt eröffnet.

„Alle Besatzungen in Alarmbereitschaft!", tönt es durch die Lautsprecheranlage über das weite Flugfeld in Parchim. Der Befehl kommt überraschend. Überstürzt verlassen die Nachtjäger ihre Unterkunftsräume und eilen zu den Maschinen. Es liegt etwas in der Luft. Knapp fünf Minuten später stehen die Maschinen der Nachtjagdgruppe Parchim startbereit. 23.06 Uhr: Startbefehl! Ich brause als Erster los und steige mit vollen Touren rasch auf eine Kampfhöhe von 5000 Metern. Die Nacht ist klar, also äußerst günstig für die Abwehr. Bei diesem Wetter überblickt der Nachtjäger aus einer Höhe von 5000 bis 6000 Metern einen Umkreis von etwa 500 Kilometern. Flöge ich jetzt beispielsweise über Hannover, so könnte ich von dort aus gleichzeitig die feuernde Flak in Hamburg, Bombeneinschläge in Berlin, Brände in Leipzig und Leuchtkaskaden über Köln sehen. Zwischen diesen Städten sähe ich das leuchtende Gewirr der Flugpeilfeuer, das aufblitzende und nach Minuten wieder verlöschende Blendwerk der Scheinwerferstraßen und ihrer Markierungen, die bunt gezeichneten, rechteckigen Nachtjagdflugplätze. Für den deutschen Nachtjäger ist die Heimat ein aufgeschlagenes Buch, in dem er mit Sicherheit lesen kann.

Die Bodenstelle meldet Spitzenverbände über der Ostsee. Der Nachrichtendienst auf der Insel Fehmarn drahtet das Überfliegen starker Feindverbände in 5000 Metern Höhe mit Richtung Südwest. Mir ist bekannt, dass die Engländer vor jedem Großangriff einen markanten Sammelpunkt festlegen. Ein Blick auf die Karte genügt, um den Müritzsee als solchen zu erkennen. Ich kreise in 5000 Metern Höhe und taste mit meinem SN-2-Gerät den Luftraum ab. Da fallen auch schon neben mir die ersten Leuchtfallschirme und erhellen die dunkle Nacht. Langsam pendeln sie zur Erde und strahlen die spiegelglatte Oberfläche des Sees an. „Der Zeremonienmeister der Engländer hat gute Arbeit geleistet", denke ich und warte gelassen auf die Dinge, die nun kommen werden. Wieder fallen Leuchtfallschirme, zwei, vier, sechs, acht, zehn, dann plötzlich rote Leuchtkugeln und Blitzbomben, die das Auge blenden. Der Feuerzauber geht los. Ununterbrochen werfen die Tommys Blitzbomben ab, um die Nachtjäger zu blenden. Die Bodenstation meldet das Sammeln starker Feindverbände nordwestlich von Berlin. Mir ist klar, dass der Angriff von hier aus abrollt. Meine Gruppenkameraden treffen ebenfalls bei den Leuchtfallschirmen ein, und es können nur noch Minuten verstreichen, bis auch die Nachbargruppen am Ablaufpunkt der Engländer auftauchen. Das Sammeln der Engländer dauert erfahrungsgemäß eine halbe Stunde. Jede „Welle" hat ihre genaue Flughöhe zugeteilt erhalten. Diese Aktion erfordert äußerste Disziplin und Selbstbeherrschung und bedeutet nebenbei eine starke Nervenbelastung für die englischen Besatzungen. Aber von dem mustergültigen Sammeln über dem Ablaufpunkt hängen Erfolg und Leben der Besatzungen ab. Erst wenn die im Anflug auseinandergezogenen Verbände über dem Ablaufpunkt eingetroffen sind, gibt der Kommodore das Angriffszeichen, und Minute auf Minute fliegt eine Welle nach der anderen in gestaffelten Höhen das Ziel an. Ich spüre förmlich die Unruhe in der Luft. 600 Feindbomber kreisen mit ihren tonnenschweren Bäuchen über dem See, dazwischen 100 deutsche Nachtjäger und vielleicht 50 englische Fernnachtjäger. Kurz vor dem Angriff befiehlt die Division die Verfolgung des Gegners bis über die Reichshauptstadt, ohne Rücksicht auf die eigene Flak, die „Feuer frei" hat bis 8000 Meter. Meine Besatzung holt tief Luft.

„Na, das kann ja lustig werden", meint Facius und bastelt an seinem SN-2-Gerät herum.

„Ach wat, keene Bange", meldet sich Mahle, der Bordschütze, „die schießen heute mit Platzpatronen. Nur ran, Herr Oberleutnant! Wenn meine Frau, die in Berlin lebt, erfährt, dass ich bei dem Zauber dabei bin – det is ne Sache mit nem Pfiff!"

Ich lasse die beiden reden und lade meine Bordkanonen durch. Gerade will ich zum Angriff übergehen, da meldet Facius den Ausfall des Suchgerätes. Verfluchte Sch…, was machen? Es gibt keine andere Lösung, als mit Tommy über die Stadt zu fliegen und mit bloßen Augen nach den fliegenden „Möbelwagen" zu spähen.

Meine Kameraden sind bereits am Feind. Die ersten Bomber stürzen brennend in den See. Wilde Feuergefechte blitzen um mich herum auf. Aus allen Richtungen schießen Leuchtspurgarben durch die Nacht. Punkt 00.00 Uhr gibt der englische Kommodore mit orangefarbenen Leuchtkugeln das Angriffssignal.

Welle auf Welle rollt vom Sammelpunkt ab in Richtung Berlin. Ich fliege ebenfalls in 6000 Metern Höhe die Reichshauptstadt an. Noch ist alles ruhig, und die Nacht hüllt die Stadt schützend ein. Doch der Orkan muss jeden Augenblick losbrechen. Die Stadt ist mit den schwersten Flakgeschützen und den besten Scheinwerfergruppen gesichert. Hohe Flaktürme schleudern den Angreifern Tod und Verderben entgegen. Der Anflugweg der Tommys ist mit brennenden Flugzeugwracks gekennzeichnet; es mögen bereits 40 bis 50 Viermotorige sein, die den Spazierflug nach Berlin bereits vor dem Ziel beendet haben. Doch was sich nun unmittelbar über der Stadt zuträgt, übertrifft jedes menschliche Vorstellungsvermögen. Die Hölle ist los! Ein Meer von Scheinwerfern erhellt die Nacht, Tausende von Flakgeschützen entfesseln einen Feuerzauber von ungeahnter Wucht. Der „Zeremonienmeister" der Engländer hat bereits das Angriffsziel durch Brandbomben abgesteckt: West- und Südwest-Berlin sind der Anfang der blutigen Schlacht. Ich bewundere die Nervenkraft des Zeremonienmeisters, der, seinem Verband weit voraus und allein dem Feuerzauber ausgesetzt, mit gelassener Ruhe seine Aufgabe erfüllt und die begrenzte Angriffsfläche Punkt für Punkt mit seinen Brandbomben markiert. Schön abgesteckt liegt nun die Angriffsfläche, das begrenzte Stadtviertel, vor den Augen der anfliegenden Welle. Was die Besatzungen bei Hunderten von Bombenabwürfen gelernt haben, wird hier zur grausigen Wirklichkeit: der konzentrierte Angriff, der Bombenteppich. Berlin wehrt sich mächtig. Die hell erleuchtete Nacht ist mit Tausenden von Sprengwölkchen übersät, die bis 8000 Meter reichen. Ich fliege direkt in eine Salve hinein und werde vom Luftdruck in die Tiefe geschleudert. Das ging noch einmal gut. Rechts und links, über und unter mir brennen Maschinen und stürzen in die Tiefe. Zahllose Brände bedecken die Erde. Angeschossene Nachtjäger schießen Notsignal, feindliche Bomber zerplatzen in der Luft und schütten einen farbigen, leuchtenden Konfettiregen über die Stadt. Ein grandioses Feuerwerk! Das andauernde Aufblitzen der Flakgranaten zehrt an den Nerven. Beißender Pulverdampf zieht in die Kabine.

Die Nachtjäger sind am Feind. Hier über Berlin brauchen wir keine Suchgeräte mehr, wir sehen die Engländer mit bloßem Auge über der Stadt schweben. Jeder schießt auf jeden. Rote, gelbe, grüne Leuchtspurmunition zersägt die Luft und zieht über mein Kabinendach hinweg. In diesem Hexenkessel entscheidet nur noch das Glück, denn der Tod lauert von allen Seiten. Kurz nach 01.00 Uhr kreuzt eine vier-motorige Handley Page Halifax meinen Kurs. Ich greife sofort an und schieße ohne Rücksicht auf das Abwehrfeuer in die Tanks. Der Bomber explodiert und fliegt in Tausenden von brennenden Einzelteilen zur Erde. Zeit: 01.03 Uhr. Fünf Minuten später taucht unter mir eine Riesen-Haifischflosse auf. Schon im Anflug erkenne ich die mir bekannte „Short Stirling" mit dem gefährlichen Heckschützen. Immer größer wird der Feindbomber im Visier, und im gleichen Moment, als der Heckschütze das Feuer eröffnet, wird er von meinen Kanonen zersägt und schweigt. Alles andere ist nur noch eine Sache von Sekunden. Um 01.08 Uhr fällt auch diese bombenschwere Maschine wie ein Stein vom Himmel und zerbirst am Boden. Dann ist der Spuk vorbei.

Die Engländer fliegen zurück zur Insel. Ich kreise über der brennenden Stadt und warte auf einen Nachzügler. Die Flak schweigt. Nur noch die Riesenbrände er-hellen schaurig die Nacht. Die Besatzung ist schweigsam. Es will uns einfach nicht in den Kopf, dass unsere Reichshauptstadt, unser Berlin, dem Untergang geweiht sein soll. Bei diesem Kampf im Herzen Deutschlands wird uns allen klar, dass der Sieg verspielt ist, dass Hitler nur noch Zeit gewinnen will. Aber hat es einen Sinn, darüber nachzugrübeln? Wir werfen einen letzten Blick auf die brennende Stadt und nehmen Kurs Parchim. Nach drei Stunden und vier Minuten Flugzeit hat uns die Erde wieder. Meine Me 110 hat etliche Granatsplitter abbekommen, doch das tech-nische Personal ist über unsere Erfolge begeistert. Zwanzig Abschüsse erzielte allein unsere Nachtjagdgruppe. Tags darauf meldet der Wehrmachtsbericht einen Terrorangriff auf Berlin mit 100 Bomberabschüssen. Gut, aber was ist mit den restlichen 500? Die tanken nach ihrer Landung wieder auf und fliegen so lange, bis Berlin ein Trümmerhaufen ist.

Angriff auf Angriff rollt über die Reichshauptstadt. Unsere Gruppe, die bisher in der „Etappe" lag, steht nun im Brennpunkt der Abwehr. Nacht für Nacht sitzen wir in Alarmbereitschaft, und als dann noch die ersten Bomben in den hell erleuchteten Flugplatz fallen und englische Schnellbomber mit Kanonen und Maschinengewehren die Flugplatzanlagen beharken, wird es uns allen klar, dass es in Deutschland keine ruhige Etappe mehr gibt. Mit den pausenlosen Tag- und Nachtangriffen der alliierten Bomberverbände ist das Reichsgebiet selbst zu einem großen Schlachtfeld geworden. Berlin sinkt nach einem genau festgelegten Angriffsplan in Schutt und Asche. Die Engländer haben es gar nicht mehr nötig, bei ihren nächtlichen Anflügen die Reichshauptstadt zu suchen, denn die gewaltigen Feuerbrünste der letzten Angriffsnächte sind noch nicht gelöscht und erhellen den Nachthimmel. Blutigrot ist der Himmel über Berlin, wochenlang, monatelang.

Nach einem dieser schweren Angriffe landen auch viele Maschinen aus dem holländischen und belgischen Raum in Parchim, unter ihnen Oberstleutnant Lent, das „Ass" der deutschen Nachtjagd. Als Flugzeugführer in einem Zerstörergeschwader errang dieser junge Offizier im Polenfeldzug seine ersten Siege. In der Luftschlacht über der Deutschen Bucht im Dezember 1939 konnte er allein drei Abschüsse melden. 1941 kam Lent zur Nachtjagd und führte sich gleich mit einem Doppelerfolg ein. Aus dem unbekannten Flugzeugführer wurde der vom Feind am meisten gefürchtete Nachtjäger. Lent weilt unter uns. In kurzen Worten schildert der junge Kommodore seinen erfolgreichen Kampf über Berlin. Seine Maschine wird aufgetankt und startbereit gemacht. Man kann nie wissen, ob der Engländer nicht in den frühen Morgenstunden vielleicht nochmals angreift. Lent stärkt sich mit einem Glas Rotwein und einem kleinen Imbiss. Er findet einfach nicht die Ruhe, seine Fliegerkombination auszuziehen, um sich ein wenig zu entspannen. Ein Blitzgespräch mit seinem Gefechtsstand informiert ihn über die Abwehrerfolge und Verluste seines Geschwaders. Kaum hat er den Hörer aufgelegt, da meldet der Werkmeister seine Maschine einsatzklar. Lent verabschiedet sich mit herzlichen Worten des Dankes für die Gastfreundschaft, dann braust er los, neuen Erfolgen entgegen!

Nekrolog: Am 31. Juli 1944 erhält der junge Oberstleutnant als 15. Offizier der deutschen Wehrmacht die Brillanten zum Ritterkreuz. Nur zwei Monate später stirbt er, unbesiegt vom Feinde, mit seiner Besatzung den Fliegertod. Bei der Erprobung einer neuen Nachtjagdmaschine fällt in der Kurve plötzlich der linke Motor aus, und Lent stürzt mitsamt seiner Besatzung aus 50 Metern Höhe in die Tiefe.

Weitere Luftkämpfe über Berlin

Im Januar 1944 erreicht die Schlacht um Berlin ihren Höhepunkt. Der Engländer setzt seine Bomberverbände geschickt an. Während bei einer sogenannten „Rückseitenwetterlage" die Wolkenschichten über der Insel aufreißen und über Deutschland ein Tief die Wolkenbänke bis 50 Meter absinken lässt, starten die feindlichen Bomber und fliegen ohne jede Erdsicht ihr Ziel an. So auch in der Nacht des 21. Januars 1944. Die Wetterwarte meldet eine Wolkenuntergrenze von 50 Metern und eine geschlossene Wolkenschicht bis 4500 Metern Höhe. Ab 800 Metern Höhe besteht Vereisungsgefahr. Ununterbrochen geht ein feiner Schneeregen nieder und legt sich als Eisschicht auf die Maschinen, die mit Kaltstart ausgerüstet sind. Es gibt also beim Starten kein langes Zögern, innerhalb einer Minute muss man in der Luft sein, sonst ist's aus und vorbei. Die Nacht ist pechschwarz. Unser neuer Kommandeur, Hauptmann Bär, prüft die Wetterlage.

„Eine verflixte Suppe draußen, man sieht nicht die Hand vor den Augen", mit diesen Worten kommt er wieder herein und sieht die Besatzungen.

Nur zehn von dreißig Piloten dürfen im Falle eines Einsatzes starten. Eine Landung in Parchim ist ausgeschlossen. Als Ausweichhafen ist nur Leipzig-Brandys mit 500 Meter Wolkenuntergrenze offen. Wir warten unruhig und hören jede Stunde den Bericht unseres „Wetterfrosches". Aber es ändert sich nichts. Unaufhörlich regnet es aus dem schwarzen Nachthimmel, so recht die Zeit, um im gemütlichen Kameradenkreise bei einem flotten Skat die Langeweile zu vertreiben. Aber der Engländer macht einen Strich durch die Rechnung. Leutnant Kamprath, im Kameradenkreise kurz „Brinos" genannt, ist am heutigen Abend beim Kommandeur als Funker eingeteilt, weil dessen Funker im Urlaub ist. Na, unser Reservist Brinos hat immerhin die Verantwortung für Frau und Kinder. Kein Wunder, wenn er aufgeregt von einem Telefon zum anderen springt und sich über die Feindlage erkundigt. Mir ist's ja auch nicht wohl in meiner Haut, aber ich setze volles Vertrauen in meine Maschine und in mein eigenes Können. Ich habe mir fest vorgenommen, falls es zum Start kommen sollte, nach Abheben der Räder von der Betonbahn nicht mehr aus der Maschine hinauszuschauen, denn von diesem Moment an können nur noch die Blindfluginstrumente die wahre Lage des Flugzeuges anzeigen. Alles andere ist vom Übel. Brinos beruhigt sich selbst.

„Ach was, Kinder, bei diesem Dreck kommt der Engländer unmöglich, der ist doch auch nicht lebensmüde! Bei solch einer Suppe nützt ihm auch sein Rotterdam-Gerät nichts!"

Nun, wir lassen uns gerne trösten, sind aber innerlich von den Worten nicht überzeugt. Seit der Engländer das Rotterdam-Gerät erfunden hat, kann er praktisch jedes Ziel auch bei geschlossener Wolkendecke oder Bodennebel ausfindig machen. Auf einer Spezialplatte läuft das Landschaftsbild, wie mit einer Kamera gesehen, vor den Augen des Navigators ab. Das Gerät wurde streng geheim gehalten, und die deutschen Wissenschaftler zerbrachen sich den Kopf, wie es dem Engländer möglich sei, durch dicke Wolkenschichten hindurch das Angriffsziel genau zu treffen – bis man durch einen glücklichen Zufall bei einem abgeschossenen Bomber in der Nähe von Rotterdam dieses Wundergerät fand. Noch ist keine Möglichkeit vorhanden, dieses Gerät wirksam zu stören. Eine Luftaufnahme aus 5000 Metern Höhe in stockfinsterer Nacht durch eine Wolkenbank von 3000 Metern hindurch zeigt klar und deutlich die Stadt Berlin, jeden Straßenzug, jeden markanten Platz, und vor allem das Tempelhofer Feld. Wir wissen um diese neue Errungenschaft der Engländer, und gerade deshalb befürchten wir in dieser Nacht einen Angriff. Die Berliner Bevölkerung mag sich bei diesem Wetter geborgen fühlen. Was kann da schon passieren! Man findet ja kaum mit der Taschenlampe die eigene Haustüre.

Unser Kommandeur wird ebenfalls unruhig. Es herrscht eine nervöse Atmosphäre. Wenn es doch bloß losginge, dieses verfluchte Warten macht einen mürbe! Meine Besatzung, Oberfeldwebel Mahle und Unteroffizier Facius, sehen mich an, als ob sie fragen wollten: „Na, Herr Oberleutnant, schaffen Sie es bei dieser Wetterlage oder sollen wir lieber gleich unser Testament machen?" Ich halte diese Stimmung nicht aus und befehle meiner Besatzung, in die Maschine zu klettern, um dort alles weitere abzuwarten. Poldi Fellerer, der Staffelkapitän der Dritten, geht ebenfalls mit.

„Wo wollt ihr denn hin?", fragt uns der Kommandeur beim Verlassen des Gefechtsstandes.

Poldi antwortet, dass wir uns in den Maschinen an die Dunkelheit gewöhnen und die Instrumente vorwärmen möchten. Die technischen Warte in den Baracken sind ganz erstaunt, als sie von unserer Absicht erfahren.

„Sie wollen doch nicht etwa starten, Herr Oberleutnant! Bei diesem Sauwetter lässt selbst unser Spieß das Fahrrad stehen und geht zu Fuß."

Wir müssen lachen und schwingen uns auf die Sitze. Zunächst schalte ich alle Instrumente ein und prüfe sie eingehend und genau. Facius fummelt an seinen Geräten und schaltet den berüchtigten Sender Calais ein. Die schmissige Musik wird von bekannten Einlagen unterbrochen. Plötzlich ertönt der Schlager: „Berlin, du warst die schönste Stadt der Welt! Berlin, gib acht heut' Nacht um elf!" Wir sind platt. Ich rase zum Telefon und rufe den Kommandeur an.

„Soldatensender Calais warnt Freunde vor dem Angriff heute Nacht um 11.00 Uhr!" Sofort spritzt alles an die Maschinen. Meine Borduhr zeigt 20.00 Uhr. Da schießt auch schon der Gefechtsstand eine grüne Leuchtkugel in die Luft. Startbefehl! Endlich! Die Maschine des Kommandeurs steht neben mir. Ich sehe noch Hauptmann Bär in der abgedunkelten Maschine herumhantieren, während Brinos über die Bordsprech funkanlage mit den anderen Besatzungen Verbindung aufnimmt. Alle Maschinen antworten. Brinos schließt mit den Worten: „An alle! Hals- und Beinbruch!"

Ich bin schon lange startklar, aber es ist Ehrensache, dass der Kommandeur als Erster startet. Ich rolle dicht hinter ihm zum Start. Die Sicht ist miserabel, und die grünen Lampen des Leuchtpfades scheinen ganz verschwommen durch die dicken, angelaufenen Panzerscheiben hindurch.

Hauptmann Bär startet. Die Motoren heulen auf, und dichter Funkenregen wirbelt im Luftstrom hinter ihm her. Kaum ist er über den Flugplatzrand hinaus, gebe ich Vollgas und jage hinterher. Meine Nerven konzentrieren sich auf den Start. Die Maschine gewinnt schnell Fahrt, ich hebe ab und ziehe sofort das Fahrwerk ein. Gerade will ich die Startklappen einfahren, da erschüttert eine gewaltige Explosion meine Maschine, und eine grellrote Stichflamme erhellt die Nacht. Ich bin halb tot vor Aufregung. Im ersten Moment denke ich, meine Maschine sei abgestürzt, aber es kann ja nicht sein, der Höhenmesser zeigt 30 Meter, und die Fluglage ist normal. Da durchfährt es mich blitzartig: Hauptmann Bär ist abgestürzt! Eisern starre ich auf die Instrumente und gewinne Höhe. Jetzt nur nicht ablenken lassen! In 1000 Metern Höhe beginnt die Vereisung an Luftschrauben und Flächenprofil. Ich merke es deutlich an dem unruhigen Lauf der Motoren. Mahle leuchtet mit der Stabtaschenlampe die Flächen an. Eine mächtige Eisschicht verformt die Tragfläche. Wir befinden uns also in der gefährlichen Höhe, in der die Außentemperatur um Null Grad herum liegt und sich der Schneeregen an der unterkühlten Maschine sofort als Eis absetzt. Alles geht wahnsinnig schnell. Vorsichtshalber gebe ich der Besatzung durch, den Sitz der Fallschirme zu überprüfen und auf meinen Aussteigebefehl sofort die Maschine zu verlassen. Diese wird immer schwerer, und der Steuerdruck lässt von Minute zu Minute nach. Ich habe nun zu entscheiden, ob wir das Flugzeug im Sturzflug wieder in eine wärmere Luftschicht bringen oder aber durchhalten und versuchen, aus der gefährlichen Zone herauszukommen. Eine Höhenaufgabe würde praktisch das Ende des Einsatzes bedeuten und außerdem die Gefahr in sich bergen, dass bei weiterer Vereisung die Absprunghöhe zu niedrig würde. Also entschließe ich mich, weiter zu steigen und es einfach darauf ankommen zu lassen, ob die Maschine es schafft oder nicht.

Die Motoren laufen auf Vollgas. Dicke Eisbrocken platzen mit lautem Krachen ab und knallen gegen die Bugwand. Mahle meldet sich: „Herr Oberleutnant, es hat keinen Zweck! Das Höhenleitwerk beginnt auch zu vereisen. Die Außentemperatur zeigt erst -4 Grad!" Ich merke am Höhensteuer, dass die Maschine einfach nicht mehr reagiert. Zum Glück funktioniert noch die Trimmung. Ich stelle nun die Maschine auf schwanzlastig und gehe mit den Gashebeln über die Sperre hinweg auf Volllast. Diese Leistung gibt die Maschine höchstens fünf Minuten lang her, dann ist es aus. Aber warum die Motoren schonen, wenn es letzten Endes um Besatzung und Maschine geht? Ich erinnere mich hierbei an die englische Bombergruppe, die im Winter 1943 im Blindflug über der Nordsee vereiste und in letzter Not Bomben, Ausrüstung und Benzin zur Erleichterung der Maschinen ins Meer warf. Doch sie konnte die rettende Höhe nicht mehr gewinnen, und mehr als 40 viermotorige Maschinen stürzten, zu Eisklumpen verformt, in die kalte Nordsee. Eine Rettung war unmöglich. Wird es mir genau so ergehen? Nun, unsere letzte Chance bleibt der Absprung. Aber es ist auch kein Vergnügen, bei dieser Wetterlage ins Ungewisse zu springen. Also steigen – steigen – steigen! Gebannt haften unsere Augen an den Tragflächen. Die Maschine hängt bereits wie eine „weiche Pflaume" in der Luft. Aber dann kommt endlich die Erlösung. Langsam platzt die Eisschicht weg. Unsere brave Me 110 steigt wieder schneller, und die Außentemperatur sinkt auf -15 Grad. Die Vereisungsgefahr ist damit gebannt. Aber nicht gebannt sind die Finsternis und die mächtigen Wolkenschichten, die uns umgeben. Der Höhenmesser zeigt 2000 Meter über NN. Erst in 4000 Metern Höhe blinken die Sterne durch. Gott sei's gedankt, wir haben es geschafft! Über uns wölbt sich ein herrlicher Himmelsdom mit wunderbar leuchtenden Sternen, wie es nur in klaren Winternächten möglich ist. Wir fliegen dicht über den Wolkenbänken die Ostseeküste an und warten auf weitere Befehle. Wenn meine Me 110 Verstand und Gefühl wie ein Mensch hätte, ich würde sie jetzt streicheln.

Was wohl aus der Besatzung Hauptmann Bär geworden ist? Wie konnte er nur abstürzen! Ich denke an Leutnant Kamprath und seine Familie. Da gab es keine Rettung mehr, denn die Maschine konnte höchstens 80 Meter hoch sein. Diese Höhe reicht für einen Absprung nicht aus. Meine Gedanken werden durch einen Befehl der Bodenstation unterbrochen. „Argus Weiß von Meteor! Achtung, Achtung! Starker Bomberverband in 5000 Metern Höhe über der Ostsee mit Südwestkurs gemeldet!" In der Höhe von Wismar erfasst mein Bordfunker die ersten Feindmaschinen in seinem Suchgerät. Der Zauber geht los. Um 20.36 Uhr fällt der erste Feindbomber, von meiner Feuergarbe tödlich getroffen, brennend in die Wolken. Zwanzig Minuten später stürzt der zweite, dicht vor der Reichshauptstadt. Die Engländer setzen mit Leuchtfallschirmen über den Wolken ein Viereck ab. Von der Stadt selbst ist nichts zu sehen. Lediglich Tausende von krepierenden Flakgranaten bestätigen unser Eintreffen über dem Angriffsziel der Engländer. Welle auf Welle fliegt nun durch das Leuchtviereck und wirft innerhalb des begrenzten Luftraumes die Bomben durch die Wolken hindurch in die Stadt hinein. Ich fliege ebenfalls mit Südkurs durch das Viereck und erwische direkt über dem Objekt eine viermotorige Lancaster, daneben eine zweite. Nach einem kurzen Feuerstoß explodiert der erste Bomber und fällt in brennenden Fetzen in die Wolken. Der zweite kurvt steil nach rechts und will entkommen. Aus allen Rohren schießen die Tommys auf mich und hüllen mich in einen leuchtenden Konfettiregen ein. Mit Vollgas nähere ich mich der Maschine, immer größer wird das Leitwerk in meinem Visier. Jetzt schießen! Die Feuerkraft unserer Kanonen ist unheimlich. Die Panzermunition durchschlägt die geschütz-ten Flächentanks und die Panzersitze der Piloten, die Brandmunition entzündet das Benzin, und die Minen reißen die Tragflächen auf. Kein Wunder, dass auch der vierte Bomber in dieser Nacht brennend zur Erde stürzt. Ich bin fertig. Vier Abschüsse innerhalb von 45 Minuten zehren an den Nerven. Der Angriff ist vorbei, und die Feindbomber fliegen im Schutze der Wolkenbänke nach England zurück. Ich kreise noch zehn Minuten herum und beruhige meine Nerven. Dann erst befasse ich mich mit dem Gedanken: wo landen? Die Bodenstationen geben laufend Wettermeldungen durch. Es sind annähernd 40 Nachtjäger in der Luft, die irgendwie und irgendwo die Mutter Erde wiedersehen möchten. Der Wetterbericht ist vernichtend. Durchweg melden die Landehäfen Wolkenuntergrenzen von 50 Metern, schlechte Sicht und Schneetreiben. Was tun? Meiner Besatzung sitzt noch die Vereisung in den Knochen. „Nochmals dasselbe mitmachen, Herr Oberleutnant, nee, dann steigen wir lieber über Parchim aus und fallen als Weihnachtsmänner vom Himmel!" Ich kann mich mit diesem Gedanken nicht abfinden und außerdem meine Maschine nicht so ohne weiteres aufgeben. Da auch der Landehafen Leipzig-Brandys das Absinken der Wolkenuntergrenze auf 80 Meter meldet und fast alle Maschinen dort landen wol-len, fasse ich den Entschluss, nach Parchim zurückzufliegen. Dort kenne ich jeden Hügel, jeden Baum und jedes Haus. Meine Besatzung ist platt und schweigt, was mir nicht unangenehm ist. In knapp 30 Minuten fliege ich über den Wolken in 5000 Metern Höhe unseren Heimathafen an. Ich spreche mit dem Landeturm. Die bekannte Stimme des Nachtflugleiters meldet sich. Zunächst will er etwas über unsere Abschüsse wissen. „Der hat Sorgen", denke ich, „der steht mit beiden Beinen auf dem Erdboden, und wir wissen noch nicht, ob wir die Blindlandung schaffen werden." Aber ich kann seine Neugierde verstehen, denn auch ein Nachtflugleiter freut sich über die Erfolge seiner Kameraden, wenn er die ganze Nacht einsam auf seinem Posten sitzt. Ich melde kurz: „Vier!" Er antwortet: „Viktor, Viktor, habe verstanden. 1, 2, 3, 4 Abschüsse! Gratuliere! Seien Sie vorsichtig beim Landen! Wolkenuntergrenze 50 Meter, Schneetreiben hat aufgehört. Setze Leichentuch und schieße Radieschen. Verständigung gut!"

Also hinein in die Suppe! „Ich setze Leichentuch" heißt so viel wie: „Ich stelle die Landescheinwerfer senkrecht nach oben und strahle die Wolken an." In 150 Metern Höhe über dem Landehafen muss ich diesen Lichtschein sehen. Langsam kurven wir um das Funkfeuer herum tiefer zur Erde. Ab 1500 Metern setzt die Maschine wieder Eis an. Um schnell aus dem Gefahrenbereich herauszukommen, nehme ich Gas weg und drücke scharf nach unten bis auf 500 Meter Höhe. Es hat geklappt. Die Vereisung hört auf. Aber nun kommt das Schwierigste: die Landung. Mit 1 m/s Fallen tasten wir uns vorsichtig durch die Wolkenbänke nach unten. Immer noch ist es stockdunkel um uns herum. Da sehe ich plötzlich vor mir schemenhaft Lichter aufblitzen: das können nur die „Radieschen" sein. Kurz danach schimmert auch das „Leichentuch" durch. Wir sind also unmittelbar über dem Flugplatz. In einer weiten Kurve hole ich zur Landung aus und schalte auf „Barkenanflug." Der Anflug auf der UKW-Barke ist immer noch das sicherste Blindlandeverfahren. Links vom Anflugkurs ertönen Punktsignale, rechts Strichsignale. Ist der Kurs richtig, so höre ich im Kopfhörer einen Dauerton, außerdem leuchten Kontrolllampen auf. Unter Berücksichtigung der Windverhältnisse fliege ich nun im Bereich des Dauertons die Landebahn an. Ungefähr drei Kilometer vor dem Platz fahre ich das Fahrwerk und die Landeklappen aus und gehe auf 50 Meter über Grund. Der Anflugkurs ist gut. Der Nachtflugleiter meldet sich zum letzten Mal: „Anflugkurs richtig. Sie können landen." Ich bestätige die Meldung und lasse die Landescheinwerfer löschen. In gedrosseltem Flug nähern wir uns nun dem Platz, von dem bis jetzt noch keine Lichter zu erkennen sind. Da ertönt das Vorwarnsignal: tit-tit-tit-tit--! Also noch 1500 Meter bis zur Landebahn! Ich fahre die Landeklappen auf 70 Grad aus und mäßige die Anfluggeschwindigkeit auf 160 km/h. Dieser Flugzustand ist sehr labil und gefährlich, ein Verfehlen des Landeplatzes wäre fatal. Endlich sehe ich am Horizont verschwommene Lichter auftauchen, und schon ertönt das Hauptsignal: dä-dä-dä-dä--! Also 300 Meter vor dem Flugplatz! In diesem Moment erkenne ich den Landepfad und drücke die Maschine herunter. Mit einem enormen Fahrtüberschuss schwebt sie schier endlos, setzt endlich auf und rollt auf die roten Begrenzungslampen zu. Ich bremse aus Leibeskräften und bleibe unmittelbar vor dem angrenzenden Acker stehen. Gott sei Dank, es ist geschafft! „Der Erde wiedergeschenkt", meldet sich mein Oberfeldwebel Mahle und reißt das Kabinendach auf. Tief atmen wir die frische, kalte Nachtluft ein.

Die technischen Warte sind außer sich vor Freude. Sie sind stolz auf „ihre" Maschine und „ihre" Besatzung. Aber die Nachricht vom Tode des Hauptmanns Bär und seines Bordschützen dämpft die Freude der anderen Besatzungsmitglieder. „Und wo ist Leutnant Kamprath?", frage ich. „Stellen Sie sich vor, Herr Oberleutnant", wird mir zur Antwort, „der Leutnant Kamprath ist aus 80 Metern Höhe mit dem Fallschirm abgesprungen. Hat der ein Schwein gehabt! Kaum hatte sich der Fallschirm geöffnet – bums, war er auch schon am Boden! Es hat nicht länger als 10 Sekunden gedauert. Jetzt ist er bereits wieder gesund und munter auf dem Gefechtsstand." „Das ist ein tolles Ding!", antworte ich und eile sofort zum Gefechtsstand. Brinos ist bereits in seliger Stimmung: Hier Freude, dort Trauer! Aber wir sind hart geworden in diesem erbarmungslosen Kriege. Hauptmann Bär ist gefallen. Nicht nur er: Auch Leutnant Sorko und Oberfeldwebel Kammerer sind mit ihren Besatzungen abgeschossen worden und tot. Leutnant Spoden ist nach schwerer Vereisung mit seiner Besatzung abgesprungen und alle sind glücklich mit dem Fallschirm gelandet.
Bei der Landung passierte ihm ein kleines Missgeschick, dessen Erzählung uns helle Freude bereitete. Spoden berichtete folgendermaßen: „Meine Kiste wurde immer

schwerer und schwerer. Dicke Eisklumpen setzten sich an Tragflächen und Luftschrauben fest. ‚Ich bin doch kein fliegender Eisschrank‘, sagte ich zu meinen Kameraden und bereitete sie auf eine kleine Luftpartie durch die Wolken vor. Bald war es dann so weit. Der Vogel tat einfach nicht mehr mit, und da dachte ich: Jetzt aber nichts wie raus!‘ Meine Besatzung wollte erst gar nicht, bis ich sagte: ‚Na, Kinder, wenn ihr nicht wollt, dann gute Nacht! Peter springt!‘ Was meinen Sie, wie schnell die raus waren! Hopp, der erste – hopp, der zweite – und ich – hopp, hinterher! Es war kalt wie in Sibirien, und ich war froh, dass ich Mamas warme Wollsocken anhatte. Na, was soll ich erzählen, wie es weiterging? Es war finster wie im Urwald, und mein Gefühl sagte mir, dass ich bald unten sein müsste. Denkste. Es dauerte eine halbe Ewigkeit. Plötzlich tat es einen Ruck, als wenn jemand gebremst hätte und ich hing in der Luft und pendelte. Mein Fallschirm hatte sich irgendwie in einem Baum verfangen. Zunächst war ich ja froh, dass ich überhaupt unten war, aber leider konnte mir niemand sagen, wie weit noch die Entfernung zur Mutter Erde sei. Meine Taschenlampe war weg, hatte sich beim Abspringen selbstständig gemacht. Ich hatte höllische Angst, mich von meinem Fallschirm zu befreien und abzuspringen. Da fand ich mein Kappmesser in meiner linken Tasche. Ich nahm es heraus, hielt es empor, ließ es fallen und lauschte angespannt nach unten. Klick! Tja, das konnten zwei, aber auch zehn Meter sein. Ich traute dieser Sache nicht recht und wartete bis zum Morgengrauen. Zunächst war das Baumeln noch lustig, aber schließlich verging mir die Freude. Mein Körper wurde nämlich steif wie eine Bohnenstange. Ich betete, dass es doch einmal blitzen möchte, aber nichts rührte sich. So hing ich denn in meinen Gurten und wartete sehnsüchtig auf das erste Tageslicht. Als ich in der frühen Morgendämmerung aus meinem Halbdösen erwachte und zur Erde starrte, wurden meine Augen groß und größer: Knapp einen Meter unter mir breitete sich ein wunderbar weicher Waldboden aus.“ Damit war Peter zu Ende. Wir bogen uns vor Lachen und „Peters Baumlandung“ machte die Runde in der ganzen Nachtjagd.

Leitwerkreiter Spoden

Bald darauf liegt Peter Spoden gemeinsam mit Leutnant Knieling im Parchimer Lazarett. Beide wurden in nächtlichen Luftkämpfen verwundet. An einem Sonntagmorgen besuche ich sie, als der Chefarzt gerade Visite hält. Ich muss also eine Weile warten. Durch die Ruhe und die eigenartige Atmosphäre des Krankenhauses werde ich nachdenklich und starre zum Fenster hinaus in den blauen Himmel. Der Kontrast vom Tag zur Nacht ist verwirrend. Knapp zwölf Stunden zurück liegt wieder ein Inferno über Berlin: 1200 Briten-Bomber griffen unaufhörlich an, Welle auf Welle, und gossen brennenden Phosphor in die gerade erlöschenden Brände der schon stark angeschlagenen Hauptstadt. Ich schoss in dieser Nacht vom 15. zum 16. Februar 1944 meinen 13., 14. und 15. Gegner ab. Aber was bedeuten schon 15 abgeschossene viermotorige Bomber! Ein Einzelerfolg, mehr nicht. Mit der Vernichtung Berlins beginnt die Krise der nationalsozialistischen Diktatur, denn der unerbittliche Luftkrieg macht die Menschen mürbe. Der einstige feste Glaube an den Sieg gerät ins Wanken. Welch' ein Kontrast zwischen den Erlebnissen der letzten Nacht und der Ruhe hier in Parchim! Die Menschen lesen zwar in den Zeitungen von den Terrorangriffen auf Berlin, aber wer kann sich von dem Ausmaß dieser Angriffe eine Vorstellung machen? Ich selber kann es nicht fassen und will es nicht wahrhaben, dass aus den stolzen Anfangserfolgen ein erbittertes Ringen um den Erhalt der Heimat geworden ist.

Aus meinen Gedanken werde ich durch eine Schwester aufgeschreckt, die mich mit freundlichem Lächeln zu meinen Kameraden ins Zimmer bittet. Leutnant Knieling liegt bleich und apathisch in seinem Bett. Der arme Kerl hat einen schweren Oberschenkelschuss. Mit letzter Kraft konnte er die Maschine landen, dann nahm ihm der starke Blutverlust die Besinnung. Doch jetzt ist er wieder auf dem Wege der Besserung. Unser unverwüstlicher Spoden dagegen lächelt schon wieder. Er möchte heraus aus dem „Sanatorium" und wieder fliegen. Aber der Chefarzt ist dagegen und teilt mir mit, dass Spoden vorläufig als „fliegeruntauglich" entlassen wird. Peter zwinkert mir bei diesen Worten zu. Als wir allein sind, hüpft er aus dem Bett und holt ein Flasche Kognak herbei, die ihm sein Bursche im Schrank versteckt hat. „Prost, Herr Oberleutnant! Auf baldiges Wiedersehen bei der Staffel! Wenn ich erst mal hier raus bin, kann mich der Chefarzt gerne haben. Soll ich jetzt, wo es spannend wird, unten bleiben?" Ich verspreche, Spoden so bald als möglich abzuholen und mit ihm zur Auffrischung seiner Kräfte einen „Speckflug" nach Dänemark zu unternehmen.

Bald ist es so weit. Peter meldet sich freudestrahlend aus dem Lazarett zurück, und am nächsten Tag löse ich mein Versprechen ein. Ich chartere mir eine zweisitzige Focke-Wulf 184 aus dem Klamottenbestand unseres Flugzeugparks, Brinos mimt den Funker, Peter liegt gut verstaut hinten im Gepäckraum. Um eventuellen Gefahren aus dem Wege zu gehen, fliegen wir im Tiefflug über Schwerin, Ostsee und Kleinen Belt hinweg den Landehafen Aalborg in Dänemark an.

Dänemark ist trotz des fünften Kriegsjahres noch immer ein Land, wo Milch und Honig fließen. Eine Auffrischung unseres privaten Speiseschrankes könnte nicht schaden. Um 12.50 Uhr landen wir in Aalborg. Brinos sammelt die Papiere und eilt zur Kommandantur, um die nötigen Kronen zu kassieren. Bald kommt er strahlend zurück. Ein Blick in seine gefüllte Brieftasche genügt, und froher Laune fahren wir mit einem organisierten Opel in die Stadt. In einem netten Café bestellen wir Torte mit Schlagsahne. So etwas haben wir schon lange nicht mehr gefrühstückt, und da es den Magen verderben könnte, kippen wir einen Kognak nach dem anderen hinterher. Am Nebentisch sitzen zwei hübsche Mädels, die sich über unseren Appetit amüsieren und auch sonst keinen abweisenden Eindruck machen. Peter geht sofort zum Angriff über. Wer will es ihm verargen? Bald sitzen die beiden Mädels an unserem Tisch, und Peter versteht es glänzend, die blonden Däninnen in gute Laune zu versetzen. Die Mädels merken bald, dass wir bei ihnen kein Abenteuer suchen, und so gestaltet sich der Abend zu einem ausgelassenen Vergnügen in Tanzcafés und Bars. Unserem Peter gefällt das so gut, dass er noch ein paar Tage in Aalborg bleiben möchte. Als wir am nächsten Mittag ziemlich verkatert beim Frühstück sitzen, fällt uns ein, dass wir für unseren Speiseschrank in Parchim noch nichts eingekauft haben. Brinos überprüft die gemeinsame Kasse: Es reicht noch. Mit zwei großen Fliegersäcken ausgerüstet stürmen wir die Läden. In knapp zwei Stunden sind die Säcke bis obenhin vollgestopft mit Speck, Schinken, Schokolade, Kaffee, Schnaps, Zigaretten und Konserven. Aber das Geld ist immer noch nicht alle. Was tun? Wir holen unseren Opel und fahren zum Flugplatz: Dort gibt es eine Kantine. Gleich beim Eintreten gewahren wir an der Decke einen mächtigen Schinken. Peter steuert darauf los und fragt den Wirt, was der „Bärenarsch" kostet. Der Wirt glotzt uns groß an und kann es nicht fassen, dass wir den schier zentnerschweren Schinken nehmen wollen. Aber Brinos knallt unsere letzten Kronen auf den Tisch. Bald verlassen wir strahlend mit dem erstandenen Schinken das Lokal. Aber wohin jetzt mit all den Sachen? Die brave Focke-Wulf hat kaum Platz für drei Personen, viel weniger noch für drei volle Fliegersäcke. Doch es muss gehen. Als wir um 18.00 Uhr zur Startbahn rollen, liegt Peter vergnügt mit einer Flasche Kognak im Gepäckraum der Maschine und umarmt seinen Bärenarsch. Den Fallschirm kann er freilich nicht mehr umschnallen, dazu fehlt der Platz. „Wozu auch?", meint Peter. „Wenn wir in den Teich fallen, schwimmt der Speck oben, und den hier lasse ich nicht los." Um 20.00 Uhr treffen wir mit unserer wertvollen Last in Parchim ein. Unsere Kameraden riechen förmlich den Braten, und so ziehen wir, dem Rattenfänger von Hameln gleich, in unser Ledigenheim. Wo viel Speck, da viel Mäuse! Ein paar Tage später kommt Peter abends zum Gefechtsstand und will wieder fliegen. Der Kommandeur schüttelt den Kopf, und Peter zieht resigniert ab.

Um 21.00 Uhr befiehlt die Division Sitzbereitschaft und kurz darauf Startbefehl für alle Maschinen. Die Besatzungen jagen aus dem Platz heraus. Beim Wegrollen vom Abstellplatz erkenne ich im Scheinwerferlicht Peter mit seinem Funker, wie sie um die Maschinen herumschlendern. Ich ahne nichts Böses und brause los. Erst beim Anflug auf Berlin kommt mir der Gedanke: „Der Peter will doch nicht etwa auf eigene Faust Krieg spielen? Gesundheitlich ist er noch nicht auf der Höhe, und wenn der Kommandeur Nein sagt, dann bleibt es dabei." Die Tommys kommen in dieser Nacht bei gutem, klarem Wetter. Der Einsatz scheint Erfolg versprechend für den Angreifer wie für die Abwehr. Schon auf dem Anflugweg fallen die Bomber wie reife Früchte vom Himmel. Über Berlin spitzt sich der Abwehrkampf zu, und von 800 Bombern bleiben 120 auf der Strecke. Nass geschwitzt lande ich nach dreistündigem Einsatz in Parchim und jage, im Tiefflug wackelnd, über den Platz. Im Gefechtsstand herrscht Hochbetrieb. Alle Besatzungen melden Erfolge, alle sind heil davongekommen. Das Erzählen will kein Ende nehmen.

Da meldet sich plötzlich der Turm und fragt an, ob jemand etwas über den Verbleib der C 9 HN wisse. Allgemeines Kopfschütteln. Die C 9 HN gehört zu meiner Staffel und ist als Reservemaschine aufgestellt worden. Ich rufe sofort den Werkmeister an und frage, was mit der Maschine los sei. Der Oberfeldwebel ist verlegen und antwortet, dass die Besatzung Leutnant Spoden ungefähr 20 Minuten nach dem Einsatzbefehl mit der Reservemaschine gestartet sei. Eine saubere Überraschung! Der Kommandeur tobt, obwohl er im Grunde seines Herzens dem Leutnant die Befehlsverweigerung nicht eben verübelt. Der Nachrichtenapparat tritt in Funktion, und in knapp einer halben Stunde liegt das Ergebnis vor. Spoden ist nirgends gelandet. In der Luft kann er auch nicht mehr sein, denn der Sprit reicht nur für dreieinhalb Stunden. Da weicht auch der letzte Groll bei unserem Kommandeur, denn der immer vergnügte Peter hat auch bei ihm einen Stein im Brett.

Was ist mit Peter los? Da meldet sich die Flakdivision Berlin.

Der Kommandeur eilt an den Hörer, er stammelt immer nur: „Jawohl, Herr Oberst!", und macht ein langes Gesicht. Langsam legt er den Hörer auf: „Spoden ist abgeschossen worden, direkt über der Stadt. Die Scheinwerfergruppe X hatte einen feindlichen Bomber in 5500 Metern Höhe erfasst, als plötzlich ein Nachtjäger die Feindmaschine angriff. Der Engländer erwiderte sofort das Feuer, und in Sekunden stürzten beide Maschinen brennend zur Erde. Die Scheinwerfergruppe leuchtete die deutsche Maschine bis zu einer Höhe von 1500 Metern herunter und beobachtete während des Absturzes einen Mann am Leitwerk. Das kann nur Spoden gewesen sein. Infolge seiner Verwundung hatte er nicht mehr die Kraft, sich von der Maschine zu lösen. Nun ist es geschehen. Er musste ja seinen Dickschädel durchsetzen und hat nun mit dem Leben dafür büßen müssen." Beklommene Stimmung herrscht im Raum. Ich will das alles nicht wahrhaben und denke an unseren gemeinsamen Flug mit dem

Bärenarsch über die Ostsee. „Dem Peter kann einfach nichts passieren", denke ich. „Irgendwie wird der liebe Gott auch diesmal seinen Daumen dazwischen gehalten haben." Brinos stimmt mir bei. Wir hocken in den Klubsesseln und warten auf eine erlösende Nachricht, so oder so. Morgens um 05.00 Uhr klingelt das Telefon. Die Flakdivision Berlin ruft an. Ich springe an den Hörer – und atme auf. Spoden liegt schwer verwundet im Lazarett. Lebensgefahr besteht keine. Seine Besatzung ist mit dem Fallschirm ausgestiegen und glücklich gelandet.

Tags darauf wird Peter nach Parchim gebracht. Sein Bett im Lazarett ist noch leer. Der Chefarzt schimpft fürchterlich, geht aber sogleich an die Arbeit. Als Peter nach einigen Tagen bei voller Besinnung ist, hören wir von ihm die Geschichte:

„Als alle Maschinen zum Einsatz gestartet waren, kam ich mir furchtbar verlassen und unnütz vor. Kurz entschlossen befahl ich dem Oberfeldwebel, die Reservemaschine für mich startklar zu machen. Er zögerte, aber ich machte ihm klar, dass im Kriege der letzte Befehl bindend sei, den ich nun zu geben hätte. Da gab der Oberfeldwebel nach. Es war über Berlin. Ich hatte der Flak ein bisschen Konkurrenz gemacht und im Scheinwerferlicht schon zwei Lancaster abgeschossen. Dachte mir: ‚Hauptsache ist, sie fallen runter.' Dann kam die dritte im Scheinwerfer angeflogen, eine ‚Short Stirling'. Sie wissen, ziemliches Scheunentor und viermotorig. Ich griff an und merkte beim Wegziehen, dass meine Maschine Treffer im Rumpf hatte. Links und rechts schlugen die Flammen heraus, Verständigung mit dem Funker war ausgefallen. Ich schrie: ‚Raus!' – aber er war schon ausgestiegen. Sein Kabinendach war weg, auch meins flog davon. Wie ich aussteigen will, hakt sich irgendetwas an meinem Bein fest. Schon halb draußen, muss ich wieder zurück, reiße irgendetwas ab. Die Flammen sind schon am Fallschirm. Na, Prost! Unkraut vergeht nicht! Meine Mühle dreht sich wie ein Karussell. Irgendwie komme ich raus, 5000 Meter hoch, bin wohl mehr geschleudert worden als gesprungen, und knalle hinten gegen das Leitwerk. Dabei merke ich, dass ich im Scheinwerferstrahl bin. Der Fahrtwind drückt mich am Leitwerk fest, ich rudere mit Armen und Beinen und kann doch weder nach oben noch nach unten freikommen. So geht es weiter abwärts. Endlich bekommt die Maschine eine andere Drehung, und ich fliege nach hinten weg. ‚Jetzt warten', sage ich mir, zähle von 20 bis 25 und ziehe dann den Fallschirm. Er dreht sich und mich mit, eine Bahn ist aufgerissen – das Feuer, wissen Sie! Dann falle ich durch Rauch und Qualm und verliere die Besinnung. Als ich erwache, liege ich auf der Straße zwischen brennenden Häusern. Die Flak schießt. Man bringt mich in einen Keller und bringt mir Kognak. Noch jemand hat bei der Sache Angst geschwitzt, das war der Offizier der Scheinwerferbatterie. Er besuchte mich am andern Tag im Lazarett. Von ihm erfuhr ich, dass ich erst in etwa 1500 Metern Höhe freikam. Er hat geglaubt, mir mit seiner Beleuchtung helfen zu können."

Der Düsenjäger

Während die Schlacht um Berlin pausenlos weitertobt, greifen kleinere Verbände der Royal Air Force andere deutsche Städte an. Der Feind erreicht damit eine Aufspaltung der deutschen Abwehr und stellt die deutsche Nachtjagdführung immer wieder vor das Rätsel: Wo findet der eigentliche Hauptangriff statt, wo sollen die deutschen Nachtjäger eingesetzt werden? Anfang März 1944 fliegt ein größerer englischer Kampfverband über Frankreich nach Süddeutschland. Wir hocken in unseren Einsatzbaracken und verfolgen die Marschroute des Engländers auf der Karte. Unser Kommandeur fragt beim Divisionsgefechtsstand an, ob wir starten sollen. Die Division zögert, weil sie einen Parallelangriff auf Berlin befürchtet. So verstreichen kostbare Minuten. Die Spitzenverbände der englischen Kampfflugzeuge erreichen inzwischen die deutsch-französische Grenze im Raum von Hagenau – da endlich erhalten wir Startbefehl nach Süddeutschland. Es ist bereits 02.00 Uhr nachts, als die letzten Maschinen der Einsatzgruppe Parchim über die Betonbahn jagen und Kurs Süd nehmen. In 5000 Metern Höhe über dem Thüringer Wald meldet die Jägerleitstation die ersten Bombenabwürfe auf Stuttgart. Die Borduhr zeigt 02.59 Uhr – also immer noch 45 Minuten Flugzeit bis zur Schwabenmetropole. Bei unserem Eintreffen über Stuttgart sind die englischen Bomber bereits fort, nur Großflächenbrände deuten auf ihr unheimliches Zerstörungswerk hin. Eine Verfolgung ist sinnlos, denn ein englischer Kampfflieger ist jetzt beim Rückflug ohne Bombenlast bereits ebenso schnell wie wir Nachtjäger. Das ist kein Wunder, denn seit 1940 fliegen wir noch immer die gleichen Mühlen. Vor vier Jahren habe ich hier über Stuttgart mit der Me 110, Serie „Berta", das Nachtfliegen gelernt. Sie war damals eine beachtlich schnelle und wendige Zerstörermaschine. Heute kreise ich mit der gleichen Maschine, Serie „Gustav", über dem brennenden Stuttgart. Unsere Nachtjagdmaschinen sind aber nicht schneller, eher langsamer geworden. So fliegen wir unverrichteter Dinge nach Parchim zurück und jagen Tausende Liter kostbaren Flugbenzins sinnlos in die Luft. Auf dem Rückflug gibt uns die Bodenstation Einzelheiten über den Nachtangriff bekannt. 400 Bomber kreuzten über der Kesselstadt und öffneten ihre Bombenschächte, aus denen Phosphor-, Minen-, Brand- und Sprengbomben in ungeheurer Menge auf die Stadt fielen.

Im Frühjahr 1944 lassen die Nachtangriffe der Royal Air Force auf die Reichshauptstadt nach. Die große Vernichtungsschlacht ist vorläufig beendet. Was in Berlin an kriegswichtigen Betrieben noch arbeitet, wird durch Tagesangriffe der amerikanischen „Boing"-Geschwader ausgeknockt. Meine Nachtjagdgruppe hat die Luftschlacht um Berlin sehr erfolgreich überstanden. Innerhalb von sechs Monaten schossen wir ein ganzes Geschwader viermotoriger Bomber der Typen „Halifax",

„Short Stirling" und „Lancaster" ab, das sind rund 100 Bomber mit 800 Mann fliegendem Personal. Schmerzlich sind aber auch die Verluste in unseren eigenen Reihen. Es fielen in diesen Luftkämpfen die Nachtjagdbesatzungen mit den Piloten Hauptmann Bär, Hauptmann Schürbel, Oberleutnant Sorko, Leutnant Metz, Oberfeldwebel Kammerer, Unteroffizier Hörgel und Unteroffizier Zawadka. Weitere zwei Besatzungen stürzten brennend ab und wurden schwer verwundet. Eine komplette Nachtjagdstaffel ging also bei diesen Kämpfen über Berlin verloren.

Nach kurzen Tagen der Erholung und Auffrischung unserer Gruppe durch junge Besatzungen erhalten wir Verlegebefehl nach Leipheim an der Donau. Die Unruhe und Unsicherheit in der gesamten Kriegsführung wirkt sich auch auf die fliegenden Verbände aus. Kaum haben wir in Leipheim Fuß gefasst und unseren Nachtjagdbetrieb aufgebaut, da flattert auch schon ein Verlegebefehl nach Kitzingen auf den Tisch des Kommandeurs. Sachen packen – Flugzeuge klar machen – Start! Wie ein Heuschreckenschwarm fallen wir vor Einbruch der Dunkelheit in Kitzingen ein. Unsere Besatzungen bringen frischen Wind in den geruhsamen Schulbetrieb der dortigen Ausbildungsgruppe. Gerade sind wir warm geworden, kommt ein neuer Befehl durch: „Rückverlegung nach Leipheim!" In Leipheim erreicht uns bereits wieder ein neuer Befehl: „Sofortige Verlegung nach Hagenau im Elsass!"

Unsere Generalstäbler können jedenfalls schneller denken als wir fliegen, denn von Hagenau geht's am nächsten Tag wieder zurück nach Leipheim. Immerhin, wir bleiben in der Übung, und unsere Maschinen rosten bei diesem Verlegebetrieb nicht. Dann sieht es fast so aus, als ob wir in Leipheim bleiben sollten.

Auf diesem Platz arbeitet noch ein Zweigwerk der Messerschmitt AG und baut Düsenjäger. Für uns Nachtjäger ist natürlich der Düsenjäger eine höchst interessante Angelegenheit, die wir uns nicht entgehen lassen möchten. Täglich starten die Werkpiloten mit einem ungeheuren Krach über die Startbahn hinweg, verschwinden schnell am Horizont und heulen in wenigen Sekunden mit 800 km/h Geschwindigkeit über den Platz. Zunächst hört man nur ein leises Pfeifen aus der Ferne, dann ein urgewaltiges Donnern, und – schwupp! – sind sie weg. Die Landungen der Werkpiloten sind immer halsbrecherisch und gefährlich. Die normale Start- und Landebahn für Düsenjäger sollte mindestens eine Länge von 2000 Metern haben. Die Betonpiste in Leipheim hat aber nur 900 Meter. Also bedeutet jede Landung ein Risiko für Pilot und Maschine. Trotzdem, mir imponieren diese Neuentwicklungen ganz gewaltig.

Eines Tages schlendere ich hinaus zum Start und interessiere mich eingehend für so ein Wunderding. Mir fällt auf, dass die Me 262 zwar zwei Motoren, aber keine Propeller hat. Weiterhin drehen sich innerhalb der Motorengehäuse zwei Turbinen und verursachen einen Schub, der es nicht ratsam erscheinen lässt, hinter sie zu treten. Außerdem flößen die gewaltigen Stichflammen, die aus den Turbinenkammern herausjagen, Respekt ein. So ein Apparat muss doch jeden Moment explodieren! Aber

Nachdem 1943/44 die Amerikaner begannen, am Tage mit ihren B-17- und Liberator-Bombern einzufliegen, wurde aus Mangel an Tagjägern den Nachtjägern befohlen, auch an den Tageinsätzen teilzunehmen. Diese Doppelbelastung führte zu unverantwortlichen Verlusten der hoch speziell ausgebildeten Nachtjagdbesatzungen.

Die wesentlich langsameren Me-110- und Ju 88 Nachtjäger hatten bei aller Tapferkeit am Tage kaum Chancen gegen die schnellen US-Begleitjäger Mustang, Lightning und Thunderbolt. Trotzdem gelang es den Nachtjägern, auch am Tage so manchen US-Bomber herunterzuholen. Diese verlustreichen Versuche wurde jedoch bald wieder eingestellt.

Auch der Flugzeughersteller Dornier lieferte einen Beitrag zur Nachtjagd: den zum Nachtjäger umgebauten Do-217-Bomber. Die Masse der Nachtjäger bildeten jedoch die Me 110 und Ju 88.

*Die Besatzung Wilhelm Johnen am Leitwerk ihrer Me 110 mit 14 Nachtjagdabschüssen.
Von links: Kilian, Johnen, Mahle.*

Unteroffizier Walter Teubner (NJG 6) zeigt auf den letzten Abschuss-Strich am Leitwerk von Josef Krafts Me 110.

Prinz zu Sayn-Wittgenstein am Leitwerk seiner Ju 88 mit bereits zahlreichen Abschüssen. Er wurde einer der erfolgreichsten Nachtjäger mit 86 bestätigten Abschüssen bis zu seinem Tod am 21.1.1944 durch englischen Nachtjäger.

Der erfolgreichste Nachtjäger, Heinz-Wolfgang Schnaufer (121 Luftsiege) mit Hans-Joachim Jabs (45 Luftsiege).

Oberleutnant Heinz Wolfgang Schnaufer am Leitwerk seiner Me 110 mit 47 Luftsiegen. Kurz zuvor wurde ihm am 31. Dezember 1943 das Ritterkreuz verliehen. Er wird mit Helmut Lent der einzige Brillantenträger der Nachtjagd werden.

Eine Ju 88 mit Ortungsgerät FuG 212, „Hirschgeweih" genannt. Diese Ortungsgeräte waren sehr nützlich, bildeten jedoch auch einen erhöhten Luftwiderstand, der Geschwindigkeit kostete.

Ab 1943 setzten die Briten in immer größerer Zahl die exzellente De Havilland Mosquito ein – ein zum Teil aus Holz gebauter Höhenjäger, der die Bomberflotten begleitete und als Fernnachtjäger viele deutsche Nachtjäger abschoss. Die Me 110 und Ju 88 konnten die Mosquito aufgrund ihrer größeren Geschwindigkeit nur selten einholen und treffen.

Zwei Lancasters beim Überlandflug. Deutlich sind der Heck-MG-Stand und die 360-Grad-MG-Kuppel auf der Rumpfoberseite zu erkennen.

Wie die Me 110 und die Ju 88 hatte auch die Mosquito eine geballte Feuerkraft in der Bugspitze.

Die Mosquito konnte auch eine der großen Luftminen tragen, nach deren Abwurf der Höhenjäger wieder seine volle Leistungsfähigkeit hatte. Die Luftmine ist typisch englisch beschriftet „Fröhliche Weihnachten, Adolf".

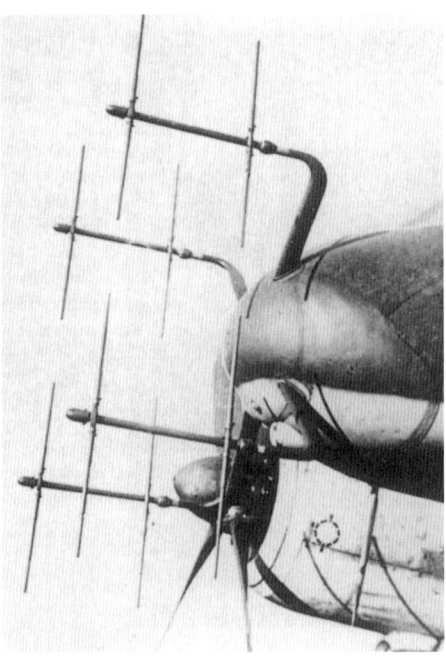

Der „Würzburg-Riese" war ein Meilenstein in
der Entwicklung der deutschen Funkortunggeräte.
Jedoch entwickelten die Briten Gegenmaßnahmen,
um die Ortung ihrer Bomber zu stören.

Diese Ju 88 trägt das SN2-Ortungsgerät, gegen das die
Briten wiederum Störsender einsetzten.
Es war ein regelrechter elektronischer Krieg, aus dem
die heutigen Radargeräte hervorgegangen sind.

Die Heinkel He 219 war als reines Nachtjagdflugzeug konzipiert und konnte es sogar mit der
schnellen Mosquito aufnehmen, jedoch wurde sie in zu geringen Stückzahlen gebaut.

Einsatzbesprechung beim NJG 6 im Frühjahr 1944.
Von rechts: Race, Brandt, Martin Becker, Lomatsch.

Major Reschke schreitet am 1. April 1944 mit dem frisch ausgezeichneten
Oberleutnant Martin Becker die Front des NJG 6 ab.

Am 25. Mai 1944 wurden mit dem Deutschen Kreuz in Gold ausgezeichnet: Hauptmann Gerhard Friedrich, Oberleutnant Martin Becker, Feldwebel Günther Bahr, Feldwebel Karl-Ludwig Johanssen (alle vom NJG 6).

Hauptmann Fritzgraf und Oberleutnant Martin Becker stehen vor einer Me 110, an deren Motor ein Flammenvernichter angebracht ist. Aufgenommen im Mai 1944.

Oberleutnant Martin Becker von der I./NJG 6
bei der Luftlagebesprechung.

Oberleutnant Martin Becker, ein späterer
Eichenlaubträger des NJG 6.

Die Besatzung Becker: Bordmechaniker Welzenbach, Pilot Martin Becker
und Bordfunker Karl-Ludwig Johanssen.

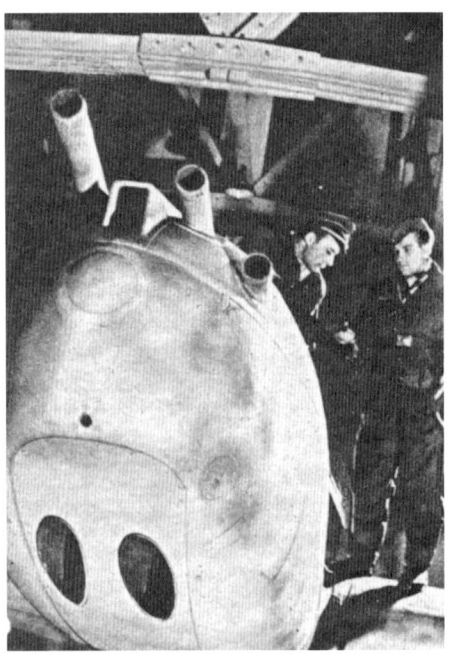

*Eine Me 110 wird einsatzbereit gemacht.
Im Hintergrund sind die Träger der
Flugzeughalle auszumachen.*

*Obergefreiter Welzenbach, Oberleutnant Becker,
Feldwebel Karl-Ludwig Johanssen im Mai 1944.*

Martin Becker beim nächtlichen Gespräch mit seiner Besatzung vor dem nächsten Einsatz.

Hauptmann Wilhelm Johnen wird am 29.Oktober 1944 als Staffelkapitän der 8./NJG 6 das Ritterkreuz verliehen. Bis zu diesem Zeitpunkt verzeichnete er 33 bestätigte Nachtjagdabschüsse. Rückwirkend zum 1. Oktober 1944 wurde er zum Hauptmann befördert, daher ist er auf dieser Porträtaufnahme noch als Oberleutnant zu sehen.

Ein bekanntes Bild:
Wilhelm Johnen besteigt seine Me 110.

Wilhelm Johnen als Hauptmann im Frühjahr 1945.
Das Deutsche Kreuz in Gold wurde
ihm bereits am 23. Juli 1944 verliehen.

Auf dem Flugplatz Echterdingen im August 1944. Links Feldwebel Günther Bahr
in Sommerhemd und mit dem Deutschen Kreuz in Gold.

Gegen Kriegsende wurden sogar ein paar Me 262 „Schwalbe" erprobungsweise als Nachtjagdmaschinen ausgetestet, es kam jedoch nicht mehr zu entscheidendem Einsatz.

Trotz aller Bemühungen der deutschen Nachtjäger versank eine deutsche Stadt nach der anderen in Schutt und Asche. Hier das Ruinenfeld von Frankfurt 1945.

Gespenstisch leuchten die Feuer einer brennenden Stadt
den Nachtjägern entgegen.

Hauptmann Wilhelm Johnen schoss am 16. März 1945 um 21.43 Uhr als Einziger einen viermotorigen Bomber
über Würzburg ab. Die Stadt wurde weitgehend zerstört, ungefähr 5 000 Menschen verloren ihr Leben.

Ritterkreuzverleihung am 20. März 1945 an Leutnant Karl-Ludwig Johanssen, dem erfolgreichen Bordfunker von Hauptmann Becker. Johanssen hatte Abschussbeteiligungen an 59 Luftsiegen und konnte zudem drei eigene Abschüsse verzeichnen.

Ritterkreuzverleihung am 28. März 1945 an Oberfeldwebel Günther Bahr von der I./NJG 6.

Fliegendes Personal der I./NJG 6 am 6. April 1945. Mit Schiffchen Oberleutnant Peter Spoden, dem im April 1945 nach 24 Luftsiegen das Deutsche Kreuz in Gold verliehen wurde.

April 1945, der Krieg neigt sich seinem Ende entgegen. Oberleutnant Peter Spoden mit Kameraden des NJG 6.

Auszüge aus dem Wehrpass des Hauptmann J o h n e n

1. Wehrnummer: Moers 21/2/3/10 Fw.
2. N a m e : Wilhelm J o h n e n
3. Erkennung: Nr.:897 4. Flg.Ausbildgs. Regt. 32
4. Geburtstag: 9.Oktober 1921
5. Geburtsort: Homberg-Niederrhein Kreis Mörs Bezirk Düssel
                                                           dorf

6. Beförderungen:

1.4.1940	Gefreiter	1.7.1943	Oberleutnant
1.6.1940	Fhj.-Unteroffizier	7.1.1944	Staffelführer
1.9.1940	Fähnrich	29.3.1944	Staffelkapitän
1.2.1941	Oberfähnrich	1.10.1944	Hauptmann
1.4.1941	Leutnant	27.4.1945	Gruppenkomman deur

Beförderung zum Hauptmann Patent Nr.: 168/A

7. Auszeichnungen:

1.10.1941 Frontflugspange in Bronce für Jäger
26. 3.1942 Verwundetenabzeichen in Schwarz
26. 7. 1942 E.K. 2. Klasse
8. 7.1943 Frontflugspange für Nachtjäger in Silber
29. 8.1943 E.K. 1.Klasse
26. 1.1944 Frontflugspange für Nachtjäger in Gold
20. 3.1944 Ehrenpokal des Reichsmarschalls für beson-
            dere Leistung im Luftkrieg
23. 7.1944 D e u t s c h e s K r e u z in G o l d
18.10.1944 Ungarisches Flugzeugführerabzeichen
29.10.1944 R i t t e r k r e u z zum Eisernen Kreuz

8. Im Kriege mitgemachte Gefechte, Schlachten, Unternehmungen

23. 7.1941- Einsatz im Rahmen der Nahnachtjagd als
28. 4.1944   Nachtjäger im Heimatkriegsgebiet inner-
             halb des Bereichs Lw.-Befh.- Mitte
             107 Nachteinsätze
             17 Tageinsätze
             17 Nachtabschüsse

29. 4.1944- Einsatz im Rahmen der Nahnachtjagd als
5. 5.1945   Nachtjäger im Bereich Lw.-Befh.-Kdo.-Rei
                                                   ch
             160 Nachteinsätze
             22 Tageinsätze
             34 bestätigte Nachtabschüsse /siehe Ab-
                                          schussmeldungen

gez. Fritz   5. Mai 1945   gez. Lütje

Major und Offz. z.b.V.   Major und Geschwaderkommodore

Zu Kriegsende erhielten die Piloten eine Zusammenfassung ihrer militärischen Laufbahn, hier die von Hauptmann Wilhelm Johnen, unterzeichnet vom Geschwaderkommodore des NJG 6 Major Lütje am 5. Mai 1945.

Deutschlands Städte waren am Kriegsende Ruinenlandschaften ungeheuren Ausmaßes.
Mehr als eine halbe Million Zivilisten wurden bei den Luftangriffen der Alliierten 1940 bis 1945 getötet,
unzählige verletzt und Millionen Wohnungen zerstört.

Die deutschen Nachtjagdflugzeuge, die nicht zerstört wurden, waren begehrte Beute der Alliierten,
die sie zu Testzwecken auswerteten. Nur wenige sind noch heute in Museen zu sehen.

da täusche ich mich offenkundig, denn die Werkpiloten sitzen mit unbekümmerten Mienen in ihren Sitzen und scheinen sich über das Feuerwerk zu freuen.

Ich bin neugierig und lasse mir von dem Betriebsleiter des Werkes die Maschine erklären.

„Das ist ja ganz einfach", denke ich, als er mit dem Vortrag fertig ist. Zunächst drückt man auf den Knopf, und ein kleiner Benzinmotor beginnt harmlos zu surren. Dieser Motor treibt die Turbine an. Wenn die nötige Umdrehungszahl erreicht ist, spritzt der Pilot „J 2" ein, ein minderwertiges Destillat – Nebenprodukt der Benzinherstellung. Dieses „J 2" gelangt in die komprimierte, erhitzte Luft der Verbrennungskammern und entzündet sich von selbst. Zündkerzen sind also überflüssig. Die Tourenzahl der Turbinen steigert sich von 4000 auf 5000 Umdrehungen in der Minute. Noch ein Tropfen „J 2", und die Kiste saust mit 900 km/h davon. In der Luft muss man lediglich auf Tourenzahl und Temperatur achten. Über 800 Grad Temperatur in der Verbrennungskammer kann gefährlich werden, und es ist dann ratsam, die Einspritzung zu reduzieren. Alles in allem eine muntere Sache. Flugdauer: 25 Minuten. Innerhalb einer Minute steigt dieser Vogel vom Erdboden weg auf 6000 bis 7000 Meter Höhe. Noch schneller geht's umgekehrt.

„Na, Sie alter Nachtjäger, steigen Sie doch einmal in die Kiste ein und schauen Sie sich den Vogel von innen an", meint der Betriebsleiter freundlich.

Ohne Besinnen schwinge ich mich auf den Pilotensitz. In diesem Augenblick denke ich nicht im Entferntesten ans Fliegen, denn dazu ist mir die Kiste noch zu unheimlich. Nach und nach gewöhne ich mich an das Heulen der Turbinen und an den langen Feuerschweif, der aus der „Zwiebel" herauskommt. Steht das Flugzeug mit laufenden Turbinen auf der Erde, so ist die Zwiebel weit geöffnet. Von meinem Pilotensitz aus gebe ich nicht Gas wie beim Kolbenmotor – sondern ich öffne und schließe einfach die Zwiebel. Allmählich wird mir klar, dass dieser Turbo viele Vorteile gegenüber dcn Motormaschinen hat. Die Turbine braucht nicht warmzulaufen und ist sofort nach dem Anlassen einsatzbereit. Außerdem gibt es keine Zündkerzenfehler und Kühlerschäden. Während das Vollgasfliegen bei allen Motorfliegern verpönt ist, so bedeutet es bei diesen Typen eine normale Leistung. Mir kribbelt's in den Fingern, und es dünkt mir eine Schande, als „alter" Flieger ohne einen Flug aus der Maschine zu steigen.

Der Betriebsleiter äußert seine Bedenken: „Sie werden noch vom Vaterland als Nachtjäger gebraucht, und außerdem habe ich meinen schwarzen Anzug in Augsburg gelassen, Herr Oberleutnant!"

Ich lasse die Bremsklötze entfernen und schließe das Kabinendach. Der Betriebsleiter springt schnell von der Tragfläche herunter. Mein Entschluss steht fest. Schlimmstenfalls kann ich mich, wenn alles schiefgeht, mit einer unter dem Sitz angebrachten Sprengladung in die Luft katapulticren und mit dem Fallschirm retten.

Das muss am Tage direkt ein Vergnügen sein. Auf eine Maschine mehr oder weniger kommt's bei der deutschen Luftwaffe sowieso nicht mehr an. Einen kurzen Blick auf die Instrumente, und mit geschlossener Zwiebel jage ich über die Betonbahn hinweg. In Sekundenschnelle naht das Flugplatzende. Mit einem Ruck hebe ich bei 220 km/h Geschwindigkeit ab. Das war zu früh, denn die Maschine sackt durch und fängt sich erst kurz über dem Erdboden. Noch mal Schwein gehabt! Vielleicht noch ein oder zwei Meter mehr, und der Fliegersalat wäre fertig gewesen. Bei 350 km/h fahre ich die Startklappen ein. Dann aber ist mein Turbo nicht mehr zu halten. Der Geschwindigkeitszeiger klettert in wenigen Sekunden auf 400, 500, 600, 850 km/h an. Dieses Tempo reicht mir. Vorsichtshalber öffne ich die Zwiebel wegen der hohen Temperatur. Mir ist das mit den Turbinenkammern doch nicht so ganz geheuer. In 500 Metern Höhe fege ich über Ulm hinweg. Genau über der Münsterspitze ziehe ich die Maschine in einer Linkskurve steil nach oben. Das ist kein Steigen mehr, sondern ein Schießen in den blauen Himmel. Das Münster wird kleiner und kleiner, und als es dann nur noch wie ein Spielzeug auf der Erde sieht, zeigt der Höhenmesser 5000 Meter Höhe. „Jetzt müssten mir ein paar Tommys vor die Nase kommen!", denke ich. „Das wäre mir eine Freude!" Mein Turbo kommt mir wie das siebte Weltwunder vor, und voller Begeisterung für diese Maschine kurve, stürze und steige ich wie eine Rakete durch den Luftraum und tobe mich aus.

Jetzt liegt Leipheim wieder unter mir. In einem rasanten Sturzflug steche ich die Hallen und Unterkünfte an und brause mit 900 km/h über das Fluggelände hinweg. Das ist zwar verboten, aber jetzt kommt es auf derartige Lappalien nicht an. Mitten in meiner übermütigen Stimmung erkenne ich plötzlich, dass ich mit diesem Weltwunder wieder auf die Erde muss, denn die 25 Minuten Flugzeit gehen zu Ende. Mit äußerster Vorsicht leite ich das Landemanöver ein. In weitem Bogen hole ich aus und erreiche Günzburg in der vorgeschriebenen Höhe von 300 Metern bei einer Landegeschwindigkeit von 380 km/h. Langsam fahre ich das Fahrwerk und die Landeklappen aus und peile in vorbildlichem Gleitflug das Landekreuz an. Gott sei Dank, ich habe Wind von vorn; das erleichtert die Landung. Die Geschwindigkeit nimmt ab. Bei 320 km/h wird die Kiste schon „faul", aber ich bleibe auf dieser Geschwindigkeit und fange 100 Meter vor dem Landekreuz mit offener Zwiebel die Maschine ab. Die Geschwindigkeit sinkt ruckartig auf 280 km/h. Genau am Platzrand setzen die Räder auf, und wieder rase ich dem Flugplatzende zu. Diesmal muss ich aber vor dem Acker zu stehen kommen, sonst nimmt das Unternehmen ein böses Ende. Also drücke ich aus Leibeskräften auf die Bremspedale: Es gelingt! Ich habe plötzlich viel Vertrauen zu dieser Maschine und freue mich riesig über meinen gelungenen Turbostart. Aber bei Nacht ist mir doch die alte, langsame Me 110 lieber. Ergo: die Zwiebel am Tage, den Gashebel bei Nacht!

Am folgenden Mittag sitze ich gemütlich auf Brinos' Bude beim Geburtstagskaffee.

Er hat seine Frau zu Besuch. Kein Wunder, wenn Kaffee und Kuchen besonders gut schmecken. Unser Kommandeur, Hauptmann Fellerer, ist dienstlich abwesend, und so habe ich das Vergnügen, die Geschicke der Gruppe zu leiten. Adjutant Walter meldet mir den Einflug größerer amerikanischer Kampfverbände nach Süddeutschland.

„Na, die wollen uns doch nicht etwa beim Kaffee stören? Das wäre kein Fair Play vom Ami", konstatiert Brinos und beruhigt seine Frau.

Aber Frau Kamprath wird plötzlich unruhig und öffnet das Fenster. Weit in der Ferne hören wir das unheimliche Brummen: Da wird auch Brinos nervös.

„Mami, zieh' Deine Sachen an, nimm Deinen Koffer und gehe vorsichtshalber auf die andere Donauseite!"

Frau Kamprath verlässt eilig das Haus, Brinos folgt mir zu den Abstellplätzen der Flugzeuge. Die Maschinen sind getarnt. Das gesamte Personal hat befehlsgemäß den Horst verlassen.

Da schwillt das Brummen plötzlich stärker an, und ein kurzer Blick gen Westen genügt, um den ersten anfliegenden Verband direkt mit Kurs Leipheim festzustellen. „Mensch Brinos, rin in den Wagen und nichts wie ab!", schreie ich Leutnant Kamprath zu und bin mit einem Satz in meinem Wagen. Ich drücke auf den Anlasser und – rrrr! Aus! Die Kiste springt nicht an, die Batterie ist leer. Wir stehen zwischen den Maschinen, es ist eine heikle Lage. Einen Augenblick suche ich nach der besten Möglichkeit, dem Bombenteppich zu entkommen.

„Los, Brinos, 'rüber auf die andere Seite der Autobahn! Da stehen keine Hallen und keine Maschinen."

Schon laufen wir um unser Leben. Aber zu spät! Wir überqueren gerade die Startbahn, als der erste amerikanische Verband seine Zielbombe mit langem Rauchschweif abwirft. Sie fällt am östlichen Flugplatzrand in den Acker.

„Hinlegen!", brülle ich zu Brinos, und platt wie Bierdeckel liegen wir im Grase.

Es brummt wie ein Ungewitter über uns hinweg, und jeden Augenblick müsste das Pfeifen der abgeworfenen Bomben beginnen. Aber noch rührt sich nichts. Wieder einmal Schwein gehabt!

„Los, Brinos, auf und davon! Die fliegen den Platz noch einmal an, der Anflug hat nicht gesessen."

Der nächste Verband ist noch ungefähr fünf Kilometer vom Platz entfernt, weitere Verbände folgen ihm. In ein bis zwei Minuten müssen wir uns gerettet haben, sonst werden wir hier zu Hackfleisch. Brinos rennt mit seinen kurzen Beinen voraus, ich mit meinen langen Haxen hinterher.

Da ist der Verband auch schon über dem Platz. Jetzt fällt die Zielbombe direkt in die großen Produktionshallen der Messerschmitt-Werke, und im gleichen Augenblick rauscht und pfeift es furchtbar durch die Luft. Wie alte Infanteristen liegen wir auch schon in einem Wassergraben am Flugplatzrand und pressen die Köpfe in die Erde.

Rums-bums! Ein ohrenbetäubender Krach, und in Sekunden ist der Fliegerhorst in eine riesige Rauchwolke gehüllt. In zehn Wellen greifen die Amerikaner an. Bei jeder angreifenden Welle rutschen wir tiefer in unseren Wassergraben hinein.

„Lieber triefend nass und lebendig, als schön trocken und tot!", meint Brinos.

Wir vermuten die Bombeneinschläge unmittelbar neben uns, so stark bebt die Erde. In einer Angriffspause schaue ich hinüber zu den Unterkünften und Hallen: Alles ist ein brennender Trümmerhäufen. Nur die Startbahn ist noch heil. Da nähert sich ein neuer Verband mit direktem Kurs auf uns.

„Diesmal kommt die Startbahn dran, Brinos! Hoffentlich treffen die Amis genau, sonst sind wir verloren."

Da rauscht der Segen auch schon herunter. Wie in seligen Rekrutzeiten liegen wir nun platt auf dem Boden des Wassergrabens und können gerade noch Luft schnappen. Jetzt ein ohrenbetäubender Krach: Die Startbahn fliegt in die Luft! Steinbrocken fallen auf unser ungepanzertes Hinterteil. Na, so ein Brocken auf den Kopf! Ich erinnere mich des Stahlhelms, der seit Jahren nutzlos und verstaubt in meinem Spind liegt. Jetzt könnte ich ihn brauchen, aber wir Flieger haben nun einmal ein Vorurteil gegen alle Stahlhelme, Gasmasken, Karabiner und Handgranaten. So kann ich nur wehmütig an meinen Stahlhelm denken und die Hände schützend auf den Hinterkopf pressen. Bald ist die Gefahr vorbei, und wie begossene Pudel stehen wir beide uns gegenüber und lachen aus vollem Halse. Aber nur einen Augenblick lachen wir, dann sehen wir den Salat, den uns die Amis bereitet haben. Die Hallen und Unterkünfte brennen lichterloh, und noch Stunden später krepieren Bomben mit Zeitzündung. Ungefähr 60 Düsenflugzeuge liegen als Wracks umher.

Schon am nächsten Tag packen wir das Gerettete zusammen und verlegen nach Hagenau im Elsass. Die Besatzungen fahren per Bahn in alle Richtungen, um neue Maschinen zu holen. Zwei Tage später kann der Kommandeur unsere Gruppe wieder einsatzbereit melden.

Schweizer Intermezzo

Am Abend des 28. Aprils 1944 weht ein mildes Frühlingslüftchen über den Flugplatz Hagenau. Ist es der Frühling, oder ist es die neue Umgebung, die uns so ausgelassen macht? Jedenfalls herrscht unter den Besatzungen eine ausgesprochen fröhliche Stimmung. Schuld daran mag auch das Städtchen Hagenau selbst sein: Beim Nachmittagsbummel durch unsere neue „Garnison" verspüren wir förmlich den französischen Hauch der Stadt. Alles ist anders, leichter und charmanter. „Es liegt etwas in der Luft", spürt ein jeder, und in dieser Stimmung treffen wir uns bei der Einsatzbesprechung um 21.00 Uhr auf dem Gefechtsstand. Auch der Kommandeur ist von dem Frühlingszauber angesteckt. Selten habe ich eine so heitere Einsatzbesprechung erlebt wie an diesem Abend. Es ist, als hätten alle Champagner getrunken. Man könnte meinen, auf dem Gefechtsstand der 3./Nachtjagdgruppe VI werde ein Frühlingsfest vorbereitet, nicht aber mit einem ernsthaften Nachteinsatz gerechnet. Wir erwarten auch keine Einflüge, denn das Wetter ist zu schön. In 2000 Metern Höhe bedeckt eine aufgelockerte Wolkenschicht den Nachthimmel, durch die der Mond ab und zu sein silberhelles Licht wirft. Dieses Wetter ist denkbar ungünstig für den Tommy, also schmieden wir Freizeitpläne. Unser Adju hat eine nette Kaschemme in Hagenau entdeckt, mit kleiner Nachtmusik, süßem Wein und allem, was ein Nachtjäger sonst noch braucht. Treffpunkt 02.00 Uhr. Das ist zwar spät, aber nicht zu spät, und vorläufig ist es erst 22.00 Uhr. Wie heißt es doch so schön: „In einer Nacht im Mai, da kann so viel passieren!"

Draußen auf dem Flugplatz steht meine Maschine, die ich mir funkelnagelneu aus der Werft in Parchim geholt habe: die C 9 ES, mit allem Komfort und allen Raffinessen ausgerüstet. Schon rein äußerlich macht sie einen jungfräulichen Eindruck: Schön weiß ist ihr Gewand von der Bugspitze bis zum Leitwerk. Schwarz und keineswegs unschuldig schauen nur die vier Kanonenmündungen hervor. Zu ihrer raffinierten Ausstattung gehört das Naxos-Gerät, eine ganz vorzügliche Sache. Schleicht nämlich in tiefer Nacht ein übelwollender englischer Nachtjäger von hinten an, so leuchtet das Naxos-Gerät bei 500 Metern Entfernung grell auf, und man weiß Bescheid. Ein kurzer Abschwung, und der verfolgende Tommy hat das Nachsehen. Sodann der elektrische Höhenmesser: Auch das ist eine saubere Erfindung. Erstklassig ist weiterhin das Suchgerät. Auf 6000 Metern erfasst es den Bomber todsicher und führt den Jäger gleichsam an einem „Ariadnefaden" zum Ziel. Und schließlich die Bewaffnung: Nach vorn zwei Kanonen und vier Maschinengewehre, nach oben die „schräge Musik" mit zwei Kanonen, die meine Besatzung erfolgreich in die Nachtjagd eingeführt hat, sodass diese Bewaffnung nunmehr serienmäßig in den Messerschmitt-Werken eingebaut wird. Ich bin wirklich stolz auf meine C 9 ES und bedaure nur, dass ich heute Nacht voraussichtlich keine Gelegenheit haben werde, ihre Vorzüge zu genießen.

Die Minuten fliegen dahin. So um 00.30 Uhr bereiten wir uns allmählich auf unseren amüsanten Nachtbummel zur Kaschemme „Chez Yvonne" vor. Ans Schlafen denkt niemand. In dieser Nacht ist Brinos, unser Nachrichtenoffizier, mir als Bordfunker zugeteilt, denn mein alter Bofu Graßhoff hat vier Tage Urlaub. Brinos sitzt mit meinem Bordschützen, Oberfeldwebel Mahle, in einer gemütlichen Ecke beisammen.

Um 00.40 Uhr heißt es plötzlich: „Startbefehl an alle Maschinen in den Raum Nancy! Ein englischer Kampfverband nähert sich in Richtung Süddeutschland."

„Schade, ich habe mich auf ‚Chez Yvonne' so gefreut", rufe ich noch beim Einsteigen meiner Besatzung zu.

„Das macht nichts", meldet sich Leutnant Kamprath, „dafür erlebe ich heute den ersten Nachtabschuss."

Oberfeldwebel Mahle sagt nichts und bastelt wie immer an seinen Kanonen und MGs herum. Abergläubisch hat er meine Offiziersmütze auf die Munitionstrommel gelegt. Um 00.48 Uhr starten wir gegen den Südwest-Wind aus dem Platz heraus und nehmen Kurs auf Nancy. In 2000 Metern Höhe leuchtet mir nach Durchstoßen der leichten Zirren ein wunderbarer Nachthimmel entgegen. Unter uns breitet sich, wie weiße Wattebäuschchen aussehend, die mondbeschienene Wolkendecke. Bei diesen Sichtverhältnissen ist es durchaus möglich, den Tommy in günstiger Position bereits auf 1000 Meter zu sehen. Die Borduhr zeigt genau 01.10 Uhr, als wir die Kampfhöhe von 5000 Metern erreicht haben. Brinos schaltet auf Bodenwelle und erhält die Durchsage, dass die Spitze des englischen Kampfverbandes westlich von Nancy mit Süd-Südost-Kurs das Reichsgebiet anfliegt. In einigen Minuten müssen die ersten Erfassungen in unserem Suchgerät auftauchen. Ich kreise westlich der Stadt und taste mit den Strahlen des SN-Suchgerätes den Nachthimmel ab. Brinos meldet ruhig:

„Achtung, die ersten Feindzacken tauchen auf, bitte leichtes Lisa."

Der Kreiselkompass zeigt genau 160 Grad und wandert mit der leichten Linkskurve auf 130 Grad zurück. Brinos meldet wieder: „Ziel ungefähr fünf Kilometer voraus. Bitte Vollgas!"

Meine C 9 ES ist sehr schnell. In wenigen Minuten beträgt die Entfernung nur noch 1000 Meter. Jeden Augenblick muss der Feindbomber auftauchen. Der Abstand wird geringer. Da sehe ich auch schon die schwarzen Schatten des Bombers. Der Engländer zieht gelassen seine Bahn und pendelt zur Abwehr leicht hin und her. An den Tragflächen erkenne ich den Flugzeugtyp: eine viermotorige Lancaster. Brinos schaltet sein Gerät ab und konzentriert sich auf jede Phase des kommenden Luftkampfes. Langsam pirschen wir uns, mit dem Mondlicht im Rücken, heran.

Abstand 200 Meter. Der Tommy muss uns bereits entdeckt haben, denn er schwenkt plötzlich in eine starke Rechtskurve ein, um seinem Heckschützen bessere Schussmöglichkeit zu bieten. Wir bleiben ihm auf den Fersen. Hell leuchten die Panzergläser der Heckkanzel im Mondlicht auf. Gerade in dem Moment, als ich den Zielstachel meines Reflexvisiers auf den Heckschützen richte, eröffnet der Tommy das Feuer aus allen Rohren. Die „Glühwürmchen" fliegen uns nur so um die Ohren. Aber mit einem leichten Druck auf den Steuerknüppel bin ich aus dem Gefahrenbereich heraus. Ich fliege nun von tief unten heran und nähere mich mit „Fahrstuhltempo" dem Gegner. Der Heckschütze kann mich so nicht erwischen, wenn auch der „Schütze in der Badewanne" nach wie vor gefährlich ist. Diesmal werde ich zuerst schießen, das weiß ich. Nur schwach heben sich die langen, schmalen Tragflächen gegen den Nachthimmel ab. Als ich die hellen Auspuffrohre der Motoren erkennen kann, setze ich den Zielstachel der „schrägen Musik" zwischen die beiden Motoren und drücke auf den Auslöseknopf der Kanonen.

Der Engländer muss im gleichen Moment das Feuer eröffnet haben, denn seine Leuchtspur fährt in meine Flächen hinein. Sofort tauche ich nach unten und setze mich ab.

„Der Tommy brennt, der Tommy brennt!", schreit Brinos vor lauter Begeisterung ins Mikrofon, dass mir die Ohren sausen. Tatsächlich, aus der hinteren Tragfläche kommen Stichflammen heraus. Noch fliegt der Kasten ruhig seine Bahn.

„Soll ich noch einmal schießen?", überlege ich und fliege näher heran. Aber der Gegner ist bereits waidwund, und die gefräßigen Flammen erhellen gespenstisch die Nacht. Hell leuchtet die englische Kokarde auf. Der Brand wird stärker. Wir fliegen nun dicht neben dem Gegner und beobachten das Kommende. Da stürzt ein Mann aus der Maschine. Nur Bruchteile von Sekunden leuchtet sein Körper im Schein des Brandes auf, dann fällt er in die gähnende Tiefe. Der nächste folgt, ein weiterer, acht Mann im Ganzen steigen aus. Es ist auch höchste Zeit, denn kaum hat sich die Besatzung mit dem Fallschirm gerettet, da explodieren die linken Flächentanks und die Maschine stürzt in die Tiefe, einen langen, brennenden Schweif hinter sich ziehend. Ich lege meine Maschine auf die Fläche und beobachte den Anblick der abstürzenden Lancaster. Immer tiefer saust der Komet der Erde entgegen und verschwindet durch die Wolkendecke. Noch ein paar Sekunden, und eine gewaltige Stichflamme erhellt den Nachthimmel. Das ist der erste Abschuss in dieser Nacht.

Meine Kameraden müssen ihn beobachtet haben, denn kurz darauf fallen schon die nächsten Bomber brennend vom Himmel. Ich rufe meinen Funker durch die Bordanlage, aber es kommt keine Antwort. Ich wackle kurz mit dem Steuerknüppel als Zeichen, dass ich etwas sagen will. Aber es rührt sich nichts. Nun trete ich scharf in die Seitenpedale: Da endlich meldet sich Brinos. Ich merke sogleich an seiner Stimme, dass etwas nicht in Ordnung ist. Die beiden dahinten sind offenbar sehr vergnügt.

„Na, nur weiter ran!", meint Brinos und schaltet sofort wieder ab. Jetzt wird mir die Sache zu bunt. Ich werde dienstlich, verbiete mir die Abschalterei und verlange einen neuen Ansatz. Brinos lässt sich aber nicht aus der Ruhe bringen und meint gelassen: „Mensch, mach nur weiter so, du bist knorke!"

Dann Ruhe – und plötzlich ein Glucksen im Mikrofon. Die beiden trinken Kognak! So eine Schweinerei! Aber warte, lieber Brinos, dich werde ich kleinkriegen! Sofort lege ich meine Maschine auf die Fläche und reiße mit aller Macht am Steuerknüppel. Ich höre ein lautes Fluchen, dann peng! klirrt eine Flasche, und ein anregender Kognakgeruch zieht durch die Maschine. So habe auch ich wenigstens etwas von der Kostbarkeit. Aus der Steilkurve lege ich die Maschine gerade und drücke den Steuerknüppel kräftig nach vorn. Die Folge davon ist, dass Bordschütze und Funker jetzt in ihrer gedrückten Haltung zum Kabinendach emporfahren und dort festkleben.

„Mensch hör auf, uns reicht's!", tönt es von hinten. So, jetzt habe ich die beiden weich. „Das Weitere folgt unten", sage ich kurz und befehle neuen Ansatz. Der Bomberverband nähert sich Friedrichshafen. Brinos führt mich an den nächsten Gegner heran. Mitten im Ansatz fängt er wieder an: „Mensch, reg' Dich doch nicht auf! Der Paule hat mir das EK verliehen, das musste doch gefeiert werden. Hauptsache ist doch, dass Du auf Draht bist."

Ich antworte darauf gar nichts. Knapp 20 Minuten nach unserem ersten Abschuss stürzt der nächste Bomber als brennende Fackel in den Bodensee. Jetzt aber fallen die Bombenteppiche in die Zeppelinstadt. Angriffsziele sind die Dornierwerke, die Luftschiffbau-Zeppelin GmbH, das Maybach-Werk und die Zahnradfabrik. 40 000 Flüssigkeits-Brandbomben und 40 000 Spreng- und Minenbomben schüttet der Engländer über Friedrichshafen aus und vernichtet 66 Prozent der Substanz der Stadt. Nach Vollendung seines Vernichtungswerkes fliegt er mit Westkurs über den Bodensee der Schweiz zu. Noch einmal werfe ich einen Blick auf die brennende Stadt und auf die glutrote Fläche des Bodensees. Es ist keine Zeit zu verlieren. Der Tommy drückt die Höhe weg und ist, nun von seiner Bombenlast befreit, sehr schnell. Brinos meldet: „Käpten, das Überfliegen der Schweiz ist gemäß Geheimbefehl verboten. Die Schweizer Flak ist angewiesen, auf jedes Ziel zu schießen, einerlei ob Engländer, Amerikaner oder Deutsche." Mahle schaltet sich ein: „Ach wat, Herr Oberleutnant, was die Engländer können, das können wir schon lange. Wir präsentieren den Schweizern mal einen anständigen Nachtabschuss. Die wollen doch noch wat vom Krieg erleben." Ich lasse die beiden debattieren und jage dem Tommy mit Kurs West hinterher.

Brinos meldet: „Eine Erfassung direkt voraus. Der Bomber drückt stark nach unten." Plötzlich tauchen am Horizont Scheinwerfer auf. Der Tommy fliegt direkt darauf zu. Langsam nähere ich mich meinem Ziel. Der Abstand beträgt noch 800 Meter.

Die Scheinwerfergruppe rückt schnell näher. Da erkenne ich im Strahlenbündel die Silhouette des Feindflugzeuges: wieder eine viermotorige Lancaster. Die Scheinwerfer blenden ab, aber ich sehe den Engländer auch im Dunkeln und ziehe mich genau von hinten heran, den Zielstachel auf den Heckschützen gerichtet. Auf 100 Meter Entfernung kreuzen sich die Garben. Deutlich höre ich die Einschläge in der eigenen Maschine, und kurz darauf zieht ein feiner Brandgeruch durch die Kabine. Da brüllt auch schon Mahle: „Die Maschine brennt! Der linke Motor brennt!" Wie von der Tarantel gestochen fahre ich von meinem Sitz hoch, kurve instinktiv nach unten aus dem Gefahrenbereich des englischen Heckschützen heraus und schließe den Brandhahn. Durch Vollgasgeben jage ich den letzten Sprit aus der Leitung. Zündung raus und Luftschraube auf Segelstellung! Ängstlich verfolgen meine Augen den Motorbrand. Wäre jetzt ein britischer Nachtjäger in der Nähe, so hätte unser letztes Stündlein geschlagen. Aber der feindliche Bomber ist froh, dass er uns los ist. Mitten in dieser Aufregung blenden 20 bis 30 Flakscheinwerfer auf, wir sind plötzlich von Tageshelle umgeben, und jegliche Orientierung ist unmöglich. Die Maschine schmiert ab! Erstarrt schaue ich in die drohenden Scheinwerferkegel. „Los, schießt Notsignal! Sonst stürzen wir ab!", schreie ich meiner Besatzung zu und versuche krampfhaft, nach Gefühl die Maschine in normale Fluglage zu bringen. Aber es gelingt mir nicht. Erst als die Scheinwerfer auf unser Notsignal abblenden, habe ich die Maschine wieder in der Gewalt.

Wir sind 1200 Meter gestürzt. Der elektrische Höhenmesser zeigt nur noch 1500 Meter über Grund. Eine schöne Bescherung! Nass geschwitzt fluche ich auf die Schweizer da unten. Der Motorbrand ist inzwischen erstickt, also wenigstens ein Glück im Unglück! Aber kaum fliege ich ein paar Sekunden gerade, da blenden die Schweizer auch schon wieder auf. Anscheinend bin ich ihnen mit meiner schneeweißen Maschine ein willkommenes Objekt für Zielübungen. Mahle knallt sofort wieder rote Notsignale nach unten heraus, so sehr liegt ihm der Sturz in den Knochen, denn bis zur Erde ist es nicht mehr weit. Die Schweizer blenden ab, schießen grün und hellen den Flugplatz auf: Das ist die unmissverständliche Aufforderung zur Landung. Aber so leicht geben wir uns nicht geschlagen. Wir arbeiten nach einem Plan: Mahle schießt grüne Leuchtkugeln ab, die bedeuten, dass wir landen wollen. Die unten antworten ebenfalls mit grünen Leuchtkugeln und schalten ein paarmal die Flugplatzbeleuchtung aus und ein zum Zeichen, dass sie verstanden haben. Wäre jetzt bloß mein zweiter Motor noch intakt! In einem rasanten Sturzflug würde ich über die Scheinwerfer hinwegbrausen und mich im Tiefflug nach Norden absetzen. Ja, mit zwei Motoren wäre das kein Problem. Aber meine linke Latte steht, und ich bin froh, dass ich meine Kiste gerade noch halten kann. Trotzdem versuche ich, mich nach Norden abzusetzen und den Scheinwerferkreis zu verlassen. Doch die Eidgenossen merken den Dreh und blenden so unverschämt auf, dass mir angst und bange wird. Mahle schießt wieder rot, dass der Lauf glüht, aber die Schweizer sind diesmal hartnäckig. Mit aller Kunst versuche ich, die Maschine gerade zu halten, aber es gelingt mir wiederum nicht. Diese beißende Helle macht mich vollkommen blind, und in Sekunden verliere ich jegliches Gleichgewichtsgefühl. Wieder stürzen wir ab, wieder starren wir in die unheimlichen Augen der Scheinwerfer. „Los, Mahle, schieß rot, rot, sonst ist's aus!" Die Maschine fängt schon an zu pfeifen. Ein bedenklicher Ton! Endlich blenden die Schweizer wieder ab. Zunächst bin ich noch blind, dann erkenne ich die erleuchteten Flugplatzanlagen – weit hinter mir. Schnell fange ich die Maschine ab, bevor es zu spät ist. Es gelingt! Der elektrische Höhenmesser zeigt nur noch 300 Meter über Grund. Jetzt können wir uns keine Mätzchen mehr leisten, wenn wir nicht ungespitzt in den Erdboden rammen wollen. Mahle schießt wieder grün. Die Eidgenossen antworten befriedigt mit der gleichen Kennung. In weitem Bogen hole ich aus – denn ein Durchstarten mit einem Motor wäre eine gefährliche Angelegenheit. Wunderschön liegt der Landehafen vor mir, langsam gleiten die Lichter des Anflugpfades unter uns hinweg, die Maschine sinkt tiefer und tiefer und setzt mustergültig bei der ersten weißen Lampe auf. Gott sei Dank, wieder Erde unter den Füßen, wenn auch schweizerische! Aber zunächst sind wir gerettet. Die Flugplatzbeleuchtung erlischt kurz nach dem Aufsetzen. Stockdunkle Nacht breitet sich vor uns aus, und die Maschine rast mit 80 km/h ins Ungewisse. Ich blende mit meinem Bordscheinwerfer auf und erkenne weit voraus viermotorige Bomber: amerikanische Boings. Eng ineinandergeschachtelt stehen die abgestellten Luftkreuzer. Da blenden mir die Schweizer mit einem starken Scheinwerfer direkt ins Gesicht. Ich kann nun überhaupt nichts mehr erkennen und drücke mit aller Macht auf die Bremsen, um nicht in die abgestellten Boings zu rasen. Anscheinend hegen die Schweizer die Befürchtung, dass ich im letzten Moment doch noch ausreißen könnte. Aber das ist mit einem Motor unmöglich. Langsam rollt meine C 9 ES aus.

Plötzlich taucht dicht neben mir auf der Tragfläche eine Gestalt auf. Ich schlage das Kabinendach zurück und will etwas sagen, da sitzt mir auch schon eine Pistole im Genick. Mir verschlägt's die Stimme. „Sie befinden sich auf Schweizer Boden. Machen Sie keinen Fluchtversuch, sonst muss ich von der Waffe Gebrauch machen!", schreit mir der Mann von der Tragfläche ins Ohr. „Wie schade", denke ich, „dass meine Motoren nicht intakt sind! Es wäre mir eine helle Freude, den Mann samt Pistole durch kurzes Vollgasgeben von der Tragfläche zu pusten." Aber so ist nichts zu machen, und ich füge mich der Aufforderung. Wo wir sind, wissen wir jetzt: in Zürich-Dübendorf. Etwas betreten steigen wir aus. Die Geheimunterlagen der Nachtjagd haben wir schnell in unseren weiten Taschen verstaut und warten auf eine günstige Gelegenheit, die Dokumente verschwinden zu lassen. Meinem Bordfunker Leutnant Kamprath stellt sich ein Schweizer Soldat mit aufgepflanztem Bajonett entgegen. Brinos ist außer sich. „Mensch Kerl, nimm Deine Knarre weg!", fährt er den pflichtbewussten Soldaten an. Der muss heillosen Respekt vor Offiziersmützen haben, denn ruckartig nimmt er stramme Haltung an und steht Gewehr bei Fuß. Mahle und ich müssen lachen: Das bricht den Bann. Der Schweizer Offizier, nun seiner Sache sicher, steckt die Pistole ein und bietet uns Zigaretten an.

Mit einem Mercedes fahren wir zum Kasino. Da scheint was los zu sein, denn trotz der späten Nachtstunde empfängt uns eine Kasinodame im roten Abendkleid und sorgt für Essen, Kleidung und Übernachtung. Das Essen ist ausgezeichnet, fast zu reichhaltig für unsere nicht verwöhnten Kriegsmägen. Im Saale nebenan geht's lebhaft zu. Ich frage einen Schweizer Offizier, was da los sei. „Na, das sind Ihre Fliegerkameraden von der anderen Seite, die heute am Tage notgelandet sind. Sie wissen doch von dem heutigen starken Luftangriff auf die Kugellager-Fabriken in Schweinfurt? Die Boys haben allerhand Federn lassen müssen. Über 100 Boings sollen von den deutschen Jägern abgeschossen worden sein, neun Maschinen sind hier notgelandet: die einen mit zerschossenen Motoren, die anderen mit halbem Leitwerk, wieder andere mit Verwundeten an Bord. Ja, und jetzt feiern die Amis ihr Kriegsende, denn die Jungens bleiben bis dahin in der Schweiz." Mir wird es ganz mulmig: bis Kriegsende in der Schweiz! Das geht für mich auf keinen Fall. Zunächst müssen die Geheimakten weg! Nach dem guten Essen verspüren wir plötzlich alle drei angeblich einen Drang zum stillen Örtchen, aber die Schweizer Bewacher weichen nicht von unserer Seite und postieren sich direkt vor die Türe, die aufbleiben muss. Wir drei sitzen in den Kabinen nebeneinander und überlegen, wie wir die Akten verschwinden lassen können. Die Sitzung dauert schon lange, und die Schweizer, ob der Begleitumstände nicht eben erfreut, werden ungeduldig. In einem günstigen Moment ziehe ich die in meiner vorderen Knietasche befindlichen Geheimpapiere heraus und werfe sie ins Klo. Ein heftiges Drücken an der Spülung – und die Dokumente sind weg auf Nimmerwiedersehen. Brinos und Mahle müssen diese Gelegenheit ebenfalls benutzt haben, denn sichtlich erleichtert verlassen auch sie den stillen Ort.

Inzwischen haben die Amerikaner von unserer Anwesenheit erfahren und kommen uns mit lautem Hallo entgegen. Sie umarmen uns, als wären wir ihre besten Freunde, und bieten uns Sekt an: „Oh, ihr damned Messerschmitt-Boys! Wozu kämpfen für Hitler? Hitler kaputt, Deutschland kaputt, alles kaputt!" Wir lassen die Amis reden und rauchen die angebotenen Chesterfields, nicht ohne uns mit unserer deutschen Zigarettenmarke zu revanchieren. Die Amis wundern sich, dass wir überhaupt noch etwas zum Rauchen haben, und greifen neugierig zu. Aber nach den ersten Zügen spucken sie die Zigaretten aus und fluchen über das stinkende Kraut. Mir wird es ganz schummerig vor den Augen, der starke Virginia-Tabak haut mich um. Ich drücke die Zigarette aus und bedanke mich für alle weiteren Angebote. Ein Captain fragt: „Wuas, Zigarette no good?" Ich lache und antworte nur: „Zigarette gut, zu gut!" Die Amis verstehen und lachen sich halb tot. Die Schweizer Offiziere freuen sich über die gute Kameradschaft zwischen den feindlichen Fliegern. Bald taucht ein Schweizer Oberst auf und will uns verhören. Wir werden einzeln in sein Zimmer geführt. Die Unterredung dauert nicht lange.

Der Oberst fragt: „Von welchem Einsatzhafen sind Sie gestartet, und welcher Einheit gehören Sie an?"

Ich erwidere: „Herr Oberst, sämtliche Fragen sind zwecklos. Sie erhalten von mir und meiner Besatzung keine Auskunft. Wir möchten so schnell wie möglich nach Deutschland zurück. Benachrichtigen Sie bitte den deutschen Militärattaché!"

Der Oberst hat diese Antwort anscheinend erwartet und lässt uns auf unsere Zimmer abführen. Von diesem Augenblick an dürfen wir nicht mehr miteinander reden. Die Fenster unserer Schlafzellen sind vergittert, und vor der Tür steht ein Schweizer Posten. Todmüde sinke ich aufs Bett und schlafe bald ein. Am nächsten Morgen brauche ich einige Zeit, bis ich mit meiner Umgebung klarkomme. Den ganzen Tag über sehe ich meine Kameraden nicht. Formalitäten werden erledigt, nochmals wird ein Verhör angesetzt. Die Schweizer sind höflich und korrekt, aber trotzdem bin ich irgendwie unruhig. Auch der zweite Tag verstreicht mit endlosem Warten. Meine Kameraden aus den Nachbarzellen geben Klopfzeichen, und ich knoble einen Fluchtplan aus, denn auf keinen Fall möchte ich in der Schweiz bleiben. Aber am dritten Tag unserer Internierung geht's mit der Schweizer Bahn unter strenger Bewachung ab nach Bern.

Wir sind angenehm überrascht, als wir hier im Hotel Metropol fürstlich unterkommen und die uniformierten Wachen durch einen Zivilisten namens Fuchs abgelöst werden. Jetzt meldet sich auch der deutsche Generalkonsul. Zunächst müssen unsere Uniformen verschwinden, denn sie könnten im internationalen Bern zu unliebsamen Auseinandersetzungen Anlass geben. Drei Nachtjäger mit abgetragenen Fliegeruniformen spazieren also ins Kaufhaus, und drei modern gekleidete Zivilisten kommen nach einer halben Stunde heraus. Die Garnituren von Kopf bis Fuß bezahlt der deutsche Generalkonsul, und dazu gibt es noch ein beträchtliches Handgeld. So bummeln wir nun wie harmlose Schweizer Bürger durch die Straßen der Stadt. Alles, was in Deutschland schon längst aus den Schaufenstern verschwunden ist, bietet sich hier in Hülle und Fülle. Filmtheater, Kabaretts, Tanzlokale und Bars sind bis spät in die Nacht geöffnet. Losgelöst vom Druck des Krieges und animiert durch den zauberhaften Frühling in Bern, leeren wir den unverhofft dargebotenen Becher der Freude bis zur Neige.

Wir sind gerade dabei, die ersten Zeichen von Erholung zu verspüren, als unser höflicher Bewacher Fuchs uns eröffnet, dass wir in den nächsten Tagen gegen drei Engländer ausgetauscht werden sollen. Drei englische Offiziere sind aus einem deutschen Gefangenenlager in Italien ausgebrochen und haben die Schweiz um Asyl gebeten. So steht dem Austausch von drei Deutschen gegen drei Engländer nichts mehr im Wege. Ende Mai 1944 läuft unser Kuraufenthalt im goldenen Käfig der Schweiz ab. Der deutsche Militärattaché, der Generalkonsul und deutsche Familien sagen uns am Bahnhof Lebewohl. Als der Zug die Halle verlässt und die Deutschen uns lebhaft nachwinken, ruft Paule zum Fenster hinaus: „Haltet unsere Quartiere frei, wir kommen demnächst wieder!" Auch die Schweizer Offiziere lachen und winken zurück.

„In der Heimat angekommen, fängt ein neues Leben an", heißt es im Lied. Mit Fliegeralarm und verdunkelten Zügen geht es in Richtung Berlin. An der Grenze werden mir im Auftrag des Generalkonsuls noch 10 000 Schweizer Zigaretten überreicht. Na, da werden sich meine Kameraden freuen! In Berlin erwartet uns der kommandierende General zum Bericht. Wir sind noch immer in Zivil. Der kommandierende General klärt uns über die Vorgänge auf, die sich inzwischen hinter den Kulissen ereignet haben. Da erfahre ich Folgendes:

Kaum neun Stunden nach meiner mitternächtlichen Landung in Zürich erschien die Gestapo in Hornberg, in Altenburg und in Breslau, um meine Eltern und die Angehörigen meiner Besatzung zu verhören. Eine kurze Hausdurchsuchung, Beschlagnahme sämtlicher Fotos und Briefe, Versiegelung der Wohnung, und eine Stunde später saßen unsere Eltern und Angehörigen in Gestapo-Haft. Herr Himmler hatte prompt und zuverlässig gearbeitet. Am gleichen Tage verließen zwei Männer in Zivil, mit Diplomatenausweisen versehen, die Reichshauptstadt mit dem Reiseziel Zürich und Bern. Der eine hatte die Aufgabe, meine Maschine in die Luft zu sprengen, der andere, meinem irdischen Dasein durch einen wohl gezielten Schuss ein Ende zu bereiten. Die Verhafteten wurden mit Fragen gequält und wie Zitronen ausgepresst. Als dabei nichts herauskam, wurden die Beamten zynisch und ließen alle einkerkern. Das Essen war miserabel, die Zellen waren schmutzig und stinkend. Wasser gab es nicht.

Bald erfuhr der Stab der 1. Jagddivision von den Vorgängen in Berlin. Telefongespräche jagten einander, und Göring wurde wütend, als er von den Maßnahmen Himmlers hörte. Himmler blieb eisig, zog aber die Verhaftungs- und Erschießungsbefehle zurück. Der als Zivilist getarnte SS-Führer, der mich umlegen sollte, konnte gerade noch durch Blitztelegramm an der Grenze zurückgehalten werden, während der andere mit dem Sprengauftrag bereits die Grenze überschritten hatte. Am dritten Tage unserer Internierung flog meine C 9 ES auf dem Flugplatz Zürich-Dübendorf unter geheimnisvollen Umständen in die Luft. Am siebten Tage nach meiner Internierung öffneten sich die Gefängniszellen für meine Angehörigen, die sich bei der Entlassung schriftlich verpflichten mussten, über die Vorkommnisse strengstes Stillschweigen zu bewahren.

Ich bin platt über die unerhörten Übergriffe. Sofort telefoniere ich nach Hause und beruhige meine Eltern. Am nächsten Tag verlassen wir Berlin und fliegen mit einer Reisemaschine nach Hagenau im Elsass. Da unsere Ankunft gemeldet ist, steht die ganze Gruppe zum Empfang bereit. Lachende und strahlende Gesichter auf beiden Seiten! Als ich dann meine Zigarettenpakete aus der Maschine hole und unter die Kameraden verteile, herrscht Hochstimmung in der alten Nachtjagdgruppe VI, und das Erzählen dauert bis in den frühen Morgen.

Anschließend besuche ich meine Eltern in Homberg. Die Wiedersehensfreude ist groß, aber die Stimmung bleibt gedrückt. Die plötzliche Verhaftung und der Aufenthalt im Gestapo-Gefängnis haben an den Nerven gezehrt, zumal keine Gründe der Verhaftung bekannt gegeben wurden. Man hat es weder von Seiten der Partei noch der Regierung für nötig erachtet, sich für das „Versehen" zu entschuldigen. Einzig und allein der kommandierende General drückte sein Bedauern über das Verhalten der Gestapo aus.

Nach Hagenau zurückgekehrt, übernehme ich wieder meine alte Staffel. Mein Bordfunker, Feldwebel Graßhoff, der durch seinen Urlaub an unserem „Schweizer Ausflug" verhindert war, freut sich ehrlich über meine Rückkehr. Noch am selben Abend starten wir zum Nachteinsatz bei einem Angriff der Royal Air Force auf die Mainmetropole Frankfurt.

Ungarische Rhapsodie

Wie der Blitz aus heiterem Himmel trifft Anfang Juni 1944 der Verlegebefehl nach Szombathely in Ungarn bei uns ein. Ich habe diesen Städtenamen noch nie gehört, aber die Grenzen Deutschlands haben sich ja so grundlegend geändert, dass man sich nicht mehr wundert, Budapest als „germanische Festung" und unsere Brüder und Schwestern in der Batschka als „ins große Reich heimgekehrte Volksgenossen" genannt zu hören. Ein Kamerad bezeichnet Szombathely als Vorort von Wien, eine knappe halbe Stunde von Grinzing entfernt. Im Übrigen ist Ungarn das Land des edlen Tokajers, des feurigen Paprikas und der temperamentvollen Julischkas. Doch was sollen wir dort bei Nacht jagen? Wenn man nichts Bestimmtes weiß, wachsen die Gerüchte aus dem Boden wie Spargel im Frühlingsregen. Ich mache mir also keine Gedanken über das Wohin und Wieso und freue mich nach meinem „Staatsbesuch" in der Schweiz herzlich auf eine Reise nach Ungarn. In Szombathely – zu deutsch Steinamanger – untersteht unsere Gruppe einsatzmäßig dem Kommandeur der ersten Jagddivision, Oberst Handrik. Er ist so recht der Kommandeur nach unserem Geschmack: sportlich, kameradschaftlich und mit dem Herzen auf dem rechten Fleck für seine Jäger. Er weiht uns in unsere Aufgaben ein: Schutz der Hauptstädte Wien und Budapest vor Nachtangriffen der Royal Air Force aus Italien sowie Bekämpfung der nächtlich einfliegenden Partisanenflugzeuge aus dem Osten. Während im Westen die gebundene Nachtjagd durch die freie Jagd, genannt „Wilde Sau", abgelöst wurde, fliegen wir hier noch nach dem alten System. Tage des Wartens vergehen. Es tut sich nichts in diesen heißen Nächten in Ungarn unter sternenklarem Himmel. Abend für Abend hocken wir in den Baracken und warten auf einen „Fisch", der an die Angel geht. Die Stimmung bei dem fliegenden und Bodenpersonal sinkt auf den Nullpunkt; einige sprechen von Verbannung, andere von Kuraufenthalt.

An einem dieser langweiligen Abende bringt der Kommandeur das Modell einer „Mitchell", eines amerikanischen Flugzeuges, mit. Wir beschauen uns den Vogel von allen Seiten und zucken die Achseln.

„Ja, das ist die Maschine, mit der die Russen uns in nächster Zeit besuchen werden", erklärt uns der Kommandeur. „Die Mitchell ist ein zweimotoriges Kampfflugzeug mit hervorragenden Flugeigenschaften, schnell, wendig, stark bewaffnet."

Bei näherer Betrachtung stelle ich eine täuschende Ähnlichkeit mit unserer „Do 217" fest, die ebenfalls als Nachtflugzeug eingesetzt wird. Der Zufall will, dass in Budapest eine mit Do 217 ausgerüstete Nachtjagdstaffel stationiert ist. Der Kommandeur schaltet das Licht aus, zündet eine Kerze an und wirft den Schatten der Mitchell an die Decke. Verdammt schwierig zu unterscheiden, ob Mitchell oder Do 217! Die Flächen gleichen einander unwahrscheinlich, der Rumpf ist bei beiden schmal und das doppelte Leitwerk frappierend ähnlich. Lediglich hat die Mitchell einen „Motorensteiß", das heißt nach hinten über die Flächen hinausragende Motorenenden. Hieran allein kann man Freund und Feind unterscheiden. Vorsorglich hat die Nachtjagdstaffel aus Budapest bereits angerufen.

„Also, meine Herren", schließt der Kommandeur seine Belehrung ab, „achten Sie auf unsere Kameraden mit der Do 217 und schießen Sie nicht, bevor Sie den Flugzeugtyp einwandfrei erkannt haben!"

Das Modell der Mitchell wandert von Hand zu Hand. Oberleutnant Sepp Kraft, ein ehrgeiziger Draufgänger, meint seinerseits, dass doch ein Säugling die Mitchell von der Do 217 unterscheiden könne.

Wieder ein Abend des Wartens. Drückende Schwüle der Sommernacht lastet auf den Gemütern. Die Besatzungen liegen draußen in den Liegestühlen und hören eine „Haltet-aus-Sendung". Zwischendurch erzählen die alten Hasen Jagderlebnisse aus dem goldenen Westen:

„Ja, das waren noch Zeiten, aber hier in Ungarn verrosten unsere Mühlen!"

Stunden um Stunden verstreichen. Im Südosten ballt sich ein Gewitter zusammen, es muss unmittelbar über dem Plattensee liegen. Vom Hörensagen wissen wir, dass diese Sommergewitter in Ungarn sehr gefährlich sind. Kurz vor Mitternacht schrillt das Telefon. Der Adjutant nimmt lässig den Hörer ab und erwartet eine belanglose Durchsage. Doch wie der Blitz fährt es in die Besatzungen, als er am Telefon wiederholt:

„Jawohl, Herr Major, eine Maschine gemeldet, vermutlich Partisanenversorger. Startbefehl für eine Maschine in den Raum Krebs."

Raum Krebs liegt in Richtung der Gewitterfront. Wer soll starten? Der Flug ist nicht einfach, denn die Gewittertürme reichen bis 8000 Meter Höhe und entwickeln Windböen mit Spitzengeschwindigkeiten bis zu 160 km/h. Die Wahl fällt auf mich.

Um 00.10 Uhr starte ich mit der Besatzung Oberfeldwebel Mahle und Feldwebel Graßhoff in Richtung Plattensee. Ich brauche nicht auf große Höhe zu klettern, denn der „Kurier" fliegt in 2000 Metern Höhe. Fahles Mondlicht hebt die Umrisse der vor mir liegenden Gewitterfront gespenstisch ab. Die Blitze durchfahren dieses Ungetüm und hüllen die Wolkenbank in grelles Weiß. Ich weiche nach Westen aus und umfliege das Unwetter im großen Bogen. Somit verzögert sich mein Eintreffen im Raum Krebs beträchtlich. Endlich klappt die Funkverbindung. Die Bodenstation gibt „Warten" durch und meldet den Einsatz eines weiteren Nachtjägers aus Budapest, also einer Do 217. Das kann ja lustig werden!

„Also, Kinder, passt auf, wenn wir den Gegner sichten", gebe ich meiner Besatzung durch und drehe meine Kreise südwestlich vom Plattensee.
Eine volle Stunde vergeht. Der Partisanenversorger ist inzwischen mit seiner Ladung

Waffen, Munition und Funkgerät gelandet und wird bald den Rückflug antreten. Die Gewitterfront verschiebt sich weiter nach Westen und versperrt mir den Weg zum Landehafen. Da meldet die Bodenstation den Gegner im Rückflug. Ich werde auf die Fährte gesetzt und schalte mein Suchgerät ein. Wieder warnt die Bodenstation:

„Freund mit Do 217 im gleichen Raum!"

„Wozu dieser Unsinn!", fluche ich vor mich hin und hoffe, dass ich nicht gerade auf meinen Kameraden stoßen werde. Funker Graßhoff hat das Ziel im Gerät erfasst und führt mich heran. Der Gegner fliegt sehr schnell und hält stur geraden Kurs. Dem Verhalten nach könnte es also ein Russe sein. Mit Vollgas nähern wir uns dem Ziel, 500, 300, 100 Meter: Da ist er auch schon! Sofort setze ich mich nach unten ab und tauche unter den Gegner. Wunderbar heben sich Tragflächen und Rumpf gegen den Nachthimmel ab: eine Mitchell! Schnell lade ich die Kanonen durch und will zum Angriff übergehen. Da meldet wiederum die Bodenstation:

„Freund dicht bei Ihnen!" Ganz aufgeregt schreit der Jägerleitoffizier in den Äther hinein: „Achtung, Achtung! Drossel Weiß von Krebs, achten Sie auf Freund! Nicht schießen, bevor Sie Gegner genau erkannt haben!"

Der Kerl da unten macht mich nervös. Sollte es doch eine Do 217 sein? Auch mein Bordfunker hat Zweifel:

„Das ist doch ganz klar eine Do 217 und keine Mitchell. Der Russe würde nicht so sorglos durch die Gegend fliegen."

Ich schaue nochmals genau hin und suche krampfhaft nach den beiden Motorensteißen: Sie sind vorhanden, also doch eine Mitchell! Bordschütze Mahle hat nicht die geringsten Zweifel:

„Los, ran, Herr Oberleutnant, an den Bandenversorger!"

Ich bin mir im Unklaren, was ich machen soll. Bevor ich einen eigenen Nachtjäger abschieße, verzichte ich lieber auf den Abschuss. Was machen? Ich tauche auf und setze mich im Verbandsflug neben die Maschine, aber immer noch in respektvollem Abstand. Wer weiß, wer weiß! Die andere Besatzung muss mich nun unbedingt entdeckt haben – aber es rührt sich nichts. Ich setze nun sämtliche Positionslampen – grün, rot, weiß – und wackle mit den Tragflächen. Der Kamerad ist stur. Erst als ich mit der Leuchtpistole drei grüne Sterne in die Luft schieße, zieht der Flugzeugführer die Maschine in eine steile Rechtskurve und verschwindet blitzartig. Jetzt weiß ich bestimmt, dass es eine Mitchell ist, und jage hinterher. Die Verfolgung ist aber aussichtslos. Der Gegner ist zu schnell. Weder die Bodenstation noch mein Funker bekommen ihn wieder ins Gerät. Was mag sich der bloß gedacht haben, als ich mit Positionslichtern neben ihm geflogen bin! Vielleicht hat er angenommen, dass sich ein anderer Bandenversorger mit ihm einen kleinen Scherz erlaubt.

Etwas verärgert trete ich den Rückflug an. Drohend versperrt die Gewitterfront den Flugweg. Als Alternative bleibt nur eine Landung in Budapest, aber das behagt mir nicht, So entschließe ich mich, im Blindflug durch die 50 Kilometer breite Gewitterzone zu fliegen. Mein Flugweg führt direkt über den Plattensee in Richtung Tabolca nach Steinamanger. Die Flughöhe von 2000 Metern reicht gut aus, um den Gefahren einer Kollision mit den Bergen im Bakony-Wald zu entgehen. Ungefähr zehn Kilometer vor dem Plattensee stoße ich in die mächtige Wolkenbank hinein. Sicherheitshalber schalte ich die Kurssteuerung aus, um die Windböen besser parieren zu können. Doch was nun geschieht, werde ich nie vergessen. Schlagartig umgibt uns stockfinstere Nacht. Die Außentemperatur sinkt fast auf den Gefrierpunkt. Der Regen peitscht gegen die Panzerscheiben und nimmt jede Sichtmöglichkeit. Von nun an helfen nur noch die Blindfluginstrumente: künstlicher Horizont, Wendezeiger, Höhenmesser, Kompass, Geschwindigkeitsmesser und Variometer. Zur besseren Beobachtung der Instrumente stelle ich den Sitz tief nach unten und halte die Uhrzeit des Einfliegens in die Gewitterwolke an der Borduhr fest. Meine Besatzung ist nun ganz auf mich angewiesen, helfen kann sie mir nicht. Je tiefer ich in das Schlechtwettergebiet einfliege, umso heftiger wird die Maschine unter der Wucht der starken Aufwinde hin- und hergerissen. Immer wieder muss ich das Flugzeug in die normale Lage bringen. Doch was dann passiert, habe ich nur dieses eine Mal bei meinen Nachtflügen erlebt. Es ist pechschwarz um uns herum, nur grelle Blitze erhellen die regenschwangeren Wolken. Dann prasseln blaue Lichter auf die Panzerscheibe, erst langsam, dann in unaufhörlicher Folge. Dieses blaue, grelle Licht umspannt mit einem Male die Profile der ganzen Maschine, von der Tragflächenspitze angefangen über die Motoren bis zur Panzerscheibe. An der Antennenspitze bildet sich ein blaues Flämmchen, der Luftschraubenkreis hebt sich deutlich an den Spitzen der Blätter mit einem blauen Lichtkreis ab. Meine Besatzung ist tief erschrocken. Ich bin durch diese Naturerscheinung so beeindruckt, dass ich wie gebannt auf die blauen Lichter schaue. Die Maschine erzittert unter der Wucht der Sturmböen. Ich zwinge mich zur Beobachtung der Instrumente, denn ein Abschmieren in diesem Hexenkessel würde den sicheren Absturz bedeuten. Aber immer wieder zieht mich das Elmsfeuer in seinen Bann. Die Borduhr zeigt sieben Flugminuten an: Der Kern des Gewitters muss also durchflogen sein. Langsam verschwinden die blauen Lichter und sind plötzlich ganz weg. Die Windböen lassen nach, nur der Regen peitscht weiter gegen die blanken Profile meiner Me 110.

Der Bordfunker ruft den Heimathafen an und gibt dessen Wettermeldung durch. Gott sei Dank ist das Platzwetter gut. Funker Graßhoff schaltet auf den Anflugsender und gibt die Peilungen sichtbar auf das Funkgerät nach vorn. Der kleine Zeiger des Peilgeräts pendelt systematisch von links nach rechts und zurück, ein Zeichen, dass wir auf dem richtigen Kurs liegen. Eine halbe Stunde später setzen unsere Räder auf der Landebahn in Szombathely auf. Meine Kameraden haben natürlich auf dem Gefechtsstand den Funksprechverkehr während des Einsatzes abgehorcht und pöbeln mich nach meiner Meldung beim Kommandeur mächtig an. Ich berichte alles ganz genau und erzähle auch mein Erlebnis mit der Mitchell. Oberleutnant Sepp Kraft schüttelt den Kopf und erklärt pathetisch, dass ihm so was nie passieren könne: Eine Mitchell sei von einer Do 217 genau zu unterscheiden, wie ein Pferd von einem Ochsen.

„Am Tage schon", antworte ich.

Ein paar Tage später bestätigen sich meine Worte. Am 26. Juni 1944 greift der Engländer von Italien aus bei Nacht die ungarische Hauptstadt an. Der Anflug der Bomber wird bereits über der Adria gemeldet. Um 22.45 Uhr starten wir aus dem Platz heraus. Nördlich von Baja, also weit vor der Hauptstadt, stellen wir den englischen Kampfverband und dezimieren ihn. Nur verstreut fallen die Bomben in Budapest, die Brände flackern vereinzelt auf. Unsere Gruppe erzielt 16 Nachtabschüsse. Bei diesem Angriff schießt auch Oberleutnant Sepp Kraft zwei Bomber ab, eine Vickers Wellington und eine Mitchell. Wir sind etwas erstaunt: eine Mitchell aus Italien, das ist nicht gut möglich. Das dicke Ende kommt dann auch. Budapest ruft an und fragt, ob einer unserer Nachtjäger versehentlich eine Do 217 abgeschossen habe. Eisernes Schweigen. Der Kommandeur vergleicht sofort die Abschusszeit aus dem Einsatzbericht mit der Abschusszeit der Do 217. Es kann nur die abgeschossene „Mitchell" des Oberleutnants Sepp Kraft sein. Tatsächlich, die Abschusszeiten stimmen haargenau überein und der Abschussort auch. Zum Glück konnte sich die vierköpfige Besatzung mit dem Fallschirm aus der brennenden Maschine retten, das erspart die peinliche Kriegsgerichtsverhandlung.

Oberleutnant Sepp Kraft ist deprimiert. Ich kann eine gewisse Schadenfreude nicht verbergen und sage so nebenbei: „Na, hast den Ochsen doch für ein Pferd gehalten!" So ist es nun einmal: wer zuletzt lacht, lacht am besten!

Trotzdem, der Erfolg dieser Nacht gibt den Besatzungen und vor allem dem unermüdlichen Bodenpersonal wieder Auftrieb. Die Krise ist überwunden. Wir sind zu neuen Taten bereit. Doch bei den nächsten Einsätzen sollten wir einen unserer besten Kameraden, den Oberleutnant Wolfgang Knieling, verlieren. Knieling, mit Leib und Seele Nachtjäger, zeichnete sich besonders in der Schlacht um Berlin aus. Bei einem Luftkampf über der Reichshauptstadt erhielt er einen Flakvolltreffer. Schwer verwundet landete er die stark beschädigte Maschine unter letzter Kraftanstrengung und rettete damit seinem verwundeten Bordfunker und dem Bordschützen das Leben. Nach der Landung brach er blutüberströmt zusammen. Der Sanitätswagen war sofort zur Stelle und brachte ihn ins Lazarett. Nach monatelangem Krankenlager kehrten er und seine Besatzung zu unserer Gruppe zurück. Bei seinem Eintreffen lag ein Telegramm aus der Heimat vor: seine junge Frau hatte ihm eine Tochter geboren. Wolfgang strahlte vor Freude.

Um Mitternacht heulen die Sirenen. Ein englischer Kampfverband nähert sich über

Kroatien in Richtung auf die Stadt Wien. Wir lassen alles stehen und liegen und stürzen an die Maschinen. Jeder sieht zu, dass er möglichst bald in die Luft kommt. Auch Knieling humpelt mit seinem verletzten Bein zum Abstellplatz. Die Motoren springen an. In wenigen Minuten ist die Gruppe mit 30 Maschinen gestartet. Jeder fliegt für sich, jeder seinem Schicksal entgegen. Die Engländer fliegen dicht über die Alpen hinweg, um den Strahlen unserer Suchgeräte zu entgehen. In dieser Höhe nahe den Eisgipfeln entdecke ich durch Zufall einen englischen Bomber vom Typ „Vickers Wellington". Es sind gerade dreißig Minuten seit meinem Start verstrichen. Der Tommy muss mich ebenfalls gesehen haben, denn er fliegt die Berge an, um mich abzuschütteln. Ich bin mir bewusst, dass die Verfolgung eine gewagte Sache ist, denn jeden Moment kann eine Bergwand auftauchen. Aber der Engländer setzt alles auf eine Karte und drückt noch tiefer herunter ins Tal. Rechts und links tauchen bereits die Berge über meinen Tragflächen auf. Plötzlich eine riesige Stichflamme vor mir! Der Engländer muss gegen eine Felswand gerast sein. Hell erleuchtet der Aufschlagbrand die Bergwelt. In dem Moment des Aufpralls ziehe ich steil nach oben, um dem gleichen Schicksal zu entgehen. Die Bodenstation gibt mir meinen Standort durch: „Schneeberg mit einer Gipfelhöhe von 2075 Metern." Dieser Berg wurde der englischen Besatzung zum Verhängnis. Seltsam, ein Abschuss ohne Feuerwechsel, ohne einen Schuss Munition aus meinen Rohren.

Die Jagd geht weiter. Rechts und links von mir stürzen brennende Maschinen in die zerklüftete Bergwelt. Die Bodenstation meldet sich wieder: „Angriff auf St. Pölten!" Nur acht Minuten später erfassen wir mit unserem Suchgerät wiederum eine Vickers Wellington. Der Bomber zieht ruhig seine Bahn und steht kurz vor dem Ziel. Die Bomben ruhen noch in seinen Schächten. Ich greife sofort an und schieße aus allen Rohren in den Rumpf hinein. Wie eine Rakete platzt die Vickers Wellington auseinander. Der englische Kampfverband erreicht zersplittert St. Pölten, seine Bomben fallen nur zerstreut in die Stadt. Auf dem Rückflug habe ich kein Jagdglück mehr. Die Tommys fliegen, von den Verlusten beeindruckt, im Tiefflug zurück. Oberleutnant Knieling jagt einem Gegner hinterher. Dicht über den Berggipfeln entwickelt sich ein hartnäckiger Kampf. Knieling gibt noch einmal Meldung durch: „Pauke, Pauke!"

Da beobachte auch ich den Schusswechsel dicht vor mir. Der Engländer schießt mit Leuchtmunition zurück. Die Garben kreuzen sich. Dann eine kurze Pause, und wieder eine Feuergarbe! Der Tommy wehrt sich verzweifelt. Knieling bleibt ihm keine Antwort schuldig und schüttet einen wahren Feuerregen über ihn. Plötzlich brennen beide Maschinen. Der Tommy stürzt steil senkrecht nach vorn ab und schlägt brennend auf. Knieling hält sich mit seiner brennenden Maschine noch ein paar Sekunden in der Luft, dann stürzt auch er ab, dicht neben den Aufschlagbrand des Engländers. Ich kreise über der Absturzstelle: Hier ist jede Hoffnung vergebens. Die brennenden Wracks liegen in einer Höhe von 2000 Metern in einer unzugänglichen Bergwelt.

Hauptmann Schnaufer

Nach dem Angriff der Briten auf St. Pölten herrscht Ruhe im nächtlichen Luftraum. Waren die Verluste für den Engländer zu groß, oder bereitet er eine neue Offensive vor? Das letztere soll der Fall sein. In Warschau brodelt es mächtig. Die wenigen deutschen Besatzungstruppen stehen einer unsichtbaren, starken Truppe gegenüber, den polnischen Widerstandskämpfern. Der Aufstand kann jeden Moment losgehen, doch die Widerstandskämpfer brauchen Waffen und Munition. Aber auf welchem Wege soll dieser Nachschub gebracht werden! Der Landweg ist versperrt, also bleibt nur der Luftweg übrig. Die Briten bereiten eine große Luftbrücke von Foggia in Italien nach Warschau vor. Viermotorige Verbände, mit Halifax und Lancaster ausgerüstet, verlegen ihren Standort von den Britischen Inseln nach Italien. Die Vorbereitungen sind im Gange. Doch bis zur Eröffnung der Luftbrücke vergehen noch Wochen. Unsere Führung hat dies erkannt und verlegt einige Besatzungen unserer Truppe zum Westen. Ich bin dabei und starte am 13. Juli 1944 nach St. Trond in Belgien. Der Flug dauert von Ungarn über Österreich und Deutschland nach St. Trond zwei Stunden und zwanzig Minuten. Hier liegt die Nachtjagdgruppe von Hauptmann Schnaufer, dem erfolgreichsten Nachtjäger der deutschen Luftwaffe. Nach Oberstleutnant Lent erhielt Hauptmann Schnaufer als zweiter Nachtjäger die Brillanten zum Ritterkreuz, gerade um die Zeit, als Oberstleutnant Lent durch tragisches Geschick mit seiner Besatzung tödlich abstürzte.

Schnaufer gilt bei den englischen Bomberbesatzungen als der gefürchtetste Nachtjäger der Deutschen. Sie nennen ihn nur noch „das Nachtgespenst von St. Trond". Nacht für Nacht setzen die Engländer Spezialbesatzungen auf schnellen Mosquitos ein, um Hauptmann Schnaufer den Garaus zu machen. Noch ehe die englischen Bomber die Britische Insel verlassen, starten diese Mosquito-Verbände nach St. Trond, um mit Splitterbomben und Tiefangriffen auf die startbereiten Flugzeuge Verwirrung in die „Schnaufer-Gruppe" zu bringen. Aber der wackere Schwabe weiß die Tommys immer wieder an der Nase herumzuführen. Er ist der Erste, der im geeigneten Augenblick seine Maschine besteigt und den anfliegenden Bombern entgegenjagt. Sein Elan überträgt sich auf seine Besatzung, die mit ihm als verantwortlichem Kommandeur der 4./Nachtjagdgruppe I über 700 Nachtjagdsiege erzielt hat. Sein Draufgängertum, gepaart mit fliegerischem Können und Klugheit, führt zu Erfolgen, die als einmalig in der Geschichte des Zweiten Weltkrieges bezeichnet werden können. Schnaufer kennt keine Rücksicht gegen sich selbst.

So startete er in einer Nacht, als dichter Nebel jegliche Orientierung und Sicht unmöglich machte, als Einziger seiner Gruppe gegen den Feind. Der waghalsige Start glückte, mehr noch, Schnaufer schoss vier Britenbomber ab. Eine einmalige

Leistung vollbrachte er bei einem Angriff auf Stuttgart. Ein englischer Verband flog geschlossen die Schwaben-Metropole an. Schnaufer schlängelte sich in diesen Verband hinein, schickte einen Britenbomber nach dem anderen in die Tiefe und erreichte bald die Spitzengruppe. Kurz vor Stuttgart löste sich aus dieser eine Maschine heraus, der Zeremonienmeister. Schnaufers Bordfunker erfasste diese Maschine mit dem Suchgerät. Schnaufer wusste, was von der erfolgreichen Bekämpfung dieser Besatzung abhing: das Leben von vielen Stuttgartern und die Erhaltung der Stadt selbst. Der Pilot fieberte diesem Gegner entgegen. Nur langsam holte er ihn ein. Aber schon diese Tatsache ließ ein Lächeln der Befriedigung über seine angespannten Gesichtszüge gleiten. Er war sich seiner Aufgabe bewusst, denn so ein Zeremonienmeister stellt eine einzige fliegende Festung dar. Das ausgesuchteste und beste Personal sitzt in diesen Bombern an den Bordkanonen, um seinem Kommodore einen ungestörten Anflug auf das Ziel zu ermöglichen; die besten Funker überwachen mit Spezialgeräten den Luftraum. Auf diese Besatzung gibt es keinen Überraschungsangriff, denn schon lange, bevor der Nachtjäger aus dem Dunkeln auftaucht, haben ihn die Gegner erkannt. Sogar Richtung, Geschwindigkeit und Höhe des anschleichenden Nachtjägers liefern die Messwerte und Spezialgeräte in Sekunden. Die kleinste Änderung des Flugkurses entgeht nicht dem englischen Orter, der seine Werte sofort über die Bordverständigung zu den erfahrenen Schützen an den Kanonen weitergibt. Schnaufer wusste von alledem, aber sein Ehrgeiz ließ nur eine Überlegung zu: der Tommy muss fallen.

Der Bordfunker meldet ihm laufend die Messwerte. Der Anflug verläuft programmmäßig, denn der Engländer fliegt ruhig. „Abstand noch 900 Meter – 800 Meter – 700 Meter. Flugzeug auf gleicher Höhe, genau voraus!" Nun wird es auch dem sonst so kühlen, berechnenden Schnaufer heiß. „Entfernung 600 – 500 – 400 Meter, Kurier voraus!"

Schnaufer legt den Sicherungshebel für die Bordkanonen um, sein rechter Daumen liegt auf dem Auslöseknopf. Er weiß, dass sämtliche Kanonen des Engländers schon jetzt gegen ihn gerichtet sind. „Abstand 300 – 200 – 150 Meter!" Noch hat der Bordfunker diese letzte Meldung nicht ganz durchgegeben, da durchfährt die Besatzung ein maßloser Schrecken. Blendende Blitzbomben erleuchten die Maschine taghell – ein Feuerstoß durchfährt die Kabine und reißt dem Bordfunker das Funkgerät aus den Händen. Schnaufer reagiert blitzschnell und taucht nach unten weg. Das ist seine Rettung. Die Leuchtmunition fährt über die Kabine hinweg. Aber die Engländer zeigen die Zähne. Langsam wischt der Pilot mit der Hand über die Augen, um die Blendung, verursacht durch den Abwurf der Blitzbomben, zu vertreiben. Nur allmählich gewöhnen sich seine Augen wieder an die Dunkelheit. Der Zeremonienmeister muss noch in unmittelbarer Nähe sein. Jede Sekunde kann es wieder knallen. „Verdammte Sauerei!", flucht Schnaufer ins Mikrofon. „Was machen wir nun ohne unsere Suchgeräte? Nur gut, dass der Tommy sturen Kurs fliegt. Vielleicht erwischen wir ihn doch noch!"

Sekunden vergehen. Eine Propellerböe erfasst die Maschine und schleudert sie wie einen Papierfetzen herunter. Schnaufer schaltet sofort. Er gibt Vollgas – da taucht auch schon der schmale Rumpf des Gegners mit seinen breiten Flächen aus der Dunkelheit heraus. Aber wie angreifen? Schnaufer taucht so tief nach unten, dass die Umrisse des Engländers am Sternenhimmel nur noch schemenhaft zu erkennen sind. Jetzt muss er zum entscheidenden Angriff ansetzen, und zwar von unten. Mit einem leisen Ruck zieht er die Maschine nach oben und schießt wie ein Pfeil auf den Engländer zu. Aber der hat ihn genau beobachtet und empfängt ihn wiederum mit einem Konfettiregen von Geschossen. In dieser Situation bewähren sich die eisernen Nerven und die kühle Berechnung des hervorragenden Gruppenkommandeurs. Er fliegt ein bis zwei Sekunden lang in das Abwehrfeuer hinein, dann drückt er auf die Kanonen. Wie ein Feuerwerkskörper zerplatzt der Zeremonienmeister in der Luft. Brennende Einzelteile fliegen auf Schnaufers Maschine. Der rechte Motor fängt Feuer. Ein bunter Feuerzauber von Blitzbomben, grünen, roten und gelben Leuchtraketen und hellen Leuchtfallschirmen, die langsam zur Erde schweben, hüllen ihn ein. Der rechte Motor brennt noch immer. Um Schlimmstes zu verhüten, muss er den Brandherd schließen und den Motor abstellen. Gott sei Dank befindet sich kein englischer Fernnachtjäger in der Nähe. Das würde Schnaufer unweigerlich zum Verhängnis werden. Langsam pendeln die Leuchtfallschirme mit ihrem gespenstischen Licht zur Erde, wo immer noch die Trümmer des abgeschossenen Zeremonienmeisters schwelen. Südwestlich von Stuttgart liegt die Abschussstelle.

Jetzt befindet sich Schnaufer mitten im Bomberstrom der Engländer, deren Pulks die falsch gesetzten Leuchtfallschirme anfliegen. Tatsächlich, die ersten Bomben fallen, der Feuerzauber geht los. Die Engländer, annähernd 400 Bomber, werfen ihren Bombenteppich ins freie Gelände. Über Schnaufers Züge geht ein Lächeln der Befriedigung. In diesem Gewimmel von Bombern schiebt sich plötzlich ein riesengroßer schwarzer Schatten dicht über die Kabine des angeschossenen Nachtjägers hinweg. Der Bordschütze, nicht faul, nimmt den Bomber ins Visier und harkt mit seinem Maschinengewehr so auf ihm herum, dass der Lauf heiß wird. Der Erfolg bleibt nicht aus: Die Benzintanks fangen Feuer, und mit einem riesigen Feuerschweif stürzt der Bomber in die Tiefe.

„Bravo, Wilhelm", ruft Schnaufer begeistert durchs Bordmikrofon und beglückwünscht seinen tapferen Bordschützen. „Aber jetzt hauen wir ab, bevor uns die Fernnachtjäger vernaschen! Mit einem Motor können wir uns solche Mätzchen nicht mehr leisten!"

Schnaufer drückt seine Maschine steil nach unten weg. Eine Stunde später landet die erfolgreiche Besatzung in St. Trond. Nekrolog: Als wackerer Schwabe vollbrachte

Schnaufer später in einer kalten Februarnacht des Jahres 1945 seinen „Schwabenstreich". Von Gütersloh aus startend, schoss der inzwischen zum Major beförderte junge Geschwaderkommodore und Brillantenträger sieben feindliche viermotorige Bomber innerhalb von neunzig Minuten ab. Eine einmalige Leistung in der Geschichte der deutschen Nachtjagd! In weiteren harten nächtlichen Luftkämpfen errang die Besatzung in einem Siegeszug ohnegleichen 126 Nachtjagdsiege.

Nach Kriegsende überführten die Tommys Schnaufers Wundermaschine nach England. Die Londoner bestaunten die im Hyde Park öffentlich ausgestellte Me 110 als ein Siebtes Weltwunder. Kopfschüttelnd zählten sie immer wieder die Abschussstriche am Leitwerk: Hundredandtwentyfour – hundredandtwentyfive. Zu gerne hätten sie auch das „Nachtgespenst von St. Trond" nach London geholt, aber Schnaufer lag im Lazarett und verspürte keine Lust, sich im Hyde Park begaffen zu lassen.

Nach dem Kriege erfüllte sich Schnaufers Schicksal auf tragische Weise. Er führte das elterliche Geschäft, eine Weingroßhandlung in seinem Heimatort Calw, mit dem im Kriege gezeigten Schwung zur Freude seiner Mutter weiter. Mitten in diesem erfolgreichen Schaffen verlor der aus tausend Gefahren des Krieges heimgekehrte Fliegeroffizier bei einer Geschäftsreise durch Frankreich sein Leben. Er steuerte seinen Wagen auf einer schnurgeraden, durch einen Wald führenden Landstraße – da stieß ein Lastkraftwagen verkehrswidrig aus einer Schneise heraus. Schnaufer bremste, schleuderte, und die Wagen prallten aufeinander. Ohne die Besinnung wiedererlangt zu haben, erlag der erfolgreichste deutsche Nachtjäger des Zweiten Weltkrieges fern der Heimat seinen Verletzungen.

Auf eigene Füße gestellt

In St. Trond ist mir das Jagdglück nicht hold: zwei Einsätze, kein Abschuss. Aber bald werde ich nach Ungarn zurückgerufen. Dort ist es inzwischen ruhig geblieben. Es gab keine besonderen Ereignisse, außer der überraschenden Nachricht, dass unser Kommandeur Poldi Fellerer eine hübsche Ungarin geheiratet hat. Wir feiern bis spät in die Nacht und stoßen immer wieder auf das Glück des jungen Paares an. An diesem Abend nimmt mich Poldi zur Seite und eröffnet mir, dass ich ein selbstständiges Kommando mit einer verstärkten Staffel erhalten solle, der Divisionsbefehl müsse jeden Augenblick eintreffen. Am nächsten Tag ist es so weit. Meine Staffel verlegt nach Novisad bei Belgrad. Aufgabe: Bekämpfung der Versorgungsflüge der Engländer von Italien nach Warschau. Mit meinen zweiundzwanzig Jahren bin ich also nun auf eigene Füße gestellt und trage die volle Verantwortung für alle meine Befehle und Anordnungen. Das Bodenpersonal rollt mit den Waggons voraus. Ein Kommando bereitet die Unterkünfte und technischen Einrichtungen vor. Mit zwölf Nachtjagdmaschinen starte ich am 28. Juli 1944 im Verbandsflug zu meinem neuen Einsatzhafen. Im Tiefflug brausen wir über den blauen Plattensee hinweg, um dann nach Osten zur Donau abzuschwenken. Nach Überfliegen des Stromes drehen wir auf Südkurs und haben nun die unendliche Weite der Pusztalandschaft unter uns. Selten taucht ein Dorf auf, die Bauern schauen erschreckt nach oben, als ob ein Ungewitter über sie hinwegbrause. Die Puszta hat trotz ihrer Öde einen eigentümlichen Reiz: da und dort kleine Seen und Moore, dann wieder Steppe, unendliche, weite braune Steppe. Hin und wieder ein einzelner Ziehbrunnen, über den wir hinweghuschen, dann wieder ein kleines Dorf.

Unbarmherzig brennt die Sonne auf das flache Land nieder und dörrt die Erde aus. Selbst in unseren Maschinen wird es heiß. Nach Süden zu tauchen grüne Felder und weite Anpflanzungen auf: Wir überfliegen die Batschka, ein von Deutschen besiedeltes Gebiet. Die Dörfer sind hier größer und schöner, die Felder sauber bestellt. Durch Wackeln mit den Tragflächen senden wir unseren deutschstämmigen Freunden einen Gruß hinunter. Die winken mit bunten Tüchern zurück und werfen ihre Hüte in die Luft. Nach 70 Flugminuten hebt sich am Horizont ein kleiner Gebirgszug ab, die Fruška Gora. Hier knickt die Donau nach Osten ab und wendet sich nach Rumänien. Südlich von diesem Gebirgszug liegt Novisad. Im weiten Bogen hole ich aus und löse den Verband auf. Kurz hintereinander landen wir und stellen unsere Maschinen vor den kleinen Flugzeughallen ab.

Mein Offizier z. b. V. Oberleutnant Schulleit, Leiter des Vorkommandos, kommt mir lachend entgegen und gibt mir den ersten Lagebericht.
Soweit ist alles in Ordnung: Die Unterkünfte stehen bereit, eine ausgeräumte Halle

dient zur Überholung der Maschinen. Kasino, Gefechtsstand, Aufenthaltsraum und Lagerräume, alles hat Schulleit in kürzester Zeit organisiert und für unsere Anforderungen herrichten lassen. Die Ungarn sind sehr höflich und bemühen sich, unseren Wünschen gerecht zu werden. Oberleutnant Schulleit ist der geeignete Verhandlungsmann. Die Unterhaltungen finden in gebrochenem Deutsch und einem Kauderwelsch anderer Sprachen statt. Aber selbst wenn der ungarische Verbindungsoffizier mit seinen deutschen Sprachkenntnissen am Ende ist und seine Muttersprache durch lebhaftes Gestikulieren verständlich zu machen sucht, antwortet Schulleit mit der biedersten Miene: „Igen, igen" (das heißt: jawohl, jawohl), als ob er alles verstanden hätte. Schulleit erhält dann auch prompt den Spitznamen „Igen". Unser „Igen" hat also gute Vorarbeit geleistet, sodass ich am späten Abend die Gruppe meinem Divisionskommandeur einsatzklar melden kann.

Die Julinächte in Ungarn sind sehr warm. Wir hocken in unseren Liegestühlen am Flugplatzrand unmittelbar vor dem Gefechtsstand, um die weiteren Befehle der Division abzuwarten. Ich versammle meine Besatzung um mich und erläutere ihnen unsere Aufgaben. Vorsichtshalber teile ich für die Bekämpfung der englischen Versorgungsflugzeuge zwei „Wellen" ein. Die erste Welle bekämpft den englischen Verband auf dem Hinflug nach Warschau, die zweite auf dem Rückflug nach Foggia in Italien. Als Ausweichhäfen für etwaige Notlandungen stehen uns die Landehäfen in Budapest, Belgrad und Szombor zur Verfügung. Wir haben auch über Partisanengebiet zu fliegen. Aus diesem Grund nimmt jede Besatzung eine Maschinenpistole und Verpflegung für drei Tage mit. Ferner müssen bei einer Notlandung über Partisanengebiet sofort alle Uniformteile verschwinden, sonst besteht keine Aussicht, die eigenen Linien lebend zu erreichen. Die Besatzungen bereiten sich entsprechend vor. Mein Nachtflugleiter, Oberfeldwebel Kramer, meldet mir den Flugplatz landeklar und schaltet, um seine Worte zu bekräftigen, mit sichtbarem Stolz die Hindernis-, Begrenzungs- und Landebahnbefeuerung ein. Alles ist improvisiert und buchstäblich herbeigezaubert worden. Ich beordere meine Besatzungen zum Gefechtsstand, von wo aus wir die gesamte Flugplatzanlage mit ihrer Nachtbefeuerung überblicken können. Kramer gibt die entsprechenden Anleitungen für Start und Landung. Es gibt hier nur eine Lande- und Startmöglichkeit, nämlich von Süd nach Nord. Die Ost-West-Richtung scheidet wegen Unzulänglichkeit des Platzes aus, und der Start nach Süden ist zu gefährlich, da die Startrichtung unmittelbar in die Gebirgszüge der Fruška Gora führt. Nur die Nordrichtung ist vollkommen eben.

Mir fällt auf, dass der künstliche Starthorizont im Westen fehlt, und ich mache Kramer darauf aufmerksam. „Verdammt, Herr Hauptmann, den habe ich vergessen. Aber wo soll ich den herzaubern? Keine Kabel, keine Lampen, keine Masten!" Doch Oberfeldwebel Kramer, ein alter Lufthansa-Stratege, weiß sich zu helfen. Bald hat er in Zusammenarbeit mit Oberleutnant „Igen" zwanzig Holzpfähle und Petroleumlampen organisiert. Mit Spaten und Äxten versehen, fahren die Leute hinaus in die Felder, schlagen die Pfähle im Abstand von zehn Metern ein und setzen die Lampen darauf. Der Starthorizont steht, wenn auch die Petroleumfunzeln nur schwach zu erkennen sind. Aber besser so als gar nichts. Für die jungen Besatzungen bedeutet dieser künstliche Horizont einen wichtigen Anhaltspunkt nach dem Start.

An diesem Abend bewundern wir, wie so oft, den prächtigen Sternenhimmel, als das Telefon klingelt und drei Maschinen Startbefehl in die Nachtjagdräume erhalten. Angeblich befindet sich ein englischer Verband im Anmarsch. Na, das geht ja gleich richtig los! Ich schnalle meine Pistole um und eile zur Maschine. Mahle und Graßhoff hocken bereits drin und gurten sich an. Mit offener Kabine rolle ich zum Start, schließe den „Sargdeckel" und verlasse als Erster den Platz in Richtung Raum „Skorpion". Die Funkverbindung mit meinem Jafü (Jagdfliegerführer) klappt. Aber bereits im Anflug erhalten wir Landebefehl: „Reise, Reise!" Der „feindliche" Verband hat angeblich abgedreht. Ich glaube eher an einen Übungsstart unserer eigenen Nachtjagdführung. So verabschiede ich mich von meinem Jafü Leutnant Schwarz, der dort unten irgendwo in einem verlassenen Nest in der Puszta sitzt und mit wenigen Nachrichtensoldaten die Gerätestellung „Skorpion" aufgebaut hat. Ich nehme Kurs auf Novisad und drücke meine Maschine herunter. Schon von Weitem erkenne ich Kramers Landelichter und Blinkfeuer. Weit ausholend lande ich nach knapp zwanzig Minuten „Einsatz". Die Warte tanken meine Maschine auf. Ich unterhalte mich unterdessen mit Kramer über Verbesserungen in der Flugplatzbeleuchtung. Die Besatzungen stehen um mich herum und beobachten die Landungen unserer Kameraden. Soeben landet Oberleutnant Buder, der frisch zur Nachtjagd gekommen ist und auf Taten brennt; Feldwebel Hubatsch folgt. Grinsend melden sich beide vom „Feindeinsatz" zurück, nicht ohne von den Besatzungen bespöttelt zu werden. Knapp dreißig Minuten nach unserer Landung gibt die Jagddivision abermals Startbefehl für drei Maschinen durch. Die Lagemeldung lautet: „Englischer Kampfverband über der Adria mit Nordostkurs gemeldet." Jetzt scheint es ernst zu werden. Ich starte wiederum mit Leutnant Buder und Feldwebel Hubatsch. Doch nach einer halben Stunde wird auch dieser Alarm abgeblasen. „Reise, Reise, keine Kuriere im Anflug", tönt es in den Äther. „Servus Erdwurm, schlafen Sie gut", verabschiede ich mich von meinem Jafü und lande kurz nach Mitternacht im Heimathafen. Bei Betreten des Kasinos treffe ich auf eine Gruppe gut gelaunter ungarischer Offiziere. „Jo estet riwano", schallt es mir entgegen. „Kommen Sie und trinken Sie mit uns auf internationale Fliegerkameradschaft!" Die Verbrüderung dauert bis in die frühen Morgenstunden. Bei den ersten Strahlen der aufgehenden Sonne sinke ich mit einem starken Rausch ins Bett.

Partisanenbekämpfung

Die nächsten Tage dienen der Akklimatisierung in Novisad. Allmählich werden wir auch mit den Gepflogenheiten der Partisanen vertraut. Als Erstes bemerken wir von unserem Gefechtsstand aus das Verschwinden der Petroleumlampen: Der künstliche Horizont wird immer kleiner und kleiner. Kramer flucht in sich hinein, schnallt seine Maschinenpistole um und braust mit einigen Soldaten los in die Maisfelder. Draußen hören wir das Knattern der Maschinenpistole. Nach einer halben Stunde steht der Horizont wieder, und Kramer kehrt zurück. „Warum haben Sie denn geschossen, Kramer?", frage ich. „Herr Hauptmann, die Burschen verstecken sich in den Maisfeldern wie die Maulwürfe in der Erde. Glauben Sie vielleicht, ich lasse mich von den Zigeunern abknallen wie ein Karnickel? Ich habe denen ein bisschen Angst gemacht, aber das nächste Mal nehmen wir Handgranaten mit, da werden wir die Brüder kleinkriegen." Ich antworte nur: „Igen, igen." In derselben Nacht führe ich mit den jungen Besatzungen Übungsflüge durch. Der Flug dauert knapp ein Stunde, als die landenden Maschinen über der Fruška Gora Maschinengewehrbeschuss erhalten. Von meinem Gefechtsstand aus höre ich die Knallerei und stelle die genaue Richtung fest. Ich breche die Übung sofort ab und lasse die landenden Maschinen untersuchen. Die Technischen Warte stellen mehrere Durchschüsse in Tragflächen und Rumpf fest, in einem Falle wurde das Hauptkabel der Funkanlage getroffen. Ich überlege kurz, was zu tun ist, und starte mit einer Rotte zum Gegenangriff. Im Steilflug greifen wir die gegnerischen Stellungen mit geballter Kraft aus allen Rohren an: dann herrscht Schweigen. Bei der Landung erhalten wir keinen Beschuss mehr. Am nächsten Abend aber schrecken wir durch eine gewaltige Detonation auf. Wir greifen zu unseren Maschinenpistolen. Was ist los? Ist etwa eine Maschine in die Luft gesprengt worden? Gott sei Dank, nein. Vorsichtshalber teile ich aber sofort Wachposten ein und gebe Parolen aus. Ein Soldat meldet kurz darauf die Sprengung einer Brücke unmittelbar vor dem Flugplatz. Solche Störaktionen wiederholen sich tagtäglich. Eine Flak-Kompanie, die zum Ausbau ihrer Stellungen Holz fällen will, wird in einem Hohlweg der Fruška Gora überfallen und niedergeschossen. Nur einer kann entkommen und berichtet am späten Abend das Schicksal seiner Kameraden. So ist immer etwas los, wenn auch nur am Boden und nicht in der Luft. Seltsam, am Tage scheint die Sonne auf harmlose Bauern und Bäuerinnen, die ihrer Feldarbeit nachgehen und beim Näherkommen einen tiefen Bückling ziehen – ein Bild des Friedens! Aber bei Nacht, da geht der Teufelstanz los, da sind die Partisanen in ihrem Element.

Genau vierzehn Tage nach meinem Eintreffen in Novisad kommt es zur ersten Feindberührung. Kurz vor Mitternacht des 10. August 1944 meldet die Division den

Einflug eines einzelnen Feindflugzeuges von Osten: also ein Russe! Ich starte mit meiner Besatzung in den Raum Skorpion und rufe die Bodenstation. Leutnant Schwarz meldet sich und gibt „Warten" durch. Der Russe steht noch etwa 60 Kilometer vom Erfassungsbereich, also werden noch etwa zehn Minuten vergehen, bis Leutnant Schwarz mich mit seinem Gerät heranführen kann. Sicher wird es wieder eine Maschine vom Typ „North American B 25 Mitchell" sein, eine wendige und schnelle Maschine. Die Minuten verstreichen nur langsam. Da setzt mich Leutnant Schwarz auf Kurs Ost, dem Gegner entgegen. Schnell verringert sich der Abstand. Plötzlich der Befehl: „Schnelles Lisa auf Gegenkurs 260 Grad!" Ich reiße meine Maschine herum und gebe Vollgas. Der Gegner fliegt voraus, Abstand 2000 Meter. Wir kommen nur schlecht heran, denn der Russe fliegt mit 400 km/h und drückt außerdem die Höhe weg. Verärgert gebe ich Leutnant Schwarz über die Boden-Bord-Verständigung die Anweisung, mich das nächste Mal rechtzeitiger auf den Kurs des Gegners zu setzen. Der Russe verschwindet bereits aus meinem Suchgerät. Ich fliege noch ein paar Minuten auf dem gleichen Kurs und ziehe große Kreise. Da tut sich was auf der Erde: Ein Flugplatz leuchtet auf, der offenbar in dem berüchtigten Partisanengebiet liegt, denn seine Beleuchtung spiegelt einen riesigen roten Sowjetstern wider. Nur wenige weiße Lampen dienen dem Piloten als Landerichtung.

Ich drehe sogleich wieder ab, um mich mit meinem Motorengeräusch nicht verdächtig zu machen, denn jetzt muss ich warten, bis die Maschine wieder startet. Eine halbe Stunde vergeht, denn die Partisanenversorger bringen auf dem Hinflug Waffen und Munition und nehmen auf dem Rückflug als nahrhafte Rückladung Schweine und Weizen mit. Nach einer guten Stunde meldet mir die Bodenstation den Rückflug der Mitchell. Die Maschine steigt und erreicht somit nur eine Geschwindigkeit von 330 km/h. Da stürze ich aus meiner Höhe wie ein Habicht herab und hole den Gegner bald ein. Der Russe ist ahnungslos, denn hier, in dieser gottverlassenen Gegend, vermutet er keinen deutschen Nachtjäger. Ich setze mich genau hinter ihn und präge mir die Umrisse der Mitchell ein, die sich klar gegen den Sternenhimmel abhebt. Schnell werfe ich einen kurzen Blick auf die Kontrolllampen der Kanonen: Alle sechs leuchten rot auf. Dann beginnt der Angriff mit einem langen Feuerstoß in die linke Tragfläche, doch zeigt sich nur wenig Wirkung. Zwar brennt die Fläche, aber das Feuer geht nach wenigen Sekunden wieder aus. Der Gegner fliegt nun noch langsamer, sodass ich Mühe habe, meine Geschwindigkeit so stark zu drosseln. Der linke Motor des Gegners steht. Vorsichtig pirsche ich mich wieder heran, denn die Besatzung ist gewarnt und wird sich ihrer Haut wehren. Aus diesem Grunde entschließe ich mich zu einem Pendelangriff, der dem Russen kein ruhiges Ziel bietet. Aus einer leichten Rechtsüberhöhung drücke ich auf die Maschine zu und kurve durch die Propellerböen der Mitchell auf die linke Seite. In diesem Moment eröffne ich den zweiten Angriff und jage einen Feuerstoß durch die Kabine des Gegners. Die russische

Besatzung antwortet mit einem mörderischen Abwehrfeuer aus allen Rohren und hüllt mich förmlich in einen Feuerzauber. Tak, tak, tak! schlägt es in meine Maschine ein. Ich schaue kurz nach hinten und frage meine Besatzung, ob alles in Ordnung sei. Nur kurz antwortet Funker Graßhoff: „Alles klar, Herr Hauptmann!" Auch mein zweiter Angriff zeigt Wirkung, aber die Feindmaschine stürzt nicht ab, obwohl wieder die linke Tragfläche brennt. Der Russe erwartet mich nun von links. Ich tauche aber schnell unter ihm hinweg auf seine rechte Seite und greife ihn nochmals an. Auf diesen Angriff ist der Gegner nicht gefasst. Wenige Sekunden genügen, um ihm eine tödliche Garbe zu versetzen. Hell erleuchten die grellroten Flammen die dunkle Nacht. Aber die Maschine hält sich eisern in der Luft und fliegt weiter mit Kurs Ost. Ununterbrochen jagt der Heckschütze lange Feuerstöße aus seinem Vierlings-MG. Aber die Garben liegen ungenau, die Leuchtspurmunition trifft in den leeren Raum. Ich kann warten und setze mich von der brennenden Maschine ab. Noch hat die Besatzung Zeit, ihr Leben mit dem Fallschirm zu retten. Doch jetzt wird der Brand stärker, Einzelteile fliegen von der Tragfläche weg, dann explodieren die Benzintanks und lassen den roten Sowjetstern auf dem Leitwerk aufleuchten. Mit einem riesigen Feuerschweif aus der rechten Tragfläche stürzt der Gegner steil nach unten ab. Unwillkürlich drücke ich meine Maschine nach, um den Absturz zu verfolgen.

In diesem Augenblick muss der eisern ausharrende Heckschütze mich erspäht haben. Aus dem rettungslos verlorenen Wrack blitzt plötzlich eine Feuergarbe auf, die noch knapp an meiner Tragfläche vorbeizischt. Das habe ich nicht erwartet. Das ist wahre Selbstaufopferung, denn in dieser hoffnungslosen Lage müsste die Besatzung sofort abspringen, wenn ihr das Leben noch etwas wert wäre. Aber stattdessen wehrt sie sich verzweifelt bis zum bitteren Ende. Nur wenige Sekunden später prallt die Maschine samt der Besatzung auf die Erde. Ich habe Achtung vor diesem Gegner. „Tolle Burschen", meint Mahle mit einem tiefen Seufzer, „und stur wie die Panzer! Denen haben wir doch genug Zeit gelassen, ihre Haut zu retten!" Graßhoff ruft unterdessen die Bodenstation. Leutnant Schwarz meldet sich und gratuliert zum ersten Abschuss der Stellung Skorpion. Dann verabschiedet er sich und wünscht gute Reise. Nach zweieinhalb Stunden Flugzeit brause ich über den erleuchteten Platz von Novisad und wackle mit den Tragflächen. Dieser erste Abschuss in Novisad ist der Anfang einer Erfolgsserie meiner Staffel. Am nächsten Mittag klingelt das Telefon. Leutnant Schwarz meldet sich: „Gratuliere, Herr Hauptmann, das hat prima geklappt! Vielleicht erwischen wir heute Nacht noch einen. Sie müssen unbedingt wieder in meinem Raum jagen." „In Ordnung", gebe ich zurück, „rufen Sie mich rechtzeitig an, damit wir den Gegner schon auf dem Einflug stellen!"

Aber es bleibt ruhig bis zum 15. August. In dieser Nacht geschieht etwas Merkwürdiges. Leutnant Schwarz meldet gegen 21.30 Uhr den Einflug einer einzelnen Maschine von Osten. Also wieder ein Partisanenversorger! Ich starte um 21.45 Uhr

General Josef Kammhuber stellte 1940 die erste Nachtjagddivision auf und führte neue Nachtjagdverfahren ein.
1943 kommandierte er das XII. Fliegerkorps und wurde Inspekteur der Nachtjäger. Eine Auseinandersetzung
mit der Luftwaffenführung über die richtigen Nachtjagdmaßnahmen führte zu seiner Abschiebung
nach Norwegen zur Luftflotte 5. Das Ritterkreuz erhielt er am 9. Juli 1940 als Generalmajor.

Falck, Wolfgang
Ritterkreuz am 1. Oktober 1940 beim NJG 1
Letzter Dienstgrad: Oberstleutnant im Generalstab
Erster Kommodore des NJG 1 von Juni 1940 bis Juni 1943
Falck war maßgeblich am Aufbau der deutschen Nachtjagd beteiligt.

Lent, Helmut
Ritterkreuz am 30. August 1941 bei der 6./NJG 1, Eichenlaub am 6. Juni 1942 bei der II./NJG 2
Schwerter am 2. August 1943 bei der IV./NJG 1
Brillanten am 31. Juli 1944 beim NJG 3
Gefallen am 7. Oktober 1944 in Paderborn als Kommodore. Letzter Dienstgrad: Oberst (post mortem)

Heinrich Prinz zu Sayn-Wittgenstein
Ritterkreuz am 7. Oktober 1942 bei der 9./NJG 2
Eichenlaub am 31. August 1943 bei der IV./NJG 5
Schwerter am 23. Januar 1944 beim NJG 2 als Kommodore
Gefallen am 21. Januar 1944 durch einen englischen Nachtjäger. Letzter Dienstgrad: Major

Jabs, Hans Joachim
Ritterkreuz am 1. Oktober 1940 bei der II./ZG 76
Eichenlaub am 24. März 1944 bei der IV./NJG 1
Letzter Dienstgrad: Hauptmann

Streib, Werner
Ritterkreuz am 6. Oktober 1940 bei der 2./NJG 1
Eichenlaub am 26. Februar 1943 bei der I./NJG 1
Schwerter am 11. März 1944 beim NJG 1 als Kommodore
Letzter Dienstgrad: Oberst

Schnaufer, Heinz-Wolfgang
Ritterkreuz am 31. Dezember 1943 bei der 12./NJG 1, Eichenlaub am 24. Juni 1944 bei der IV./NJG 1
Schwerter am 3. August 1944 bei der IV./NJG 1
Brillanten am 16. Oktober 1944 bei der IV./NJG 1
Letzter Dienstgrad: Major. Gestorben am 15. Juli 1950 in Bordeaux durch einen Autounfall.

Drewes, Martin
Ritterkreuz am 27. Juli 1944 bei der III./NJG 1
Eichenlaub am 17. April 1945 bei der III./NJG 1
Letzter Dienstgrad: Major

Rökker, Heinz
Ritterkreuz am 27. Juli 1944 bei der 2./NJG 2
Eichenlaub am 12. März 1945 bei der 2./NJG 2
Letzter Dienstgrad: Hauptmann

Greiner, Hermann
Ritterkreuz am 27. Juli 1944 bei der 11./NJG 1
Eichenlaub am 17. April 1945 bei der IV./NJG 1
Letzter Dienstgrad: Hauptmann

Ritterkreuzträger des Nachtjagdgeschwaders 6 (NJG 6)

Bahr, Günther
Ritterkreuz am 28. März 1945 bei der I./NJG 6
Letzter Dienstgrad: Oberfeldwebel

Becker, Martin
Ritterkreuz am 1. April 1944 bei der II./NJG 6
Eichenlaub am 20. März 1945 bei der IV./NJG 6
Letzter Dienstgrad: Hauptmann

Friedrich, Gerhard
Ritterkreuz am 15. März 1945 bei I./NJG 6
Gefallen am 16. März 1945 bei Böblingen
Letzter Dienstgrad: Major

Johanssen, Karl-Ludwig
Ritterkreuz am 20. März 1945 bei der IV./NJG 6
Letzter Dienstgrad: Leutnant

Johnen, Wilhelm
Ritterkreuz am 29. Oktober 1944 bei der 8./NJG 6
Letzter Dienstgrad: Hauptmann

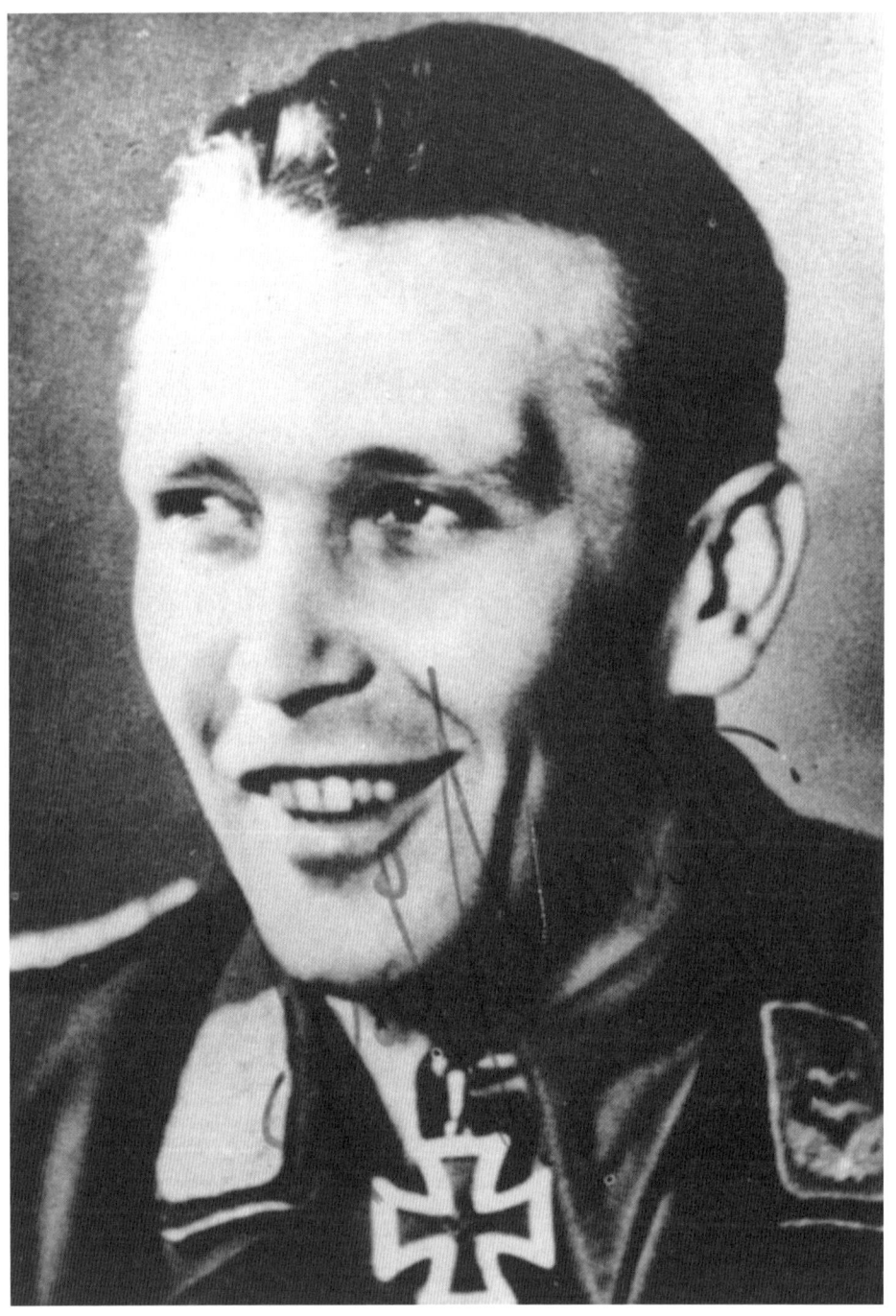

Kraft, Josef
Ritterkreuz am 30. September 1944 bei der 7./NJG 6
Eichenlaub am 17. April 1945 bei der 12./NJG 6
Letzter Dienstgrad: Hauptmann

und melde mich gegen 22.00 Uhr im Nachtjagdraum Skorpion an. Leutnant Schwarz und mein Bordfunker stimmen den Sprechverkehr ab, dann gibt Leutnant Schwarz den ersten Befehl durch: „Bitte warten, Kurier im Anflug!" Die Minuten vergehen, dann meldet die Bodenstation: „Kurier im Anflug auf unseren Raum. Flughöhe 3000 Meter, Entfernung 60 Kilometer. Gehen Sie auf 3500 Meter Höhe!" Ich schraube meine Maschine hoch und lade die Waffen durch. Bordschütze Mahle meldet sich: „Herr Hauptmann, heute muss aber der erste Angriff sitzen! Die Burschen sind verdammt gereizt, wenn wir sie nur kitzeln." „Wenn Ihre Kanonen richtig justiert sind, mein lieber Mahle, wird's schon klappen", antworte ich frotzelnd. Mahle hat recht: Der erste Angriff muss sitzen, sonst gibt's einen Zirkus auf Biegen und Brechen. „Die Waffen sind einwandfrei auf 80 Meter justiert", verteidigt Mahle seine Berufsehre, „auf diese Entfernung kreuzen die Schussbahnen der vier Kanonen den Visierpunkt. Da bleibt kein Auge trocken!" Mit dieser beruhigenden Feststellung trete ich auf Anweisung der Bodenstelle Kurs Ost an, dem Russen entgegen. „Entfernung 15 Kilometer, Kurier nähert sich rasch." Kaum hat Jafü Schwarz diese Meldung in den Äther gesprochen, da entdecke ich am Übergang des Sternenhimmels zur dunklen Erde ein helles Licht. Das kann doch kein Stern sein! Ich gebe die Beobachtung an meine Besatzung weiter. Alle sehen nach vorn und blicken gebannt auf diesen weißen Punkt, der immer größer wird: Es ist wirklich die Feindmaschine. „Achtung, Achtung, Skorpion von Drossel Weiß! Gegner gesichtet. Gegner fliegt mit Positionslampen!" „Viktor, Viktor", antwortet Skorpion, „Kurier fliegt direkt auf unsere Stellung zu. Abstand zehn Kilometer." „Viktor, Viktor", antworte ich, „ich mache Pauke, Pauke!" Schnell kurve ich ein und setze mich hinter die Feindmaschine. Der Gegner ist wirklich leichtsinnig! Durch Wegdrücken der Flughöhe hole ich ihn bald ein und setze mich neben ihn. Es ist kaum zu glauben, der Bursche fliegt mit hell erleuchteter Kabine durch die Gegend, als ob tiefer Friede wäre. Was mag sich die Besatzung bloß denken? Ich erkläre es mir so: Der Russe vermutet in dieser ruhigen Ecke niemals einen deutschen Nachtjäger. Warum sollte er auch? Für die paar lächerlichen Partisanenversorger lohnt sich kein Nachtjägereinsatz, und die ungarische Flak, vor der hat der Russe keinen Respekt. Mit Recht, denn die jämmerlichen Flakstellungen können ihm nicht gefährlich werden.

Die Maschine fliegt jedenfalls unbekümmert durch die Gegend, und bei genauem Hinsehen erkennen wir den Piloten am Steuer. Seelenruhig begleite ich meinen „Kollegen von der anderen Seite" und überlege, was zu tun ist. Es geht mir irgendwie gegen den Strich, diesen harmlosen Vogel vom Himmel zu schießen. Zwischendurch ruft die Bodenstation: „Achtung, Achtung, Sie überfliegen unsere Stellung! Wir sehen Kurier. Hals- und Beinbruch!" Ich möchte am liebsten den Gegner sausen lassen, so stört mich das Licht in der Kabine. Aber meine Besatzung drängt: „Abschießen, Herr Hauptmann! Wenn Sie den ziehen lassen, gelangen wieder Maschinenpistolen in Partisanenhände, und die Leidtragenden sind unsere Landser." Ja, das stimmt! Herunter muss er, aber er soll sich wehren können. Ich schaue noch einmal zum Pilotensitz der Feindmaschine hinüber und tauche nach unten weg. Dann nehme ich die linke Tragflächenspitze ins Visier, genau auf 80 Meter Entfernung. Ein kurzer Feuerstoß aus zwei Kanonen blitzt auf: Die Garbe sitzt genau. Ein kleiner Brand flackert auf und erlischt sofort wieder. Jetzt müsste die Besatzung gewarnt sein aber nichts geschieht. Nun legt der Pilot die Maschine in eine leichte Kurve, doch die Bordlichter erlöschen nicht. Ich setze mich neben ihn und stelle fest, dass die Besatzung sich aufgeregt unterhält. Offenbar diskutieren sie darüber, woher plötzlich die Einschläge kommen. Noch einmal schieße ich eine kurze Garbe ab, diesmal auf die rechte Tragflächenspitze. Das gleiche Ergebnis: ein kurzer Brand flackert auf, um schnell wieder zu verlöschen. Jetzt sollte die Besatzung aber abspringen, denn allzu lange können wir das Spiel nicht treiben. Aber nach ein paar wilden Flugbewegungen zieht die Maschine wieder ruhig ihre Bahn. Die Bordbeleuchtung brennt noch immer. Ich muss jetzt Ernst machen, sonst erreichen wir das Partisanengebiet, und es ist nicht Zweck der Sache, die Russen zur Verstärkung der Partisanen über deren Gebiet abspringen zu lassen. Nach den beiden Warnschüssen in die Tragflächen darf ich nicht länger zögern. „Schießen Sie doch in die Tanks, dann werden sich die Herrschaften schon zum Aussteigen bequemen!", schreit Feldwebel Graßhoff wütend ins Mikrofon. Aber mir tut die Besatzung irgendwie leid, und ich schieße so, dass die Maschine abstürzen muss, die Besatzung aber unverletzt bleibt. Dicht fliege ich an den Gegner heran. Die gefräßigen Flammen prasseln bereits aus seinen rechten Flächentanks und werfen einen glutroten Schimmer auf meine Maschine. Da steigt drüben ein Mann aus, endlich! Ich zähle: eins, zw… Das „zwei" bleibt mir aber in der Kehle stecken, denn es folgt niemand mehr. Die Maschine hält sich noch wenige Sekunden und stürzt dann steil ab.

Am nächsten Tag lüftet sich der Schleier um das Geheimnis der abgeschossenen Mitchell. Durch den Jägerleitoffizier erfahre ich, dass der abgesprungene Flieger, ein russischer Oberst, mit gebrochenem Bein ins Lazarett Szombor eingeliefert worden ist. Sofort fahre ich zu ihm hin. Der Chefarzt gibt mir den ersten Bericht. Der russische Oberst hatte den Auftrag, eine Gruppe junger Offiziersanwärter in die Partisanenroute einzuweisen. Überraschenderweise seien sie dann von der Flak beschossen worden. Als das Flugzeug brannte, habe der Oberst als Einziger die Maschine mit dem Fallschirm verlassen können. Ich frage den Chefarzt, ob ich den Oberst sprechen könne. Er bejaht. Mit einem seltsamen Gefühl öffne ich die Tür zum Krankenzimmer. Der Russe liegt mit starrem Blick im Bett und beachtet mich kaum. Ich gehe auf ihn zu und lege ein Päckchen Zigarren auf seinen Nachttisch, dann drücke ich ihm die Hand. Da ist er plötzlich wie umgewandelt, lächelt und bedankt sich in gebrochenem Deutsch für die Aufmerksamkeit. Seine Miene scheint zu fragen: „Wie komme ich zu so einem freundlichen Besuch eines deutschen Offiziers!" Bevor ich ihm die nötige Aufklärung gebe, lasse ich mir sein Erlebnis der letzten Nacht durch einen Dolmetscher berichten.

Tatsächlich glaubte die Besatzung an einen Beschuss durch die ungarische Flak und nahm infolgedessen die Sache nicht weiter ernst, bis dann der entscheidende Moment kam, über den der Oberst folgendes berichtet: „Ich war ziemlich aufgeregt über die Treffer in meinen Tragflächenenden und schaute in die zu Tode erschrockenen Gesichter meiner Fähnriche. Die Jungens hatten keine Fallschirme. Wir hatten bisher die Flüge ohne Feindangriffe durchführen können, und Fallschirme sind in Russland rar. Mit Mühe und Not konnte ich meine Fähnriche beruhigen. Aber sie ahnten das Unheil und stierten ängstlich in die Nacht hinaus, hinab zur dunklen Erde, die Tausende von Metern unter ihnen lag. Ich werde nie den fragenden Blick des Jüngsten von ihnen vergessen, eines blonden Burschen von kaum achtzehn Jahren, der neben mir am Steuer saß. Als dann wieder eine Detonation die Maschine erschütterte und die grellen Flammen aus der rechten Tragfläche uns blendeten, krallte er seine Hände in meinen Oberschenkel und starrte mich mit großen Augen an. Doch wir hatten noch einmal Glück. Das Feuer ging aus, und beide Motoren liefen noch ruhig. Ich dachte schon, das Schlimmste sei überstanden, und wollte mir eine Zigarre anstecken, um den Jungens Ruhe vorzutäuschen. Von dem Flakfeuer war nichts mehr zu spüren. Mein junger Nachbar atmete erleichtert auf und reichte mir lächelnd Feuer. In diesem Moment gab es einen fürchterlichen Schlag. Einer schrie: ‚Feuer, der rechte Benzintank brennt!' Was dann geschah, wickelte sich in Sekundenschnelle ab. An Bord brach ein Tumult aus. Einige krallten sich jammernd am Boden fest. Ich wurde fast wahnsinnig beim Anblick dieses Elends und brachte es kaum fertig, die Maschine zu verlassen. Doch dann schlugen die Flammen in die Kabine, und beißender Rauch hüllte uns ein. Die Luft war glühend, und dann ging das Licht aus. So flogen wir noch eine Weile, bis der rechte Motor aus der brennenden Tragfläche herausbrach. Die Maschine stürzte sofort ab und riss uns in die Tiefe. Mit letzter Anstrengung konnte ich mich aus dem brennenden Wrack retten und kam erst wieder richtig zur Besinnung, als ich mit dem Fallschirm auf die Erde prallte." Der Oberst schaut bei diesen Worten auf den Gipsverband an seinem rechten Bein und fährt fort: „Ja, mit Fallschirmen wären noch alle am Leben, denn Zeit genug hatten wir!" „Ja, Zeit genug hatten Sie", antworte ich. Aber wissen Sie auch, warum?" Der Oberst schüttelt den Kopf. Über den Dolmetscher lasse ich ihn wissen, dass er nicht durch ungarische Flak, sondern durch mich abgeschossen worden sei. Ich hätte, um ihm und seiner Besatzung Gelegenheit zum Absprung zu geben, zunächst nur die Tragflächenenden angeschossen. Der Oberst begreift. Tränen kullern ihm die Wangen herunter. Jetzt kann er sich das Rätsel des angeblichen Flakbeschusses erklären. Er schaut mich traurig an und scheint zu sagen: „Du hast es gut gemeint, Kamerad!"

Plötzlich nimmt er meine Hände und drückt sie fest. Ich werde verlegen und verlasse stumm das Krankenzimmer. In der Stadt kaufe ich einen Blumenstrauß, schenke einem kleinen ungarischen Mädchen einen Pengő und schicke dem fremden Oberst die Blumen ins Lazarett.

Luftschlachten über Ungarn

Sechs Tage später, am 21. August 1944, schieße ich die dritte Mitchell mit russischer Besatzung nach heftigem Luftkampf ab. Der Russe wehrt sich verzweifelt, aber zuletzt siegt doch die überlegene Feuerkraft meiner Messerschmitt-Maschine. Nach diesem Abschuss hören die Partisanenflüge plötzlich auf. Aber schon in der folgenden Nacht beginnt der Engländer mit seinen Nachschubflügen nach Warschau.

22. August 1944, 20.00 Uhr. Die Division meldet die Engländer über der Adria mit Kurs Nordost. Meine Besatzungen springen vor Freude: Endlich etwas los! Endlich eine Gelegenheit zur Bewährung! Meine Abschüsse haben den Ehrgeiz der Piloten angestachelt, und ich muss die allzu Eifrigen beruhigen, die bereits in voller Montur einsatzbereit dastehen: „Immer mit der Ruhe, Kameraden, und äußerste Vorsicht! Die Überraschung des Gegners ist der halbe Abschuss!" Aber die Burschen sind nicht mehr zu halten. Sie verfolgen genau den Anmarschweg des Pulks, und bei jeder Durchsage, die den Pulk in Richtung auf Belgrad meldet, stimmen sie ein Freudengeheul an. Dann ist es so weit. Mit sechs Maschinen starten wir los, weitere sechs bleiben am Boden als Reserve für die Bekämpfung der Rückflüge in den späten Nachtstunden. Der englische Bomberverband überfliegt haargenau unsere Jagdräume. Im Funksprechverkehr gebe ich meinen Besatzungen die letzten Befehle und Anweisungen durch. Mein Jagdraum liegt am weitesten südlich, also müssen in meinem Raum die ersten Bomber auftauchen.

Die Bodenstation und Funker Graßhoff suchen den Luftraum ab. Auf dem Braunschen Rohr tauchen die ersten Feindzacken auf. Ich muss möglichst bald abschießen, um meine Besatzungen auf die Fährte zu bringen. Wenige Minuten nach der Erfassung durch das Suchgerät taucht der mächtige Schatten des Bombers aus dem Dunkel auf: eine viermotorige Halifax. Schon der erste Angriff sitzt, mächtige Flammen schlagen aus den vollen Benzintanks, die Besatzung springt sofort ab und rettet sich mit dem Fallschirm. Noch eine Weile hält sich das brennende Wrack in der Luft, dann kippt der mächtige Kahn mit seinen 44 Meter langen Tragflächen nach vorn ab und stürzt explodierend in die Tiefe: immer wieder ein schaurigschöner, imposanter Anblick! Das ist das Fanal zum Angriff. Meine Besatzungen stürzen wie die Habichte auf die englischen Bomber, und einer nach dem andern muss zu Boden. Ich zähle feste mit, Nummer eins, zwei, drei, vier, fünf, sechs – dann Pause. Nummer sieben schieße ich selbst ab, dann folgen Nummer acht und neun. Nach drei Stunden ist der Einsatz beendet. Ich lande als Erster und zähle die heimkehrenden Maschinen. Die Piloten gebärden sich wie verrückt, rasen im halsbrecherischen Tiefflug über den Platz und wackeln mit den Tragflächen. Nacheinander melden sie mir strahlend und voller Stolz ihre Abschüsse. Die Division hängt schon an der Strippe und verlangt meinen Einsatzbericht. Der lautet kurz und bündig: „Sechs Maschinen eingesetzt, Einsatzdauer drei Stunden, neun Feindbomber abgeschossen, Verluste keine. Zwei Maschinen wegen Beschuss ausgefallen, zehn Maschinen wieder einsatzbereit." Die Division ist befriedigt, Oberst Handrik meldet sich persönlich und gratuliert zu unserem Erfolg. „Nur weiter so, Jungens! In vier Stunden kommt der Engländer zurück, bis dahin legt Euch auf die Haut und ruht Euch aus! Wir werden Euch rechtzeitig verständigen. Weiterhin Hals- und Beinbruch!" Aber meine Besatzungen denken nicht ans Ausruhen und ereifern sich im Erzählen ihrer Abschüsse bis in die späte Nacht hinein.

Wieder schrillt das Telefon. Die Engländer kommen zurück. Jetzt hat auch meine zweite Welle Gelegenheit zur Bewährung. Es ist 03.00 Uhr morgens, als die Division den Startbefehl durchgibt. Oberleutnant „Igen" ist mit von der Partie. Ich schaue den startenden Maschinen nach und drücke die Daumen für meine Besatzungen. Auf dem Gefechtsstand hören wir mit Spannung den Boden-Bord-Verkehr der Maschinen ab. Nach langem Warten meldet Feldwebel Hubatsch die erste Feindberührung, dann verstreichen bange Minuten, bis sich Hubatsch wieder meldet: „Kurier brennt!" Das ist der zehnte Abschuss in dieser Nacht. Weitere vier folgen. Ich schätze, dass ungefähr dreißig englische Bomber eingeflogen sind, davon beißen vierzehn ins Gras. Ein schöner Erfolg für meine Staffel! Auch die sechs Besatzungen der zweiten Welle kehren heil zurück. In den nächsten Nächten kommen wir nicht mehr zur Ruhe, denn ununterbrochen rollt der Nachschub von Italien nach Warschau. Die Engländer lassen sich durch die enormen Verluste nicht beirren. Nacht für Nacht steigen die fliegenden Güterwagen auf, Nacht für Nacht schießen wir die vollgepfropften Kästen vom Himmel. Aber auch eine meiner Besatzungen stürzt nach einem Luftkampf brennend ab.

Am Vormittag des 6. Septembers 1944 werde ich unsanft aus dem Schlaf geweckt. Der Unteroffizier vom Dienst steht neben meinem Bett. Ich reibe mir den Schlaf aus den Augen und fahre ihn unwirsch an, er aber lässt sich nicht aus der Ruhe bringen: „Herr Hauptmann, aufstehen! Schnell, schnell! Ein amerikanischer Bomberpulk mit direktem Kurs auf Novisad gemeldet!" Wie der Blitz fahre ich aus den Federn, ziehe Hemd und Hose an, fahre mit einem Arm in die Jacke hinein und rase auch schon die Treppe hinunter. Beim Hinunterlaufen eilt mir der Offizier vom Dienst, Oberleutnant Buder, entgegen: „Herr Hauptmann, es ist höchste Zeit, wir müssen raus aus dem Platz! Die Bomber stehen bereits am Horizont und nähern sich schnell!" Rasch erteile ich meine Befehle. „Oberleutnant Buder, Sie kümmern sich um die Maschinen! Die Techniker sollen diese weit auseinanderziehen und tarnen und dann sofort den Platz verlassen! Der Unteroffizier vom Dienst weckt sofort alle Besatzungen! Innerhalb von fünf Minuten muss der Platz geräumt sein, ob in Unterhose oder Pyjama, einerlei!" „Jawohl, Herr Hauptmann, in fünf Minuten!" Ich rase zum Gefechtsstand und rufe die Division an. Kurzes Warten, dann erhalte ich die Anweisung, mir nach eigenem Ermessen einen Ausweichhafen zu suchen, falls unser Platz ausgebombt wird. Ich lege den Hörer auf und eile nach draußen. Mahle und der Fahrer warten bereits im Wagen mit laufendem Motor. Mahle zeigt mit bekümmerter Miene zum südlichen Horizont. Auch ich höre jetzt das gleichmäßige Brummen des amerikanischen Kampfverbandes. Es klingt unheimlich. Unbarmherzig strahlt die Sonne, in deren Schein die silbernen Vögel wie helle Fischleiber aufleuchten. „Los, noch schnell zu den Abstellplätzen!" Der Chauffeur gibt Vollgas und rast zum Flugplatzrand, wo die Techniker gerade die letzten graugrünen Netze über die schneeweißen Maschinen werfen, um dann schnell auf die wartenden Lastwagen zu springen. Jetzt wird's höchste Zeit! Im Nu ist der Platz geräumt. Keine Seele weilt mehr auf diesem todgeweihten Fliegerhorst. Schon fallen die ersten Zielbomben. Mein Wagen stoppt, und wir werfen uns flach in den nächsten Graben. Ein unheimliches Rauschen erfüllt die Luft, dann zittert die Erde, und unter ohrenbetäubendem Krachen steigt eine mächtige Rauchwolke über unseren Hallen auf. Drei Wellen fliegen an, und nach zehn Minuten gleicht unser Platz einer Kraterlandschaft. Die Bomber drehen ab und ziehen unbehelligt davon.

Noch am gleichen Tage fahre ich mit meinem Wagen los und suche mir einen geeigneten Feldflughafen. Es dauert lange, bis ich den richtigen Platz gefunden habe. In unmittelbarer Nähe von Hodschak in der Batschka erstreckt sich eine 700 Meter lange, schmale Wiese, die nur von einem Graben durchzogen ist. Die Landschaft ist völlig flach, was bei der kurzen Startstrecke vorteilhaft ist. Der Bürgermeister des nur von Ungarndeutschen bewohnten Dorfes setzt sofort alle Hebel in Bewegung, um diesen primitiven Platz für unsere Ansprüche herzurichten. Die Nachricht vom Einfallen der Nachtjäger verbreitet sich unter der Bevölkerung mit Windeseile. Im Nu ist das ganze Dorf auf dem „Flugplatz" versammelt. Der Dorfschulmeister, wohl die Respektsperson des Dorfes, organisiert den Einsatz seiner Dorfbewohner. Fleißige Leute packen an, ebnen die Wiese ein und schütten den Graben zu. Ein großes Zelt wird errichtet, das als Aufenthaltsraum der Besatzungen dient. Der Gefechtsstand findet in einem leeren Wirtschaftssaal seinen Platz. Für Unterkünfte brauche ich nicht zu sorgen, denn die Leute reißen sich um jeden Soldaten. Mit diesem befriedigenden Ergebnis fahre ich zu meinem „Trümmerhaufen Novisad" zurück. Dort hat Oberleutnant „Igen" bereits die Verladung des Trosses organisiert. Der Zug steht abfahrbereit auf dem Abstellgleis. Die Soldaten warten neugierig auf die Bekanntgabe des nächsten Reisezieles, aber unter Hodschak kann sich keiner etwas vorstellen. Lediglich die Mitteilung, dass alle in Privatquartieren untergebracht werden, veranlasst manche zu wilden Freudensprüngen.

Mein Maschinenpark hat bei dem Bombenangriff keine allzu große Einbuße erlitten. Zwei Maschinen sind total ausgebrannt, zwei müssen zur Überholung in die Werft. Die noch startbereiten acht Maschinen verbleiben mit ihren Besatzungen in Novisad. Meine wichtigste Aufgabe ist es nun, den provisorischen Feldflughafen Hodschak funktechnisch einsatzklar zu machen. Aus diesem Grunde schicke ich meinen Nachrichtenoffizier, Leutnant Löwe, mit Leuten und Gerät voraus, um dort die notwendigen Verbindungen herzustellen. Das ist eine schwierige Aufgabe in diesem abgelegenen Nest. Ich bin denn auch sichtlich überrascht, als Leutnant Löwe noch am selben Abend aus Hodschak anruft.

„Leutnant Löwe, wie ist das möglich, dass Sie bereits Verbindung nach Novisad haben? Haben Sie etwa auch schon Verbindung mit Budapest und Wien?" „Das ist nicht nötig, Herr Hauptmann", antwortet Löwe. „Bis die Maschinen einsatzbereit in Hodschak stehen, habe ich meinen Nachrichtenapparat in Ordnung." „Aber zum Kuckuck, von wo aus telefonieren Sie denn?", frage ich zurück. „Von einem luftigen Standort! Ich bin einfach auf einen Telefonmast hinaufgeklettert und habe mich in die Verbindung Wien – Budapest eingeschaltet. Bis die das merken, sind wir mit unserem Gespräch lange fertig. Wichtig ist, dass Sie ein Stromaggregat beschaffen, denn die Stromversorgung ist hier mehr als mangelhaft und vor allem unzuverlässig. Besorgen Sie auch noch einen kleinen Sender, damit unsere Besatzungen bei Nacht zu diesem Nest zurückfinden!" „Wird besorgt, Leutnant! Haben Sie auch schon einen Namen für unseren Gefechtsstand?" „Natürlich ganz einfach: Gefechtsstand Heuschober!" „Also dann schlafen Sie gut im Gefechtsstand Heuschober!"

Am nächsten Tag herrscht das übliche strahlende Sommerwetter über der ungarischen Puszta. Kein Wölkchen am Himmel. Unbarmherzig brennt die Sonne hernieder und lähmt das Leben auf der ausgedörrten Erde. Die Dörfer sind leer. Nur wer unbedingt muss, bewegt sich in dieser schier unerträglichen Sonnenglut. Bei dieser Tropenhitze starten meine Besatzungen in zwei Schwärmen zu je vier Maschinen nach Hodschak. Ich selbst fahre mit meinem Wagen voraus, da meine Maschine noch nicht einsatzklar ist. Wir fahren im offenen Wagen und haben als Schutz gegen die brennende Sonne eine Plane gespannt. Meine Besatzung und Nachtflugleiter Oberfeldwebel Kramer sitzen mit im Wagen. Vorsichtshalber hat Mahle eine Maschinenpistole mitgenommen. Aber wie gesagt, am Tage rührt sich bei dieser Gluthitze kein Mensch, und auch die Partisanen scheinen sich dieser Gewohnheit anzupassen. So fahren wir unbehelligt durch endlose Felder und über staubige Straßen. Mahle klopft mir plötzlich auf die Schulter und zeigt mit der rechten Hand nach oben. Ein Schwarm Lightnings zieht dort seine Bahn. Ich halte an und horche den Himmel ab. Es brummt unheimlich in der Luft. Dann entdecken wir weitere amerikanische Jäger, die, in der Höhe gestaffelt, einem großen amerikanischen Kampfverband Begleitschutz fliegen. Ich ahne Unheil. Hoffentlich haben die Jäger nicht unsere Maschinen entdeckt, die gerade im Tiefflug von Novisad nach Hodschak verlegen. Dieses bange Gefühl lässt mich nicht los, und ich kann es kaum erwarten, bis wir am späten Nachmittag endlich in Hodschak eintreffen. Im Dorf herrscht große Aufregung. Oberfähnrich Galinsky kommt als Erster auf mich zu gestürzt: „Herr Hauptmann, der erste Schwarm ist von amerikanischen Jägern abgeschossen worden! Die Jäger griffen aus der Sonne stürzend an und überraschten unsere Besatzungen völlig. Die Besatzungen Feldwebel Ulmer und Feldwebel Hubatsch rasten brennend in eine Scheune, Oberleutnant Buder machte eine Notlandung, und nur eine Besatzung konnte sich aus dem Staub machen. Bisher haben wir zwei Tote, zwei Schwerverletzte und drei Leichtverletzte. Die Feldwebel Ulmer und Hubatsch sind schwer verletzt. Oberleutnant Buder ist nichts passiert!"

Das fängt gut an! Ich fahre nach Hodschak zum Lazarett, wo die Schwer- und Leichtverwundeten durch eine Ärztin die erste Hilfe erhalten. Ich veranlasse die sofortige Überführung ins Lazarett Szombor und rase zum Flugplatz. Die Bevölkerung ist vollkommen verschüchtert. Der Angriff der amerikanischen Jäger fand direkt über dem Dorf statt, kurz vor dem Landen meiner Nachtjäger. Vier Häuser und zwei Scheunen brannten total nieder. Auf dem Feldflughafen stehen, Gott sei Dank, die restlichen fünf Maschinen unbeschädigt und einsatzbereit. Die Schulkinder haben mit rührender Sorgfalt Maisblätter über die grauen Tarnnetze geworfen, sodass die Maschinen von oben wirklich nicht mehr zu erkennen sind. Noch am gleichen Abend trifft der Tross mit dem Güterzug im Bahnhof Hodschak ein. Ich gönne den Soldaten keine Ruhe und lasse so lange arbeiten, bis der Flugplatz einigermaßen primitiv hergerichtet ist und ich meiner Division die Einsatzbereitschaft von fünf Maschinen melden kann. Auch Leutnant Löwe hat's geschafft. Die Telefonverbindung Wien – Budapest funktioniert, ebenso der Boden-Bord-Verkehr. Das Aggregat läuft auf vollen Touren, sodass wir hier nicht auf das schwankende Stromnetz des Dorfes angewiesen sind. Sogar der Sender funktioniert. Beim ersten nächtlichen Startversuch klappt alles bis auf einen kleinen Zwischenfall. Unser übereifriger Oberfeldwebel Kramer hat natürlich sämtliche Hindernisse beleuchtet, unter anderem auch einen Telefonmast, der an einer unmittelbar am Flugplatzrand entlang führenden Eisenbahnlinie steht. Ich hocke mit meinen Besatzungen in dem von einer Petroleumfunzel erhellten Zelt und erteile Anweisungen über den Start- und Landebetrieb, als draußen ein lautes und anhaltendes Pfeifen ertönt. Wir schauen hinaus und sehen einen Zug vorschriftsmäßig vor der roten Laterne halten. Kramer rauft sich die Haare und rennt los, um den Zugführer über die Notwendigkeit der roten Laterne aufzuklären.

Am nächsten Tag beerdigen wir unter Anteilnahme der gesamten Dorfbevölkerung unsere gefallenen Kameraden. Berge von Blumen und Kränzen schmücken die Gräber der jungen Menschen, die auf so tragische Weise ihr Leben lassen mussten. Frauen und Mütter, die ihre Männer und Söhne im Felde haben, weinen um die Toten, als ob es ihre eigenen Angehörigen wären. Ich halte nur eine kurze Ansprache, denn ich habe sie zu gut gekannt, um mit Worten das auszudrücken, was ich bei ihrem Verlust empfinde. Während die Särge in die Gruft hinabgelassen werden, überlege ich, ob ich das Unglück hätte vermeiden können. Vielleicht wäre es besser gewesen, die Maschinen erst am späten Abend starten zu lassen. Aber kann man im Kriege alle Gefahrenmomente voraussehen? Die Gefahr taucht überraschend auf, und keiner weiß, wann es ihn selbst treffen wird. Nachdenklich verlasse ich den Friedhof und ziehe Bilanz über meinen bisherigen Einsatz als Nachtjäger. 1941 begann es. Schon im ersten Monat fielen meine Kameraden, die Leutnante von Campe, Redlich und Geiger. Dann riss die Kette nicht mehr ab. Ich muss dankbar sein, dass ich überhaupt noch da bin. Dieses „überhaupt-noch-da-Sein" verpflichtet, einerlei, ob wir für eine gute oder schlechte Seite kämpfen. Wir stecken mitten drin im Schlamassel, und meine Soldaten verlangen mit Recht von mir feste Haltung und Glauben an den Sieg. Ich spüre, dass ihre Stimmung gerade in dieser Zeit der dauernden Rückschläge mit von meiner Haltung abhängt.

Nur wenige Tage nach unserem Eintreffen in Hodschak meldet die Division einige Einflüge aus dem Süden. Wir hocken gerade im Zelt und debattieren über die Kriegslage. Von weit her vernehmen wir deutlich das Donnern der sich nähernden Front. Die Russen marschieren unaufhaltsam der Donau entgegen. Zwei Maschinen erhalten Startbefehl. Für mich ist es eine Selbstverständlichkeit, mit meiner Besatzung zu starten. Ich befehle Oberleutnant Buder zum Einsatz. Um 22.31 Uhr starten wir aus unserem behelfsmäßigen Feldflughafen in die Nacht hinaus. Ich drücke die Maschine auf Fahrt und ziehe am Platzrand vom Boden weg: Es hat gerade gereicht. Die Landung wird schwieriger werden. Noch im Steigen setzt mich Jafü Schwarz auf eine Feindmaschine an, die in 2000 Metern Höhe mit Kurs Nord unseren Raum durchfliegt. Schon um 22.39 Uhr sichte ich den Gegner und greife sofort an. Um 22.40 Uhr stürzt die Maschine, eine Handley Page Halifax, brennend ab und schlägt in der Nähe unseres Feldflughafens auf. Es bleibt der einzige Abschuss in dieser Nacht. Unter halsbrecherischen Umständen bringe ich meine Maschine nach insgesamt 17 Minuten Flugzeit wieder glücklich auf die Erde.

In den folgenden Tagen wird mein dezimierter Flugzeugpark durch Nachschub aus Wiener Neustadt aufgefrischt. Die Besatzungen gewöhnen sich allmählich an den kleinen Platz und genießen die außerordentliche Gastfreundschaft der Ungarndeutschen. Nach jahrelanger Kommissverpflegung wirkt die ungarische Kost wie Hefe im Sauerteig. Ich spüre das am eigenen Leib. Die Weiblichkeit des Dorfes bewertet anscheinend das Wohlbefinden des Gastes nach seinem Leibes- und Gesichtsumfang, und bald hege ich Befürchtungen über die Beweglichkeit meiner Truppe. Auch mein Spieß erweitert seinen schon beträchtlichen Leibesumfang, doch außerdem denkt er an kommende magere Jahre und füllt sämtliche erreichbaren Kessel mit Schweine- und Gänsefett. In den wenigen Tagen des Kennenlernens hat sich schon eine Freundschaft zwischen der Bevölkerung und den Soldaten angebahnt. Die Dörfler zählen unsere Maschinen beim Starten, warten beim Einsatz die Nacht hindurch und zählen die

Maschinen wieder bei der Rückkehr. Bei meinen Quartierleuten muss ich mich jede Nacht zurückmelden, sonst können sie nicht einschlafen. Also schleiche ich jeden Morgen gegen vier Uhr in ihr Schlafzimmer und wünsche „jo estet riwano". „Edes Anja", lächelt man dann selig und schläft beruhigt ein: „Jetzt kann nichts mehr passieren."

Von Hodschak aus schießen wir Nacht für Nacht englische Bomber ab und bringen den Nachschub nach Warschau ganz zum Erliegen. Am 22. September 1944 hören die Versorgungsflüge gänzlich auf. Für uns beginnen geruhsame Wochen, bis der Russe 50 Kilometer vor dem Dorf steht. Als bekannt wird, dass wir auf die andere Seite der Donau nach Ócsény bei Fünfkirchen verlegen, bricht unter der Bevölkerung eine Panik aus. Die Leute können und wollen es nicht fassen, dass sie ihre Heimat verlassen oder mit dem Dableiben ein grauenhaftes Schicksal auf sich nehmen müssen. In letzter Minute erst raffen sie das Notwendigste zusammen, bespannen ihre Karren, hüllen ihre Kinder in Decken ein und schließen sich dem großen Treck an. Alles, was sie jahrzehntelang mit ungeheurem Fleiß erworben und aufgebaut haben, müssen sie fluchtartig im Stich lassen. Fast jede Familie besitzt einen großen eigenen Hof mit fruchtbaren Feldern und reichem Viehbestand. Sie alle sind mit ihrem Besitz so verwachsen, wie es eben nur Bauern sein können, die alles mit ihrer Hände Arbeit geschafft haben. Trotz der weiten Entfernung zur deutschen Heimat sind diese Menschen ihrem Deutschtum treu geblieben; Pflege und Erhaltung der Muttersprache galten ihnen als hohe Verpflichtung. In der Schule wurde Deutsch als Grundsprache gelehrt, und nur selten vermischten sie sich mit der ungarischen Bevölkerung. Nun aber naht das Ende, das ein Übermaß an Elend, Leid, Verzicht und Schmerzen in sich birgt. Die Frauen, deren Männer zum größeren Teil im Felde stehen, müssen die liebgewordene Heimat, den ans Herz gewachsenen Hof, auf dem sie so lange glücklich lebten, verlassen.

Die sich nahende russische Dampfwalze verdrängt diese Menschen unerbittlich aus ihrer Heimat. Was sich hier abspielt, ist ein Teilgeschehen im Rahmen der größten Menschenflucht aller Zeiten. Ich kann das Entsetzen und das Leid der Vertriebenen nicht schildern. Selbst harte Nachtjägerherzen werden bei dem Weinen der Frauen und dem Schreien der Kinder weich. Die Soldaten packen zu, wo sie nur helfen können, aber manche Frauen sind vor Entsetzen wie gelähmt, sodass sie nur angewurzelt dastehen. Die Soldaten schirren die Pferde an und werfen die notwendigste Habe auf die Wagen. Als wir am 19. Oktober mittags um 14.00 Uhr kurz vor dem Eintreffen der Russen mit unseren Maschinen Hodschak verlassen, ist das Dorf fast ausgestorben. Nur wenige Leute können sich nicht von der Heimat trennen und hoffen auf die Menschlichkeit der Roten Armee.

Pompeji des 20. Jahrhunderts

Infolge des Anmarsches der Russen verlegen wir bald von Őcsény nach Vát bei Steinamanger und von hier nach Wiener Neustadt. Bei einem Alarmstart von diesem Platz aus rast mein Staffeloffizier, Oberleutnant Supanz, gegen die Startrichtung los, gelangt kurz vor dem Abheben in die Propellerböen einer landenden Kampfmaschine Do 217 und stürzt aus 50 Metern Höhe ab. Die dreiköpfige Besatzung ist sofort tot. Bei meinem Eintreffen an der Absturzstelle finde ich nur noch einen rauchenden Trümmerhaufen vor. Die Besatzung ist bis zur Unkenntlichkeit verbrannt. Nach der Beerdigung kommt der Befehl zur Rückverlegung nach Leipheim an der Donau.

Seit unserer Verlegung nach Ungarn im Juni hat der alliierte Bombenkrieg gegen die deutschen Städte pausenlos weiter gewütet. Gegen diesen Massenansturm sind wir Nachtjäger machtlos. Die Engländer stationieren ihre Fernnachtjagdverbände bereits in Frankreich und Belgien. Während die Bomberverbände nach wie vor von England aus starten, schleusen sich die Begleitjäger, meistens sehr schnelle und stark bestückte „Mosquitos", über dem Festland in die Bomberverbände ein und übernehmen den Begleitschutz. Die Mosquitos machen ihrem Namen alle Ehre. Sie bedeuten die größte Plage für die Nachtjäger und räumen furchtbar unter den deutschen Besatzungen auf. Die Funkausrüstung dieser „Sperrholzjäger" (Leichtholz-Bauweise) überbietet alles Dagewesene. Diese Ausrüstung ist technisch so vollkommen, dass die Mosquitos auf zehn Kilometer Reichweite die deutschen Nachtjäger inmitten des Bomberstromes herauspicken können wie die Rosinen aus dem Teig. Ihre Schnelligkeit übertrifft die unserer Maschinen um 200 km/h. Aber nicht nur das! Wir kämpfen gegen eine ungeheure Übermacht. Einem Verband von 600 bis 800 viermotorigen Bombern und 150 bis 200 Fernnachtjägern (Mosquitos) können wir vielleicht noch effektiv 60 bis 80 Nachtjäger entgegensetzen, die wirklich in den Bomberstrom gelangen. Es ist ungeheuer schwer, überhaupt noch einen Bomber ins Visier zu bekommen, denn die Mosquitos spüren den Nachtjäger auf und eilen wie die Feuerwehr dem Bomber zu Hilfe. Wir haben den Feind nicht nur vor uns, sondern auch noch im Rücken. Dies alles bedeutet für die deutschen Besatzungen eine starke Nervenbelastung. Die Verluste in unseren Reihen nehmen solche Ausmaße an, dass die Technik auf Abhilfe sinnt. Sie kommt in Form des „Naxos-Gerätes".

Dieses Gerät strahlt mit einer am Flugzeugschwanz montierten Antenne nach hinten aus und warnt den Nachtjäger durch akustische Signale im Kopfhörer und durch ein Aufleuchten des Braunschen Rohres vor dem anschleichenden feindlichen Fernnachtjäger. Bei einer Entfernung des Verfolgers von 500 Metern beginnt es im Kopfhörer leise zu ticken: das erste Warnsignal! Kommt dann der Feind auf Schussposition heran, so ertönen im Kopfhörer laute Punktsignale, und das Naxos-

Gerät leuchtet hell auf. Dann wird es höchste Zeit, den lästigen Mosquito mit einem eleganten Abschwung abzuschütteln, bevor er tödlich „sticht". Die Mosquitos verfolgen uns nicht nur im Bomberverband, sondern sie können es sich auch aufgrund ihrer enormen Treibstoffvorräte und ihrer langen Flugdauer leisten, die Nachtjäger bereits beim Starten auf den deutschen Flugplätzen zu „empfangen", sie während der Dauer des gesamten Einsatzes zu bekämpfen und sogar noch ihre Landeaktionen erfolgreich zu stören. Es ist fast an der Tagesordnung, dass kurz vor dem Einsatzbefehl der Division mehrere Mosquitos über den Flugplätzen kreisen, um die startenden Maschinen abzuschießen.

Zu dieser Luftüberlegenheit des Gegners kommen die immer größer werdenden Schwierigkeiten des Nachschubs für unsere Maschinen. Der Treibstoff lagert zwar in großen Mengen in den Depots, gelangt aber infolge der stetigen Angriffe des Feindes auf Brücken, Straßen und Eisenbahnlinien nicht mehr zu unseren Einsatzhäfen. Oft pumpen wir aus mehreren Maschinen den restlichen Sprit heraus, um wenigstens eine einzige zum Einsatz zu bringen. Die pausenlosen Feindangriffe bringen Verwirrung auch in unsere Nachtjagdführung. Bei den schweren Angriffen der Engländer auf Pforzheim und Dresden erhalte ich für meine Gruppe keinen Startbefehl. In der Dresdner Zerstörungsnacht, am 13. Februar 1945, brummen die feindlichen Bomber in niedriger Höhe über unsere Köpfe hinweg, aber wir liegen in Reserve und dürfen nicht hoch. Wir „kleinen Lichter" können diese Strategie nicht verstehen.

Mit den Angriffen auf Pforzheim und Dresden erreicht die Vernichtungswut der Alliierten ihren Höhepunkt. So wie im Altertum die Stadt Pompeji durch den plötzlichen Ausbruch des Vesuvs verschüttet wurde, so überschütten die Alliierten kurz vor Kriegsende einige bis dahin verschont gebliebene Städte mit brennenden Phosphormassen, besonders die Städte Pforzheim, Dresden und Würzburg.

Pforzheim erlebt am 23. Februar 1945 dieses „Pompeji des 20. Jahrhunderts", durch das die Stadt in Schutt und Asche gelegt wird und rund 17 600 Menschen in einem Orkan von Feuer und Explosionen den Tod finden. Während des Angriffs ist an einen Einsatz der Feuerwehr nicht zu denken, aber auch nach dem Angriff kann das Feuer nicht systematisch bekämpft werden, da die Wasserstellen bald versiegen und außerdem umfangreiche Mauer- und Häusereinbrüche die Straßen verschütten. Zwei bis drei Meter hoch liegt der Schutt auf den Straßen. Der Feuersturm erreicht bereits nach zehn Minuten den Höhepunkt. Er ist so stark, dass der Ascheregen bis nach Stuttgart getragen wird und die blutrote Färbung des Himmels in einem Umkreis von 80 Kilometern zu sehen ist. Wegen des tobenden Feuersturmes und der nach dem Angriff anhaltenden Explosionen der Zeitzünderbomben wagen sich die Menschen nicht ins Freie und ersticken in den Kellern. Wer sich aber herauswagt, bricht in den atemberaubenden Glutwellen der riesigen Flächenbrände zusammen. Zu Tausenden liegen die verkohlten und verstümmelten Leichen zwischen den Trümmern.

Noch entsetzlicher rollt der Vernichtungsangriff über Dresden ab. Hier sammeln sich seit Jahresbeginn Tausende von Menschen, Soldaten der zurückflutenden Truppen und Flüchtlingstrecks aus dem Osten. Die Stadt ist buchstäblich vollgepfropft. Da erscheinen am 13. Februar 1945 nachts gegen 23.00 Uhr die alliierten Bombergeschwader über der Stadt und hüllen sie durch Abwurf einer brennenden Phosphorwolke in ein einziges Flammenmeer ein. Viele Menschen bleiben in dem aufgeweichten Asphalt stecken und müssen stehend den Flammentod erleiden. Hunderte stürzen sich brennend in die eisigen Wellen der Elbe oder in die zwei bis drei Meter tiefen Löschwasserbassins, aus denen sie nicht mehr herausklettern können, wobei des Schwimmens Kundige von den anderen umklammert und in die Tiefe gezogen werden. Das Ausstellungsgelände im Großen Garten ist mit Flüchtlingen überfüllt, die beim Tönen der Sirene in der Weite des Parkes Schutz suchten. Aber auch die Parkfläche mit ihrem jahrhundertealten Baumbestand wird von dem Bomben- und Phosphorkanisterteppich überrollt, sodass ein grauenvoller Waldbrand ausbricht. Die bereits lichterloh brennende Stadt wird gegen 02.00 Uhr nachts mit einem neuen Bombenteppich bedeckt, der den gesamten Stadtkern in ein offenes Ruinenfeld verwandelt. Die Zahl der Todesopfer wird auf rund 100 000 allein in dieser einen Nacht geschätzt. Die meisten Opfer können nicht mehr identifiziert werden. Auf riesigen Stahlrosten werden die menschlichen Überreste mit Benzin besprengt und unter freiem Himmel verbrannt.

Inmitten des Kesseltreibens gegen die deutsche Wehrmacht und die deutschen Städte bleibt Würzburg bis März 1945 von der Furie des modernen Krieges verschont. Es scheint fast, als ob dies weiterhin so bleiben solle, obwohl der Engländer vor einigen Wochen mit einzelnen Bombenflugzeugen sogenannte „Messangriffe" durchgeführt hat. In den ersten Märztagen gibt aber der ausländische Nachrichtendienst Warnsendungen durch, die sich auf die bekannten Würzburger Mozartfeste beziehen: „Achtung, Mozartfreunde! Wir bringen am 16. März eine Symphonie von Mozart."

Eine ungeheuer nervöse Spannung bemächtigt sich der Bevölkerung, die nun mit wachsender Sorge die täglichen Meldungen der Abflüge in England verfolgt. Am 16. März starten dann im Raum von London zwei große Verbände, von denen der eine das Ruhrgebiet anfliegt, der andere über Nordbelgien, die Eifel und die Pfalz nach Süddeutschland vorstößt.

In dieser Schicksalsnacht der Stadt Würzburg befinde ich mich mit meiner Nachtjagdgruppe ab 19.00 Uhr in Alarmbereitschaft. Noch wissen wir nicht, welche deutsche Stadt in den nächsten Stunden ausgetilgt werden soll. Die Division gibt lediglich durch, dass zwei große Verbände im Raum von London gestartet sind. Ich bereite mich mit meiner Besatzung auf einen harten Einsatz vor. Das Naxos-Gerät, unser Talisman gegen die Mosquitos, wird nochmals überprüft; von ihm hängt unser Leben ab. Um 19.30 Uhr schießt der Nachtflugleiter eine grüne Leuchtkugel ab: Startbefehl!

Mein linker Motor springt sofort an, auch beim rechten heult der Schwungkraft-Anlasser auf, und die Luftschrauben drehen sich stotternd – dann aber bleiben sie stehen. Noch einmal drücke ich auf den Anlasser und bringe ihn auf hohe Touren. Kurz vor dem Ziehen spritze ich hochexplosives Gemisch in die Kolben, aber der Motor springt nicht an. Meine Kameraden starten bereits aus dem Platz heraus. Ich versuche es noch einmal – wieder vergebens! Da eilen die Warte herbei. Feldwebel Schöppke und Obergefreiter Quandt kennen meine Maschine in- und auswendig. Es kann sich nur um eine Belanglosigkeit handeln, denn diese beiden Technischen Warte betreuen meine Maschine seit meinem ersten Einsatz 1941 mit vorbildlicher Sorgfalt. Nie gab es bei mir einen Motorenausfall.

„Los, Schöppke, setz Dich in die Kiste und versuche Dein Glück!", schreie ich unter dem starken Geräusch des linken Motors meinem Ersten Wart in die Ohren. Aus dem Gefechtsstand kommt ein junger Unteroffizier angerannt: „Neueste Feindlage, Herr Hauptmann: Der Bomberpulk steht kurz vor Ulm. In wenigen Minuten wird er über uns hinwegrauschen. Vermutliches Angriffsziel Nürnberg!" Zum Teufel, da muss ich hoch, sonst hänge ich hinten dran! Schöppke müht sich unentwegt, den Motor zum Laufen zu bringen. Da gibt der Gefechtsstand die ersten Warnmeldungen über den Lautsprecher durch: „Achtung, Achtung! Feindliche Bomberverbände erreichen in wenigen Minuten unseren Platz. Alle Lichter löschen! Abwehrstellungen sofort besetzen! Mit Störangriffen durch Mosquitos ist zu rechnen. Vorsicht beim Starten!"

Mit oder ohne Vorsicht – irgendwie muss ich hoch! Endlich klappt es. Der Motor springt stotternd an, und lange, helle Flammen schlagen aus den Auspuffrohren. Schöppke gibt Vollgas, die Maschine bäumt sich auf. Keine Fehlzündung, kein unruhiges Laufen! Ich springe auf die Tragfläche und klopfe meinem Ersten Wart auf die Schulter. Schöppke hilft mir noch beim Anschnallen des Fallschirms, dann rolle ich zum Start. Graßhoff ruft den Gefechtsstand, der uns sofort hört: „Languste von Drossel 1! Ich rolle zum Start. Bitte Startbahn erst aufleuchten, wenn ich Vollgas gebe! Sofort nach Abheben alle Lichter löschen!" „Viktor, Viktor", antwortet Languste, „achten Sie auf Mosquitos! Hals- und Beinbruch!"

Ich rolle in die dunkle Nacht hinein und stelle mich ohne Verzögerung in die ungefährdete Startrichtung. Noch ein kurzer Blick auf die Instrumente und auf die Motoren, dann gebe ich Vollgas. Prompt leuchtet die Startbahn auf, um sofort nach meinem Abheben vom Boden wieder zu verlöschen. Kaum habe ich meine Maschine auf Fahrt gebracht, schreit Mahle auch schon: „Achtung, Fernnachtjäger!" Das habe ich mir gedacht. Die Tommys haben gewartet, bis der Fisch an die Angel geht. Aber so einfach mache ich's denen nun doch nicht. Im Tiefflug brause ich über das Flugplatzgelände hinweg und schüttle meinen Verfolger ab. Die Engländer sind zwar sehr zäh, aber auf „Bodenakrobatik" lassen sie sich doch nicht ein. Meine Besatzung atmet auf. Das wäre geschafft! Nun aber nichts wie auf Höhe, denn wir alle fühlen uns bei dieser Erdakrobatik nicht wohl. Steil ziehe ich die Maschine nach oben und klettere mit äußerster Kraft auf 4000 Meter. Auf der taktischen Funkwelle treffen neue Feindmeldungen ein. Plötzlich die entscheidende Nachricht: „Achtung, Achtung! Bomberverband fliegt in Richtung Nürnberg. Über Ulm ein mittlerer Verband in Richtung Würzburg gemeldet. Voraussichtliche Angriffsziele Nürnberg und Würzburg!"

„Nicht einmal vor der Lazarettstadt Würzburg haben sie Respekt", entrüstet sich Mahle. „Da gibt's doch wahrhaftig keine Rüstungsbetriebe!"

Ich überlege kurz: Würzburg oder Nürnberg? Ich entschließe mich für Würzburg und trete genauen Nord-Kurs an. Die Nacht ist ziemlich klar, nur vereinzelte „Wolken vom Dienst" ziehen in 3000 Metern Höhe ihre Bahn. „Die können wir vielleicht noch gut gebrauchen, wenn einer hinter uns her ist", meint Mahle. Noch rührt sich nichts im Luftraum. In der Ferne taucht die Mainschleife vor uns auf. Der Mond strahlt den Fluss verräterisch an. Graßhoff meldet wieder Erfassungen. Dann bricht der Orkan los. Wir ziehen uns näher an die Bomber heran. Noch sind wir nicht am Feind, da setzt der Zeremonienmeister die Brandfackel über die Stadt. Leuchtfallschirme fallen zu Boden und erhellen gespenstisch die Nacht.

Graßhoff meldet: „Kuriere in 800 Metern voraus!" Ein leises Ticken im Hörer beginnt: Fernnachtjäger! Trotz dieser Warnung bleibe ich auf Kurs und ziehe mich mit Vollgas heran. Das Ticken wird lauter. Mahle schreit: „Achtung Mosquito!" Mit einem Ruck reiße ich die Maschine auf Gegenkurs. Die Leuchtspurmunition des Engländers zischt unter der rechten Tragfläche in den leeren Raum. Die Jagd beginnt von Neuem. Wir fliegen nun direkt über der Stadt, mitten im Bomberstrom.

Jetzt geschieht das Entsetzliche: Auf Kommando des Zeremonienmeisters öffnen die viermotorigen Luftkreuzer ihre Bombenschächte und regnen Phosphor auf die Stadt herab. Der Phosphor entzündet sich sofort in der Luft und vereinigt sich zu einer großen brennenden Wolke, die langsam auf die Stadt niedersinkt. Dieser Anblick ist grandios und schaurig zugleich. Wehe den Menschen, die jetzt noch in der Stadt weilen! Diese Feuerwolke kennt kein Erbarmen. Sie senkt sich nieder auf die Kirchen und Häuser, auf die Paläste und Burgen, auf die Straßen und engen Gassen. Zuerst schießen feurige Tropfen aus der Wolke heraus und verursachen Einzelbrande in der Stadt. Dann senkt sich der brennende Schleier über Würzburg. In wenigen Minuten erhellt ein riesiger Flächenbrand die dunkle Nacht und färbt die Wolken blutrot. Würzburg brennt! Im Schein der brennenden Stadt ziehen die Bomber ihre Bahn. Hell leuchten die schmalen Tragflächen und schlanken Rümpfe. Ich könnte noch und noch schießen, aber immer, wenn ich mich in Schussposition befinde, schreit Mahle: „Achtung, Fernnachtjäger!" Ich habe Mahle angewiesen, nur bei höchster Gefahr zu warnen. Also gibt es keine Überlegung mehr für mich, wenn dieses „Achtung!" ertönt. Nur wenige Sekunden Zögern, und wir fallen als brennende Fackel vom

Himmel. Da kreuzt eine viermotorige Lancaster meinen Kurs. Ohne Besinnen jage ich einen langen Feuerstoß in Rumpf und Fläche hinein. Der Kasten explodiert in der Luft und reißt die Besatzung mit in die Tiefe. Das ist in dieser Nacht der einzige Abschuss über Würzburg und zugleich mein letzter in diesem Krieg, denn er lockt die gesamte Fernnachtjagd auf meine Fährte. Wir können kaum noch den Aufschlag des Bombers auf der Erde verfolgen, als die Hetzjagd auf uns beginnt. Das Naxos-Gerät leuchtet ununterbrochen auf. Mahle schreit nicht mehr „Achtung!", sondern er sitzt an den hinteren Maschinengewehren und hält mit langen Leuchtspurgarben die anschleichenden Mosquitos auf Distanz. Alle Abschwünge, alles Kurven, alles Versteckspielen in den Wolken hat keinen Zweck – der Engländer bleibt uns auf den Fersen. Zum Glück schießt er meistens aus weiter Entfernung, sodass die Garben ungenau liegen. Bis dann Mahle entsetzt aufschreit: „Mosquito dicht hinter uns!" Das geht mir durch Mark und Bein. Noch im Abschwung fegt die Geschossgarbe des Engländers durch meine Maschine. Es riecht nach Qualm und Brand. Bange Sekunden stehen bevor, aber ich lasse meine Maschine fallen, um endlich den lästigen Verfolger loszuwerden. Der Höhenmesser fällt rapide herunter: 2500, 2000, 1500, 1000 Meter. Jetzt muss ich abfangen, sonst rasen wir ungespitzt in den Boden. Mit großer Kraftanstrengung ziehe ich am Knüppel und bringe die abstürzende Maschine wieder in meine Gewalt. Erfreulicherweise funktioniert die Steuerung. Immer noch zieht beißender Rauch durch die Kabine. Vielleicht schmoren einige Kabel. Aber die Motoren laufen ruhig.

Im Tiefflug jagen wir über die Schwäbische Alb unserem Landehafen Leipheim entgegen. Mahle leuchtet mit der Taschenlampe den Innenraum ab: Alles ist in Ordnung. Dann richtet er die Strahlen der Lampe auf die Motoren. Da, ein weißer Faden hängt an der rechten Tragfläche: Benzin! Eine Leitung ist zerschossen, und das Benzin strömt ins Freie. Der Zeiger der Benzinuhr sinkt langsam auf „leer". Das ist eine fatale Lage! Aber ein Unglück kommt selten allein. Mahle meldet Zeichen im Naxos-Gerät. Wieder beginnt das hässliche Ticken im Kopfhörer. Die Engländer lassen nicht locker und verfolgen uns zum Landehafen. Das gibt eine Landung auf Biegen und Brechen, ausweichen können wir nun nicht mehr. Es hat auch keinen Zweck, denn wenn ich noch irgendwo herunterkommen kann, dann nur in Leipheim. Graßhoff ruft den Platz. „Languste" gibt schwach Antwort. Bange Minuten verstreichen. Ich pumpe durch eine elektrische Anlage das Benzin von der linken Seite in die rechten Tragflächentanks. Wird es noch reichen? Bleibt der rechte Motor stehen? Das wäre das Ende! Ich führe nun den Sprechverkehr mit der Bodenstation selbst. Jetzt hängt alles von einer geschickten Landung ab, sonst schießen uns die Mosquitos im Anflug auf die Landebahn ab. „Languste von Drossel 1, bitte kommen, bitte kommen!" „Drossel 1 von Languste! Viktor, Viktor! Ich höre Sie gut. Geben Sie Obacht! Fernnachtjäger kreisen über dem Platz!" Das war ja zu erwarten. Die Engländer wollen mich durchaus vernaschen. Ich antworte: „Viktor, Viktor. Ich muss landen. Spritmangel. Flug-platzbeleuchtung nicht einschalten! Ich lande dunkel. Setzen Sie nur eine weiße Lampe am Landekreuz und eine rote Lampe am Rollbahnende! Nicht einwinken!" Die Bodenstation hat meine Absicht, die Engländer zu täuschen, verstanden. Mahle sitzt schussbereit an den hinteren Zwillings-MGs. Ich fahre die Landeklappen auf 20 Grad aus und kreise mit wenig Fahrt dicht über dem Platz. Die Engländer suchen. Das Ticken im Kopfhörer nimmt kein Ende, aber die Burschen trauen sich nicht her-unter. Meine Flughöhe beträgt nur noch 30 Meter über Grund. Gespannt beobachten wir die Vorgänge auf dem Rollfeld. Jeden Augenblick müssen die beiden Landelichter aufleuchten. Mir läuft der Schweiß in Perlen von der Stirne herunter. Hoffentlich reichen die beiden Lampen aus, um die Maschine sicher herunterzubringen. Ich darf mich nur auf meine Instrumente verlassen, denn die beiden Petroleumfunzeln können mir weder einen Anhalt für die Höhe noch für die Lage der Maschine geben. Soll ich nicht doch kurz vor dem Aufsetzen die Flugplatzbeleuchtung einschalten lassen? Aber das scheint mir zu riskant. Die Mosquitos wachen mit Argusaugen über diesem Platz und würden bei Aufhellung sofort die abgestellten Maschinen und Hallen angreifen. Aus diesen Überlegungen fahre ich plötzlich hoch: Die roten Kontrolllampen der Benzintanks leuchten auf. Das bedeutet noch Sprit für höchstens fünf Minuten. Ich muss nun landen.

Absichtlich habe ich den Funksprechverkehr mit der Bodenstation eingestellt, um den Tommys keine Hinweise zu geben. Aber jetzt ist höchste Not. Ich drücke auf den Sprechknopf: „Languste von Drossel 1, bitte beeilen, bitte beeilen! Sprit reicht noch fünf Minuten!" Oberfeldwebel Kramer antwortet sofort: „Drossel 1 von Languste. Lampen gesetzt. Sie können landen!" Wir suchen die Landelichter. Mahle entdeckt sie zuerst. Nur ganz schwach leuchten die Petroleumlampen herauf. Genau über der weißen Lampe drücke ich auf die Stoppuhr und lege die Maschine auf Abflugkurs. Das weiße Licht verschwindet hinter dem Leitwerk. Wenn ich genau fliege, muss es beim Anflug auf den Platz direkt vor mir wieder auftauchen. Mahle schreit plötz-lich: „Da fliegt einer, rechts voraus, etwas höher!" Ich sehe nur noch die glühenden Auspuffrohre des Tommys in der Dunkelheit verschwinden. „Mensch, Mahle, schreien Sie doch nicht so laut!", gebe ich zurück. Die Sekunden vergehen. Wenn nur der Sprit reicht! Ein kurzer Druck auf die Hydraulik: Das Fahrwerk fährt aus. Jeden Moment muss die weiße Lampe aus der Dunkelheit auftauchen. Meine Augen durchbohren die Nacht: Da ist sie! Gas raus – ausschweben – die Räder setzen auf. Scharf trete ich in die Bremsen. Die Maschine rollt langsam aus. Das wäre geschafft! Graßhoff öffnet das Kabinendach. „Herr Hauptmann, die Tommys brummen dicht über uns. Da passiert noch was!"

Vorsichtig gebe ich Gas, um das Herausschlagen der hellen Flammen aus den Motoren zu vermeiden. Jeder Lichtschein wird zum Verräter. In der Finsternis rollen wir auf unseren Abstellplatz zu. Da geschieht das Unglück. Ein allzu eifriger Wart möchte behilflich sein und blinkt mit der grünen Taschenlampe. Das beobachten die Tommys. Ich drehe die Maschine in Startrichtung und stelle sofort die Motoren ab. Mahle schreit heraus: „Mach' Deine Funzel aus, Du Idiot!" In diesem Moment hören wir ein immer stärker werdendes Pfeifen in der Luft. Der Tommy drückt den Platz an. „Los, raus aus der Maschine! Gleich knallt's!" Zu spät! Der Engländer schießt, die Leuchtspurgarben jagen direkt auf uns zu. Instinktiv ziehe ich den Kopf ein – und dann prasselt es unheimlich in die Maschine.

Mit einem Satz springe ich vom Führersitz auf die linke Tragfläche und falle im Hinunterrutschen über Graßhoff und Mahle hinweg. Ein Feldwebel wälzt sich am Boden. Da drückt die zweite Mosquito den Platz an. Die brennende Maschine bietet ein leichtes Ziel. Mit ein paar Sprüngen entfernen wir uns und werfen uns platt auf den Boden. Graßhoff und Mahle liegen dicht neben mir. Die zweite Garbe trifft genau. Unsere brave Me 110 explodiert und geht restlos in Flammen auf. Jetzt lassen die Engländer nicht locker. Tatenlos müssen wir zusehen, wie die Mosquitos noch zwei weitere Nachtjagdmaschinen in Brand schießen. Unsere kümmerliche Flak ballert zwar dazwischen, aber ohne Erfolg – oder doch? Die Tommys fliegen plötzlich in Richtung Westen ab. Erst jetzt kommen wir zur Besinnung. Die Feuerwehr eilt herbei und löscht die Brände. Neben meiner völlig ausgebrannten Maschine liegen zwei Soldaten am Boden. Einer davon, ein Unteroffizier von der Flugleitung, ist tot, der andere schwer verwundet. Wie durch ein Wunder blieben wir bis auf ein paar Schrammen unverletzt. Mein Fahrer Vacha holt mich ab und starrt mich an: „Herr Hauptmann, Sie haben mal wieder Schwein gehabt!" Nachtflugleiter Oberfeldwebel Kramer fällt mir vor Freude fast um den Hals. „Ich habe hier unten genau so geschwitzt wie Sie da oben, Herr Hauptmann! Das ging noch einmal gut. Die Tommys werden immer frecher!" Müde hänge ich mich an die Strippe und gebe meinen Einsatzbericht an die Division weiter: „Angriff auf Würzburg. Engländer werfen Phosphorkanister. Würzburg brennt. Starke Jagdabwehr. Eine viermotorige Lancaster abgeschossen. Weitere Abschüsse nicht beobachtet. Maschine nach dem Landen durch Fernnachtjäger in Brand geschossen. Ein Toter, ein Verwundeter. Zwei weitere Maschinenverluste!"

In memoriam

1. April 1945: Letztes Aufbäumen vor dem Zerfall. Die Alliierten kämpfen im Herzen Deutschlands. Alles geht drunter und drüber. Göbbels kündigt immer noch den Endsieg an. „Werwölfe" wühlen im Rücken des Feindes. Der „Führer" verteidigt die Reichshauptstadt.

Diese Zeit kurz vor der endgültigen Niederlage nagt an meinen Nerven. Es ist die schwerste Zeit für mich als verantwortlicher Kommandeur einer Nachtjagdgruppe. Was soll ich meinen Soldaten sagen? Womit soll ich sie aufmuntern? Haben weitere Opfer noch einen Sinn? Meine Soldaten verstehen mich. Wir gehen gemeinsam den Weg bis zum bitteren Ende, in alter Kameradschaft. Eine Nachtjagd gibt es nicht mehr. Meine Staffeln fliegen Nacht für Nacht Schlachteinsätze auf vorrückende Panzer- und Kraftfahrzeugkolonnen. Mancher bleibt weg – für immer. Die Amerikaner stoßen nach Ulm vor. Überstürzt verlegen wir nach München-Neubiberg. Hier treffen sich die Reste der deutschen Luftwaffe: Tagjäger, Nachtjäger, Kampfflieger, Aufklärer und Stukas. Geheimnisvolle Maschinen landen und starten wieder. Auch General Galland trifft ein. Er ist beim „Führer" in Ungnade gefallen, bei uns hochgeschätzt. Mit seinem Düsenjäger jagt er allein in die viermotorigen Bomberpulks hinein und schießt die „fliegenden Festungen" ab.

Eine kleine Aufheiterung: Ich beordere einen schweren Lastzug nach Ingolstadt mit dem Auftrag, dort Splitterbomben für unsere Schlachtangriffe auf feindliche Fahrzeugkolonnen zu holen. Das Munitionslager fliegt kurz vor Eintreffen des Wagens in die Luft. Der Kraftfahrer ist „auf Draht", fährt mitten hinein in ein vollgepfropftes Verpflegungslager und bringt hundert Kisten Kognak und Konserven mit.

20. April 1945. Am Geburtstag des „Führers" erhält jeder Soldat drei Flaschen Kognak, Konserven und Zigaretten. Die Stimmung steigt. Major z. b. V. Fritz, alter Reservist, meldet mir die Vollzähligkeit meiner angetretenen Nachtjagdgruppe. Was soll ich reden? Ich gebe nur einen Überblick über die Erfolge unserer 3./Nachtjagdgruppe VI und schließe mit den Worten: „Kameraden, ein schwerer Weg liegt vor uns allen, ein Weg in eine ungewisse Zukunft! Wir müssen ihn beschreiten mit tapferen Herzen und der festen Zuversicht, dass er eines Tages aus dem Dunkel an die Sonne führen wird. Bewahrt die gewonnene Kameradschaft in Euren Herzen! Denkt an unsere gefallenen Kameraden und vergesst nie, wofür sie ihr Leben gegeben haben: für unser Vaterland, für Deutschland!"

Einige Tage später trifft mein alter Kommandeur aus der Venloer Zeit, Oberstleutnant Streib, im Kasino ein. Unsere Gedanken fliegen zurück zur alten I./Nachtjagdgeschwader 1, zu den gefallenen Kameraden Frank, Knacke, Lent, Meurer, Strüning, Wandam, Förster, Herzog, Schmitz und vielen anderen. Wir tauschen Erinnerungen aus und denken an die große Zeit der Nachtjagd über Holland. Ja, damals! Heute liegen schwere Schatten auf unserem Vaterland, verdunkeln Wetterwolken die Sonne. Am Abend verabschieden wir uns herzlich mit „Hals- und Beinbruch".

Am 28. April 1945 trifft der letzte Befehl der Division ein. Wir verlegen nach Bad Aibling. Die amerikanischen Panzer stehen vor den Toren Münchens. In der Nacht zum 30. April startet meine 3./Nachtjagdgruppe VI zu ihrem letzten Einsatz. Kurz nach Mitternacht erteile ich schweren Herzens den Befehl, die Nachtjagdmaschinen in die Luft zu sprengen.

Das Schicksal vertreibt meine Kameraden bald in alle Himmelsrichtungen. Aber eins haben wir alle in unseren Herzen bewahrt: die Treue zur Fliegerei, die Kameradschaft des Krieges und die stolze Erinnerung an unsere Nachtjagd.

Schicksale deutscher Städte

Der Kampf ist zu Ende. Unser heißes Bemühen, den Tod aus der Luft von der Heimat abzuwenden, war vergeblich. So manche deutsche Stadt habe ich selbst aus einsamer Höhe in Flammen aufgehen sehen, vom Untergang anderer Städte berichten die Chroniken. Es drängte mich, bei einigen Stadtverwaltungen anzufragen und mir amtliche Unterlagen über das Ausmaß der Vernichtung zu erbitten. In vielen Fällen wurde meinem Wunsche bereitwillig entsprochen, und so mögen die Auszüge aus diesen amtlichen Angaben, gleichsam als eine furchtbare Bilanz des Luftkrieges, den Abschluss meines Kriegsberichtes bilden.

Bremerhaven, der größte Fischereihafen des Kontinents, fiel zu 56 Prozent einem schweren Nachtangriff am 18. September 1944 zum Opfer. Der Hafen bot nach dem Angriff ein Bild völliger Verwüstung. 1118 Personen kamen ums Leben. Das Stadttheater, die Stadthalle, die „Bürgermeister-Smidt-Gedächtniskirche" brannten bis auf die Grundmauern nieder. Im zerstörten Morgenstern-Museum und im Institut für Meeresforschung gingen viele wertvolle Museumsstücke und Urkunden verloren.

Die Rheinmetropole **Düsseldorf** musste fast pausenlosen Bombenterror erleben. In 339 Nachtangriffen mit einer Alarmzeit von über 1000 Stunden schüttete die Royal Air Force den in die Keller und Bunker geflüchteten Menschen rund 1600 Minen, 29 000 Sprengbomben, 1 100 000 Stabbrandbomben, 138 000 Phosphorbrandbomben und 1000 Phosphorkanister in Kirchen, Häuser und Betriebe. 4209 Großbrände verwandelten die einst blühende Kunststadt in einen trostlosen Trümmerhaufen. 5863 Todesopfer hatte die Stadt zu beklagen.

Darmstadt fiel bei dem Nachtangriff vom 1. September 1944 zu 38 Prozent den Bomben zum Opfer. Ein weiterer schwerer Angriff folgte im Dezember 1944. Insgesamt forderte das Inferno des Luftkrieges rund 12 300 Menschenleben. An historischen Gebäuden sanken das Renaissanceschloss, das Rathaus, das Alte und Neue Palais, die beiden Landestheater und die Künstlerkolonie auf der Mathildenhöhe mit dem Ernst-Ludwig-Haus und dem Hochzeitturm in Schutt und Asche. Die Sammlungen des Liebig-Museums und anderer Museen gingen unwiederbringlich verloren.

Die „Kanonenstadt" **Essen** wurde von den Alliierten bei Tag und Nacht insgesamt 272 Mal angegriffen. 1680 Minen, 32 511 Sprengbomben, 1 132 216 Stabbrandbomben und 229 741 Phosphorbrandbomben fielen vom rauchgeschwängerten Himmel und verwandelten die blühende Stadt in ein Trümmerfeld. Insgesamt wurden 3500 Menschen getötet und 12 000 verwundet. 350 000 Wohnräume gingen in Flammen auf. Vollständig vernichtet wurden das Folkwang-Museum und andere Sammlungen, das Opern- und Schauspielhaus, die Stadtbücherei, die Münsterkirche (älteste Teile aus dem 9. Jahrhundert) und die Krypta der alten Abteikirche in Werden.

Frankfurt am Main, die alte Krönungsstadt der Kaiser, wehrte sich verzweifelt gegen ihren Untergang. Doch auch hier war jeder Widerstand vergeblich. An wertvollen Bauten beherbergte die Stadt den Bartholomäusdom, den Römer, das Goethehaus und viele andere wertvolle Renaissancebauten sowie die historische Stätte der Paulskirche. In den Bombennächten der Jahre 1943 bis 1945 sanken 50 Prozent der Goethestadt in Schutt und Asche. 5559 Bürger der Stadt fielen den Bomben zum Opfer.

Die Zeppelinstadt **Friedrichshafen** wurde im März, April und Juli 1944 von schweren Angriffen heimgesucht. Die barocke Schlosskirche, das Schloss, die Stadtpfarrkirche, das Rathaus, das Dornier- und das Zeppelinmuseum sowie die Hafen- und Industrieanlagen sanken in Schutt und Asche. 600 Menschen fanden den Tod in den Flammen.

Gelsenkirchen wurde durch etwa 55 000 Spreng- und Minenbomben zu 51 Prozent im November 1944 und März 1945 vernichtet. Die Verluste an Menschenleben beliefen sich bei diesen Massenabwürfen auf 3029.

Niedersachsens Hauptstadt **Hannover** erlebte die ersten Feuerstürme in den September- und Oktobernächten 1943. Im März 1945 folgten weitere schwere Tagesangriffe. Das Inferno des Bombenkrieges forderte das Leben von rund 7000 Einwohnern. Das alte Rathaus, das Opern- und Schauspielhaus brachen im Hagel der Spreng- und Minenbomben zusammen; das Leibnizhaus, ein Juwel deutscher Renaissancebaukunst, verschwand vom Erdboden. Schwer beschädigt wurden das Schloss in Herrenhausen und andere Palais sowie die Marktkirche und andere Gotteshäuser.

Über **Heilbronn** fegte am 4. Dezember 1944 ein Feuersturm hinweg. Englische Bomberverbände kreisten kurz vor Einbruch der Dunkelheit über der Stadt und schütteten Tod und Verderben in die Straßen und Häuser. Rund 7000 Menschen kamen in den Feuergluten um, Tausende sahen den Morgen nur noch als Krüppel. Die Kilianskirche, die Deutschordenskirche, das Rathaus, um 1580 erbaut, brannten bis auf die Grundmauern nieder.

Auch in **Karlsruhe** wütete der Bombenterror. Männer, Frauen und Kinder waren ihm hilflos ausgesetzt und kamen in brennenden Kellern um oder wurden durch die Detonationen der Minenbomben in Stücke gerissen. Ihre Zahl beträgt 1331. Die von Weinbrenner Anfang des 19. Jahrhunderts in einheitlich klassizistischem Stil erbaute zentrale Stadtanlage mit dem Rathaus, der evangelischen Kirche, dem markgräflichen Palais, dem Rondellplatz, dem Künstler- und Ständehaus, sank in Schutt und Asche. Auch die gesamte badische Landesbibliothek mit 400 000 Büchern ging zugrunde.

Auch die Stadt **Kassel** musste den bitteren Weg so vieler deutscher Städte gehen. Sie erlebte neben unzähligen leichten und mittleren Angriffen 43 Großangriffe. Die schwersten Nachtangriffe fanden im Oktober 1943 statt. 77,6 Prozent der Substanz von Kassel gingen verloren, 13 000 Menschen wurden getötet, davon 3500 allein am 22. Oktober 1943. Groß ist der Verlust an historischen Bauten vom 13. Jahrhundert an bis zur Neuzeit. Genannt seien nur der Renthof und Marstall aus dem 16. Jahrhundert, die Orangerie aus dem 18. Jahrhundert, das Residenzpalais und das Schloss Wilhelmshöhe aus der gleichen Zeit.

Koblenz am Zusammenfluss von Rhein und Mosel war bei Kriegsende nur noch ein Schutthaufen. Weite Flächen der Innenstadt mit wertvollen Fachwerkhäusern lagen verwüstet, die meisten der alten romanischen Kirchen waren zerstört oder schwer beschädigt, auch das bekannte Kaiserdenkmal am Deutschen Eck war von seinem Sockel gestürzt – ein Symbol des Untergangs. 899 Bürger der Stadt fielen im Bombenkrieg.

Köln war ein besonders beliebtes Angriffsziel der Engländer. 1300 Minen, 43 000 Sprengbomben, 1,4 Millionen Stabbrandbomben und 40 000 Phosphorkanister schüttete die Royal Air Force über der Rheinstadt ab. Die Altstadt wurde völlig zerschlagen. Nur der Dom blieb, anscheinend felsenfest gefügt, in der Brandung stehen. Aber die anderen kirchlichen Kostbarkeiten erlitten schweren Schaden: St. Aposteln, St. Gereon, St. Maria mit Capitol, St. Pantaleon und Groß-St.-Martin, deren herrlicher Turm neben den Domtürmen das zweite Wahrzeichen der Rheinfront war. 20 000 Kölner Einwohner fanden in diesem Bombenhagel den Tod. Allein am 29. Juli 1943 fielen 4323 Menschen. Die Todesopfer des wohl schwersten Angriffs vom 2. März 1945, unmittelbar vor dem Einmarsch der alliierten Truppen, konnten noch nicht geschätzt werden und sind in obiger Ziffer nicht enthalten. Als die Alliierten die Stadt besetzten, hausten nur noch 40 000 Menschen zwischen Ruinen und 30 Millionen Kubikmetern Schutt.

Mannheim wurde 1943 erstmalig von den Engländern angegriffen; weitere Angriffe folgten bei Tag und Nacht bis zum März 1945. 60 Prozent der Häuser brannten nieder. Infolge der vielen großen Bunkerbauten, die man in der Rheinhafenstadt errichtet hatte, blieb die Zahl der Todesopfer verhältnismäßig gering. Von rund 230 000 Einwohnern kamen „nur" 1986 ums Leben. Aber das Nationaltheater, das Rathaus und das Kurfürstenschloss brannten nieder bis auf die Grundmauern.

München hatte bei Kriegsbeginn 886 000 Einwohner. Davon flohen während der letzten drei Kriegsjahre vor dem wachsenden Bombenterror etwa 400 000. In den weiten Gräberfeldern der teilweise zerstörten Friedhöfe ruhen 6242 Münchener Bürger, die in 66 Luftangriffen gefallen sind. 10 600 Gebäude, rund 13 Prozent des Vorkriegsbestandes, brannten nieder, nur 1270 Gebäude (das sind 2,5 Prozent) blieben von der Kriegsfurie verschont. 80 000 Wohnungen wurden total zerstört. Von den Gebäudeschäden des Landes Bayern entfallen allein auf München 40 Prozent. Die Schuttmenge erreichte bei Kriegsende 5 Millionen Kubikmeter – daraus hätte man fast zwei Cheopspyramiden aufschichten können. Die fünf Hochschulen (Universität, Technische Hochschule, Akademien für Musik, für bildende und für angewandte Kunst) ragten mit überwiegend zerstörten Räumen in den Himmel. Die Akademie der Wissenschaften brannte total aus. In den teilzerstörten Mauern der Staatsbibliothek verbrannten 500 000 Bücher, in der Universitätsbibliothek 350 000. Auch das Hauptstaatsarchiv und die Münzensammlung, die Alte und Neue Pinakothek, die Glyptothek, das Nationalmuseum und das Deutsche Museum auf der Isarinsel erlitten schwersten Schaden. Von den Theatern und Musiksälen blieb nur das Prinzregententheater erhalten. Groß ist die Zahl der zerstörten Gotteshäuser. Die Frauenkirche, die Michaelskirche und die Peterskirche, um nur die bekanntesten zu nennen, brannten aus.

Münster/Westfalen erlebte seinen ersten Fliegeralarm bereits am 4. September 1939, der erste Bombenabwurf auf das Stadtgebiet geschah am 16. Mai 1940 gegen 01.30 Uhr nachts, ohne dass zuvor Luftwarnung gegeben worden war. Dieser Bombenabwurf lockte tagelang Tausende von Neugierigen zur Abwurfstelle. Niemand ahnte die Schrecken, die die kommenden Jahre bringen sollten. Beim nächsten größeren Angriff am 2. Juli 1940 entstand ein riesiger Brand, der ein Holzlager und fünf Schiffe im Hafen vernichtete. Dann setzten die Angriffe fast ein Jahr lang aus, bis in den Nächten vom 6. bis 10. Juli 1941 vier Großangriffe rasch aufeinander folgten. Wieder wurde das Hafenviertel getroffen, doch auch der Dom, der rechte Flügel des fürstbischöflichen Schlosses, die Clemens- und Lambertikirche sowie das Landesmuseum wurden schwer beschädigt. Nach der zweiten, vor allem aber nach der dritten Angriffsnacht begann die Abwanderung der Einwohnerschaft. Die Zahl der Todesopfer war darum bei den ersten Angriffen noch gering, doch blieben diese Schreckensnächte stark in Erinnerung, weil sie zum ersten Mal das schaurige Bild des neuartigen Krieges gaben, der auch vor der Zivilbevölkerung nicht Halt macht.

Die Altstadt von **Nürnberg**, das weltbekannte „Schatzkästlein des Reiches", blieb bis zum entscheidenden Nachtangriff vom 2. Januar 1945 im Wesentlichen verschont, obwohl die Außenbezirke schon vorher schwerste Schäden erlitten hatten. Aber in jener Januarnacht entfesselten Hunderte von englischen Bombern einen Feuersturm, der das „Schatzkästlein" in wenigen Stunden in Schutt und Asche legte. Etwa 4 Millionen Brandbomben und 30 000 Spreng- und Minenbomben vernichteten und beschädigten 90 Prozent der Stadt und hinterließen 12 Millionen Kubikmeter Schutt. Unter anderem wurden folgende wertvolle Baudenkmäler zerstört: die Kaiserburg mit der Kaiserstallung, das Rathaus mit dem historischen Großen Saal, das Waaggebäude, die Frauenkirche, das Peller-, Tucher-, Topler- und Nassauerhaus. Schwer verwüstet wurden das Germanische Museum, die Mauthalle und die weltbekannten Kirchen St. Sebaldus und St. Lorenz.
Die Zahl der bekannten Todesopfer dieser blinden Zerstörungsaktion betrug 6135.

Solingen, die Stadt der Messerschmiede, wurde durch zwei schwere Tagesangriffe im November 1944 getroffen. Der Stadtkern wurde fast völlig zerstört, und 1970 Menschen fielen im Bombenhagel.

Stuttgart erlebte 53 Tag- und Nachtangriffe, die am 25. August 1940 begannen und am 19. April 1945 endeten. 4371 Einwohner wurden getötet und weitere 8908 verwundet. Der Gesamtschaden an Wohngebäuden betrug bei Kriegsende 63,8 Prozent, die meisten Kirchen wurden vernichtet oder beschädigt. In Asche sanken das „Alte Steinhaus" aus dem Jahre 1290, das „Alte Schloss" aus dem 14. Jahrhundert, das um 1350 erbaute „Neue Schloss" und andere Palais, das Museum der bildenden Künste, die Technische Hochschule, die Landesbibliothek und andere.

Ulm wurde nach elf vorangegangenen kleineren Angriffen an 12. Dezember 1944, einem nebligen Adventssonntag, von einem schweren Nachtangriff getroffen. Die englischen Bomberverbände flogen in den frühen Abendstunden im Schutze des Nebels die Stadt an, markierten nach 19.00 Uhr mit ihren Leuchtzeichen die Stadtgrenze und vernichteten zwischen 19.23 und 19.50 Uhr, in einer knappen halben Stunde, durch einen Bombenteppich das tausendjährige Antlitz der Stadt. Die Zahl der Todesopfer in Ulm und Neu-Ulm überschritt die 2000. Sie blieb verhältnismäßig klein, weil vor dem Hauptangriff Tausende von Einwohnern, durch das Schicksal von Heilbronn gewarnt, auf allen Ausfallstraßen die Stadt verlassen hatten. Insgesamt warfen die Alliierten 310 000 Minen-, Spreng- und Phosphorbomben auf Ulm ab und häuften fast 2 Millionen Kubikmeter Schutt auf. 8504 Wohnungen brachen im Bombenhagel auseinander, das sind 43 Prozent des Gesamtbestandes der Stadt. Aber mitten im ausgebrannten Stadtkern blieb das Münster mit seinem 161 Meter hohen Turm im Ganzen erhalten, obwohl die Sprengbomben auch in seinem Innern Unheil anrichteten. An Profanbauten gingen unter: das Schwörhaus von 1612, der spätgotische Hauptbau des Zeughauses, das Kornhaus von 1594 und der größte Teil der alten Kaufmannshäuser mit den malerischen Höfen und den kostbaren Holz- und Stuckdecken.

Die Bäderstadt **Wiesbaden** verlor in einer Nacht, am 2. Februar 1945, fast alles, was ihr den Ruf eines gepflegten Heilbades verschafft hatte. Die großen Hotels, die Bade- und Kureinrichtungen und Parkanlagen wurden fast völlig vernichtet. 1739 Menschen kamen in den Flammen um.

Wuppertal-Elberfeld erlebte seine Schicksalsnächte am 29. Mai und 25. Juni 1943 und in der Neujahrsnacht auf 1945. 5944 Männer, Frauen und Kinder fielen dem Bombenterror zum Opfer. Das Rathaus, das Theater, das Zeiß-Planetarium und die meisten Schulen und Krankenhäuser wurden vernichtet.

Auch **Würzburg** blieb vom Krieg nicht verschont, auch wenn es für die Bewohner bis kurz vor Kriegsende so schien. Die Stadt hatte keine kriegswichtige Industrie, stattdessen viele Krankenhäuser. Am 16. März wurde das kleine Würzburg von der No. 5 Bomber Group angegriffen und letztlich zu einem prozentual höheren Anteil zerstört als nur wenige Tage zuvor Dresden. Der alte Stadtkern, vor allem aus Fachwerkhäusern bestehend, fiel gänzlich den Flammen zum Opfer; der durchschnittliche Zerstörungsgrad der Stadt wurde nach dem Angriff auf 82 Prozent festgelegt. Ungefähr 5000 Menschen starben, sie erstickten in den provisorisch vorbereiteten Kellerräumen, wurden verschüttet oder verloren ihr Leben bei dem Versuch, die brennende Altstadt zu verlassen und den Main zu erreichen. An berühmten Bauwerken wurden der Dom und, zu einem Großteil, die Residenz zerstört, außerdem etwa 30 Kirchen mehr oder weniger stark beschädigt. Erst im Jahre 1964 waren die fast drei Millionen Kubikmeter Schutt völlig beseitigt.

Über zwei Millionen Tonnen Sprengstoff warfen die angloamerikanischen Bomberverbände auf die deutschen Städte und Rüstungszentren ab. Hunderttausende Zivilisten, darunter hauptsächlich Frauen und Kinder, starben unter entsetzlichen Qualen in den glühendheißen Feuerstürmen der Bombennächte, verbrannten lebendigen Leibes oder wurden durch teuflische Minenbomben in Stücke gerissen. Unsere einst blühenden Städte sanken in Trümmer, mit ihnen unzählige kulturhistorische Kostbarkeiten des Abendlandes.

Wir wollen heute nicht die Frage stellen, wer die Schuld an der Selbstzerfleischung Europas trägt. Wir wollen nicht die Frage stellen, wer den entscheidenden Befehl gab, Frauen und Kinder in den Städten zu töten. Aber wir Europäer sollten aus der furchtbaren Bilanz des Zweiten Weltkrieges die Konsequenzen ziehen. Wir müssen begreifen, dass diese Jahre des gegenseitigen Vernichtens der Tiefstpunkt in der kulturellen Geschichte des Abendlandes waren – und gewesen sein müssen!

Die europäischen Nationen haben heute die heilige Verpflichtung, endlich einen Schlussstrich unter das Geschehen in der Vergangenheit zu ziehen, sämtliche Ressentiments und nationalen Vorurteile von sich zu streifen und einander näherzurücken, in gegenseitiger Achtung, Duldung und Freundschaft. Nur ein geeintes und starkes Europa wird unsere gemeinsamen kostbaren Güter, den Frieden und die Freiheit, gegen alle Gefahren der Zukunft beschützen können.

Nachfolgend übernehme ich einige Seiten aus der englischen Ausgabe, die hierfür ins Deutsche übersetzt wurden:

Postskriptum

Von W. F. (Bill) Hird

Am 27. April 1944 hoben 322 Lancasters und eine Mosquito von den Staffeln 7, 15, 35, 75, 101, 115, 156, 166, 193, 460 und 622, die 1., 3., 6. und 8. Gruppe des Bomberkommandos der Royal Air Force von den Flugplätzen in England ab, um Friedrichshafen anzugreifen, ganz im Süden Deutschlands am Ufer des Bodensees gelegen. Die ungefähre Flugzeit sollte etwa achteinhalb Stunden betragen.

Der Angriff richtete sich vor allem auf die Fabriken, die Motoren und Getriebe für deutsche Panzer produzierten. Die Panzergetriebe-Fabrik wurde völlig zerstört. Insgesamt wurden 1234 Tonnen Bomben abgeworfen und es wurde berichtet, dass 67 Prozent des bebauten Gebietes der Stadt zerstört worden war.

Leider sind 18 Lancasters bei dieser Operation verloren gegangen und eine stürzte auf ihrem Rückweg nach Großbritannien ab.

Ich habe auf freiwilliger Basis für das Archiv in Friedrichshafen und für eine Ausstellung im dort ansässigen Zeppelin Museum Recherchen betrieben. Im Anschluss an einen Brief, der 1992 in der Ausgabe von *Bomber Command News* abgedruckt worden war und in dem ich um Informationen über diese bestimmte Operation bat, erhielt ich eine fantastische Resonanz von Flugbesatzungen und ihren Angehörigen aus aller Welt.

Dieses Postskriptum behandelt die Erfahrung der Crew der in Graveley stationierten Lancaster, Seriennummer ND 759 R für Robert von der 65. Staffel, die von Wim Johnen beschädigt wurde. Mit einem wunderbaren Kunststück der Fliegerei schaffte es der Pilot, auf dem Untersee notzulanden, dem schmalsten Teil des Bodensees auf einem Gebiet zwischen Steckborn in der Schweiz und Gaienhofen in Deutschland – mit praktisch keinem Triebwerk und in pechschwarzer Dunkelheit. Es gab keine zweite Chance in den frühen Stunden des 28. Aprils 1944.

Die Crew von ‚R‘ für Robert in dieser Nacht war:

Robert ‚Bob‘ Peter	Pilot
Geoff Foulkes	Navigator
Murrey Bartle	Funker
Bob Brereton	Flugingenieur
Noel Davis	Bombenschütze

,Paddy' Balmer .... Oberer Schütze
Irvine ,Vin' Graham ....Heckschütze

Die folgenden Kommentare über die nächtlichen Aktivitäten werden von zwei Männern dieser Crew abgegeben, sie stimmen mit den Informationen überein, die ich aufgrund meines Aufrufs erhalten habe.

Murrey Bartle berichtet:

In einer Diskussion, die ich mit Bob Peter vor einigen Jahren hatte, machte er in Bezug auf den 27./28. April 1944 die Bemerkung: „Das war die Nacht, in der wir wiedergeboren wurden!" Wie überaus richtig und wahr! Friedrichshafen wurde von Sir Arthur Harris in seinem Buch „Despatch on War Operations" als ein herausragender Angriff beschrieben, was in gewisser Weise eine Befriedigung war, denke ich.

Bobs Brief liefert eine drastische und prägnante Darstellung unserer Erlebnisse. Es sind auch andere Berichte erschienen, doch sie waren ungenau. Sein Bericht deckt die Ereignisse der ganzen Nacht ab, bis auf einen bestimmten Teil. Ich spreche das an, weil die Rolle, die er einnahm, seine besonderen Führungsqualitäten, seine Flugbegabung und vor allem die Hochachtung gegenüber der Crew widerspiegelte. Diesem Teil der Geschichte räumte er natürlich nicht genug Raum ein.

Nachdem das Flugzeug getroffen und der Befehl zum Aussteigen gegeben worden war, verließen der Flugingenieur Bob Brereton und der Navigator Geoff Foulkes das Flugzeug unmittelbar, und in den wenigen verbleibenden Minuten, bevor das Flugzeug begann abzutrudeln, hätte Bob Peter das Flugzeug über seine Ausstiegsluke verlassen können.

In den folgenden Minuten sollte er erfahren, dass der Fallschirm des Bombenschützen noch an Bord gerissen war und dass auch ich noch an Bord war. Die zwei Richtschützen waren auch an Bord, obwohl das zuerst niemandem auffiel.

Ich kämpfte gegen die Zentrifugalkraft des Flachtrudelns, das wir gerade erlebten, und schaffte es, das Cockpit zu erreichen.

Bob hat in seinem Bericht seine Handlungen geschildert, die das Flugzeug wieder unter Kontrolle bringen sollten. Ich war Zeuge dieser Bemühungen und kann bestätigen, wie sehr er kämpfte.

Er traf die Entscheidung, auf dem Bodensee notzulanden. Wir brachten uns hektisch in die Notlandeposition und waren uns der misslichen Lage nicht bewusst, in der er sich nun befand, während er unter die Höhe der umgebenden Berge ging, in pechschwarzer Dunkelheit und mit einem schwer beschädigten Flugzeug und kaum Motorkraft. Seinem Bericht zufolge drückte er die Maschine Stück für Stück hinunter bis zur Landung auf dem See. Eine herausragende fliegerische Leistung, die dem Orden sehr gerecht wird, den er nun trägt.

Bob Peter berichtet:

Es tut mir leid, dass ich so lange gebraucht habe, deinen Brief zu beantworten. Ja, ich bin der betroffene Kamerad und es wäre mir eine Freude, dir von der Friedrichshafen-Operation zu berichten. Sie ging mir eine ganze Weile im Kopf herum, aus mehreren Gründen. Es war meine letzte Operation, also ist die Erinnerung noch recht genau. 1967, während ich in England und auf dem Festland war, verfolgte ich meine Fußspuren, indem ich den Standort Graveley (35. Staffel) besuchte und dann nach Steckborn am Bodensee fuhr, die kleine Stadt, in die wir gelangten, nachdem wir am 28. April 1944 ans Ufer gerudert waren.

Natürlich hast du recht mit dem Flugzeug. Es war eine Lancaster III Nr. ND 759. Wir waren bereits einige Tage mit ihr geflogen und es war ein ziemlich feines Flugzeug – wie alle dieses Typs.

Wir waren zuvor in Halifaxes geflogen, in der 51. Staffel, und vor allem durch das Können und die Genauigkeit meines Bombenschützen Noel Davis, vormals Bankangestellter in Sydney, wurden wir für Führungsaufgaben ausgewählt.

Wir machten uns pünktlich auf den Weg zum notwendigen Trainingsprogramm in Warboys, 1655 Mosquito Trainingseinheit, wo wir, nach einigen anfänglichen Aufgaben an den Halifaxes, zwischen dem 3. und 5. April auf Lancaster-Maschinen umstiegen.

Für ein paar Tage waren wir in Graveley bei der 35. Staffel beschäftigt. In dieser Zeit gab es eine kleine Änderung in unserer Crew: Unser oberer Schütze wurde ersetzt und ein Ire, Paddy Balmer, kam hinzu.

Wie sich herausstellte, war nicht viel Zeit mehr für mich, Paddy gut kennenzulernen und so habe ich von ihm nur den Eindruck eines ruhigen, ernsthaften und zuvorkommenden Kameraden.

Vin Graham, der Heckschütze, war bereits einige Zeit bei der Crew. Klein, olivefarbene Haut, mit einem dunklen Schnauzbart – Vin war, so schien es mir, ein typischer Mann aus Lancashire in der Art, wie er sprach und sich gab. Er war sehr bodenständig und hatte einen trockenen Humor (der manchmal schwer von Sturheit zu unterscheiden war), doch er war immer offen.

Wahrscheinlich das interessanteste Mitglied unserer Crew war der Flugingenieur Bob Brereton aus dem Süden Englands. Blond, schlank, gut aussehend – Bob war das beste Beispiel eines zögerlichen, verständnisvollen Engländers. Er schien die Dinge nicht so ernst zu nehmen, doch er war absolut verlässlich und verschmitzt witzig.

218

Drei weitere Australier bildeten den Rest und waren die Crewmitglieder, die am längsten dabei waren: Aus Perth, Westaustralien, kam der Funker Murrey Bartle: Klein, stämmig, blond, mit einem ungeheuerlichen Humor, absolut loyal gegenüber der Crew und seinen Aufgaben. Der Bombenschütze Noel Davis, ein Bankangestellter aus Sydney, war jungenhaft und legte ein fast schüchternes Verhalten an den Tag, doch er besaß eine große Lebenslust. Und zuletzt war da der Navigator Geoffrey Foulkes, auch ein Angestellter aus Sydney, recht groß, dunkelharig, selten ohne ein Lächeln auf den Lippen, denn er behielt stets seine tolerante und vergnügte Lebensanschauung.

Es waren alle ungeheuer feine Jungs, die eine großartige Crew bildeten, die gut zusammenarbeitete und ein eingespieltes Team war. Ich denke, wir alle waren von der Aussicht einer langen und ruhmreichen Karriere in den militärischen Operationen inspiriert – doch es sollte nicht sein.

Bis Friedrichshafen schienen wir für den Feind unsichtbar zu sein und hatten uns sogar ein, zwei Mal dabei vergnügt, noch mal eine Runde zu drehen, weil wir mit dem ersten Anflug auf das Ziel nicht zufrieden waren.

In diesem unerschütterlichen Gemütszustand konnten wir es kaum glauben, als wir mit einem Frontalangriff von einem deutschen Nachtjäger, etwa 50 Meilen vom Ziel entfernt, getroffen wurden.

Das Steuerbord-Triebwerk fing sofort Feuer, ich aktivierte den Feuerlöscher und stellte die Luftschraube auf Segelstellung. In der Ausweichbewegung, die dem Angriff folgte, verloren wir tausend Fuß Höhe und näherten uns dem Ziel mit einer Höhe von 16.000 Fuß. Wir warfen unsere Ladung plangemäß ab und nahmen Kurs auf den Heimatlandeplatz, immer noch mit drei Triebwerken. Nicht lange nachdem wir die üblichen Zielgebiete verlassen hatten, wurden wir erneut angegriffen. Es gab eine laute Explosion, einen schlimm klingenden Schlag und innerhalb von Sekunden füllte sich das Cockpit mit Rauch. Wir waren an der oberen Kanzel getroffen worden und in Brand geraten.

Das Flugzeug reagierte auf die üblichen korrektiven Aktionen nicht mehr. Ich gab den Befehl zum Aussteigen. Später habe ich herausgefunden, dass der Flugingenieur, Bob Brereton, und der Navigator, Geoffrey Foulkes, das Flugzeug einige Zeit danach verlassen hatten, aber es gab von keinem der Crewmitglieder eine Rückmeldung über die Bord-Gegensprechanlage. Jeder war anscheinend zu beschäftigt für solche Feinheiten.

Dicker Rauch füllte das Flugzeug immer mehr und weder der Erdboden, hell erleuchtet wie er war, noch die Instrumente waren sichtbar.

Immer noch kein Wort von der Crew und immer noch drehte sich das Flugzeug weiter nach unten. Ich dachte darüber nach, dass es nun an mir sei auszusteigen, als das erste Zeichen dafür kam, dass noch jemand an Bord war. Eine mürrische Stimme kam aus der Dunkelheit: „Pete, mein Schirm ist gerissen!" Der Bombenschütze Noel

Davis hatte seinen Fallschirm verloren; er war an der Ausstiegsluke hängen geblieben, die Geoff Foulkes und Bob Brereton benutzt hatten.

Ich richtete meine gesamte Aufmerksamkeit darauf, ein sehr stures Flugzeug wieder unter Kontrolle zu bringen, aber nichts klappte. Ungefähr zu dieser Zeit begann sich jedoch der Rauch zu lichten.

Die zwei Schützen hatten es trotz ihrer Verbrennungen an Händen und Gesicht geschafft, das Feuer zu löschen. Die Lichter und Feuer auf dem Erdboden wurden sichtbar, allerdings in einem verzerrten Muster, da wir uns immer noch drehten. Murrey Bartle tauchte nun auf, ruhig wie immer, und gab ein bisschen Druck auf den Hebel, der sich immer noch nicht nach vorne bewegen ließ. Die Steuerung war völlig funktionslos. Schließlich gab ich die volle Leistung auf das eine funktionierende Steuerbord-Triebwerk und schaltete die zwei Backbord-Triebwerke ganz aus.

Das funktionierte. Das Trudeln hörte auf, der Steuerhebel ließ sich wieder nach vorn bewegen, das Flugzeug war unter Kontrolle. Unser Marathon im Drehen war vorüber. Dabei waren wir von 16.000 Fuß auf 3.000 Fuß gefallen. Das Flugzeug flog im Schneckentempo.

Angesichts unserer Situation – Navigator und Flugingenieur ausgestiegen, die Schützen außer Gefecht und ihre Fallschirme verbrannt, der Bombenschütze verletzt und ebenfalls ohne Schirm – entschloss ich mich, das Flugzeug auf dem Bodensee zu landen. Friedrichshafen war ein Inferno und die Brände spiegelten sich im Wasser und an den umgebenden Bergen. Wir machten kehrt in Richtung See und begannen, die Höhe zu drosseln.

Als wir immer tiefer flogen, kamen die Berge zwischen uns und das Ziel und verdunkelten die Sicht. Es war nun pechschwarz. Es gab keine Hinweise auf unsere Höhe über dem Wasser, es ging also darum, das Flugzeug seinen Weg nach unten Stück für Stück gehen zu lassen. Das schien ein langwieriger Prozess zu sein. Doch plötzlich trafen wir auf dem Wasser auf. Da die Eigenschaften des Flugzeugs für diese Art Landung sehr gut waren, gab es nur einen kleinen Aufprall.

Wasser drang durch die untere Ausstiegsluke ein, umspülte uns, und für einen Moment sah es so aus, als wären wir ganz unter der Oberfläche. Doch das Wasser ging rasch zurück und wir verloren keine Zeit dabei hinauszukommen.

Natürlich waren wir froh, als das Dingi neben der Steuerbord-Tragfläche auftauchte, wie es uns beim Training mit dieser Maschine gelehrt worden war. Die Schützen krabbelten von der oberen Ausstiegsluke oben auf dem Flugzeug entlang zu uns, und wir gelangten etwas umständlich ins Dinghi und machten hektische Versuche, damit klar zu kommen.

Ein kreisrundes Dinghi unter Kontrolle zu bekommen, war zunächst ein kleines Problem, und so streifte es immer noch am Heckflügel, als das Flugzeug bereits sank. Nicht mehr als fünf Minuten waren vergangen. Wir zogen nun Bilanz. Es war immer noch sehr dunkel. Wir konnten an beiden Ufern des Sees einige Betriebsamkeit erkennen. Ein paar Menschen hatten offenbar begonnen, mit Fackeln und Laternen zu suchen, doch es gab keinen Anschein, dass Boote aufs Wasser gelassen wurden. Wir sichteten den Polarstern und begannen, das Dinghi in Richtung des südlichen Ufers zu bewegen, das unserer Kalkulation nach Schweizer Boden sein müsste.

Etwa eineinviertel Stunden später erreichten wir das Ufer. Die Suche nach uns war zu diesem Zeitpunkt bereits aufgegeben worden. Die Umgebung war ruhig und leer. Wir kletterten auf die Felsbrocken, die das Ufer säumten.

Es wurde entschieden, dass wir Gefangennahme oder Haft entgehen wollten – wir waren uns nicht ganz sicher, ob wir in der Schweiz waren – und wir begannen, Abzeichen und ähnliches abzulegen. Dann machten wir ein Loch ins Dinghi und brachen auf: Zunächst über einen hohen Maschendrahtzaun, dann kamen wir an eine Straße, danach an Bahngleise und zuletzt mussten wir über einen steilen Hügel, bis wir uns in einer Baumgruppe verkrochen, um dort auf das Tageslicht zu warten.

Als es schließlich kam, konnten wir uns zum ersten Mal die Verletzungen der Schützen anschauen – sie sahen schlimm aus. Beide Männer bestanden aber darauf, bei uns zu bleiben, anstatt sich von uns zu trennen und bei den Einheimischen um Hilfe zu bitten. Nach beträchtlichen Diskussionen und nachdem wir uns versichert hatten, in der Schweiz zu sein, machten wir uns als eine Gruppe auf den Weg in das Dorf Steckborn.

Auf dem Weg waren wir sehr glücklich, als wir Getränke von einem Schweizer Landwirt bekamen, der die Meinung äußerte, die Polizeistation sei der beste Ort, um nach Hilfe für die Schützen zu fragen.

Wir folgten seinem Rat und wurden in die Zellen gebracht, wo wir einige Stunden warteten, bis ein Krankenwagen kam. Das war das letzte Mal, dass ich Vin Graham und Paddy Balmer sah, obwohl mir Murrey Bartle nach dem Krieg erzählte, er habe die beiden in einem Schweizer Internierungslager getroffen. In dieser Nacht fuhr die Schweizer Polizei Murrey Bartle, Noel Davis und mich im Auto nach St. Gallen, wo wir eine Nacht blieben.

Am nächsten Tag wurden wir nach Zürich und schließlich zum Flugplatz Dübendorf mitgenommen, wo wir befragt wurden. In dieser Nacht ging es für uns weiter nach Bern und unsere Internierung begann. Es sollte eine lange Zeit für Murrey und Noel werden, aber eine kurze für mich. Offensichtlich waren die Deutschen darauf aus, Piloten aufzuspüren, die häufig – und für sie praktischerweise – einen Triebwerksausfall über der Schweiz erlebten.

Ein Austausch des Roten Kreuzes von Internierten, der strikt auf Gegenleistung basierte, setzte mich, als Piloten, auf einer britischen Liste weit nach oben, und am 12. Mai wagte ich mich von Basel nach Deutschland – das zweite Mal innerhalb von ein paar Wochen, doch dieses Mal war es eine gute Reise, und ich war in Begleitung eines deutschen Offiziers und seinen Unteroffizieren in einem Ersteklassewagen. Es war eine unwirkliche Reise. Zehn von uns waren frühere Internierte in ziviler Kleidung, die sich nun während des Krieges auf dem Weg durch Deutschland befanden und wie Touristen durch Baden-Baden und Baden-Oos spazierten.

Die Deutschen machten keinen Versuch, uns zu reglementieren. Sie spazierten mit uns herum und wir sprachen offen miteinander im Zug. In regelmäßigen Abständen machten sie uns Wurstbrötchen, und als wir in Paris am Gare d'Austerlitz ankamen, bewirteten sie uns königlich und stellten extra für uns einen Frisör zur Verfügung. Wir teilten sogar den Luftschutzbunker bei einem Bombenangriff der Alliierten. Als wir Paris, wieder mit dem Zug, verließen, wurde uns sogar das Privileg gewährt, in einem Ersteklasseabteil zu reisen, während deutsche Offiziere, die im Flur standen, die „Zivilisten" finster anstarrten, worüber sich diese aber gar nicht kümmerten.

Der Rest der Reise verlief ruhig. In Irun an der spanischen Grenze verließen uns die Deutschen. Unsere Verabschiedung war freundschaftlich. Wir verbrachten ein wenig Zeit in San Sebastian und etwa vier Tage in Madrid, bevor es weiterging nach Gibraltar und von da nach England.

Ich sah Paddy Balmer und Vin Graham nie wieder, aber ich hörte, dass Vin den Rest des Krieges in Schweizer Internierung verbrachte.

Murray Bartle, den ich häufig sehe, erzählte mir eine aufregende Geschichte darüber, wie er und Paddy Balmer einige Versuche unternahmen, aus Internierungslagern zu flüchten, bis es ihnen schließlich gegen Ende des Krieges gelang.

Bob Brereton, einer der beiden, der aus dem Flugzeug sprang, wurde von Deutschen gefangen genommen, nachdem er den Erdboden erreicht hatte. Es war mir nicht möglich, ihn zu kontaktieren und nach seiner Geschichte zu fragen. Geoff Foulkes' Leiche wurde etwa ein Jahr später aus dem See geborgen. Es liegt nahe, dass er mit dem Fallschirm im See gelandet ist und sich entweder nicht befreien konnte oder bei dem Versuch, das Ufer zu erreichen, ertrank.

Noel Davis, immer noch im Bankwesen beschäftigt, lebt in Sydney – ich habe ihn ein Mal gesehen.

Ich wurde im Juli 1944 repatriiert und war dann Fluglehrer, bis der Krieg endete. *Eine Anmerkung dazu: Für diesen Einsatz wurde Bob Peter mit dem DFC (Distinguished Flying Cross) ausgezeichnet.*

Wie von Bob Peter berichtet, wurden sie von einem deutschen Nachtjäger, einer Messerschmitt Bf 110 G-4, angegriffen und lahmgelegt, der über ein sehr ausgeklügeltes und geheimes Radargerät verfügte. Dieses Flugzeug wurde von Oberleutnant Wim Johnen, Staffelkapitän, gesteuert.

Wegen Triebwerkproblemen musste Wim Johnen das Triebwerk abschalten – und landete, aufgrund der übermäßig vielen und hellen Suchscheinwerfer von Schweizer Seite, aus Versehen auf dem Flugplatz Dübendorf in der Nähe von Zürich.

Wim Johnen wurde in Dübendorf verhört – und wie durch eine Eigenart des Schicksals wurden dort zur selben Zeit auch Bob Peter und seine Crew verhört.

Wegen der hoch geheimen Ausstattung des deutschen Flugzeugs kam man zwischen der deutschen und schweizerischen Obrigkeit zur Übereinkunft, dass das Flugzeug auf dem Flugplatz gesprengt werden solle, damit die technischen Einzelheiten des Radarsystems nicht in britische Hände fielen.

Die Korrespondenz zwischen Murray Bartle und Wim Johnen sowie der Vergleich ihrer Berichte ergaben einen Zeitunterschied von nur zwei bis drei Minuten im Hinblick auf diesen bestimmten Punkt der Ereignisse. Es war also zu 99 Prozent sicher, dass der deutsche Nachtflieger Me Bf 110 G-4 dafür verantwortlich war, dass die Lancaster ND 759 in den Bodensee stürzte.

Viele Jahre lang hatte Murray Bartle versucht, den deutschen Nachtjäger ausfindig zu machen, um den es sich dabei handelte, und fand 1989 endlich Wim Johnen, der in Überlingen gelebt und in Ulm seine eigene Industriebaufirma geleitet hatte.

Der Autor traf Johnen im Juli 1993 während eines Urlaubs am Bodensee.

1955 wurde die Lancaster ND 759 von einem Schweizer Unternehmen geborgen und einige Monate lang ausgestellt, bevor sie verschrottet wurde. Es wurde jedoch berichtet, dass die hintere Geschützkanzel einem Luftmuseum in Leibstadt (Schweiz) geschenkt wurde.

1991 führte der Autor während eines Urlaubs am Bodensee Untersuchungen an einer Halifax durch, die der 77. Staffel angehört hatte und nach einem Angriff auf München am 9./10. März 1943 in den See gestürzt war. Es gab dabei keine Überlebenden und nur eine Leiche wurde gefunden.

Die Wasserpolizei ließ mich ein Stück eines zertrümmerten Heckrads inspizieren, das 1986 von Tauchern im See gefunden wurde und seit dieser Zeit im Hafen von Friedrichshafen lag.

In dem Wrack waren neun Einschlusslöcher eines Browning Maschinengewehrs 303, unbenutzte Munition und ein Teil der Übergangsbrücke zur hinteren Kanzel einer Lancaster gefunden worden.

Zunächst schien es so, als stamme dieses Heckrad von der oben erwähnten Halifax, aber bei weiteren Untersuchungen erwies sich diese Annahme als falsch und es stellte sich heraus, dass es von einer Lancaster war.

Der Vergleich mit einem Foto, das nach der Bergung der Lancaster aus dem See gemacht wurde, bezeugt, dass das Heckrad fehlt – das Heck wird auf dem Foto von drei unterstützenden Teilen hochgehalten.

Man kann deswegen fast ganz sicher sein, dass dieses Heckrad von der Lancaster ND 759 stammt. Es ist nun im Zeppelin Museum in Friedrichshafen zu sehen.

An den Schluss sei hier der Kommentar eines Paters gestellt, der persönliche Verbindungen zu diesem Einsatz hatte: der Geistliche Norman Berryman a. D., me thodistischer Pfarrer und Pater im *Yorkshire Air Museum*, der Flugingenieur in der Lancaster L 7566 ‚E' für Edward, 15. Staffel, war.

Der 27. April 1944, ein Donnerstag, begann wie jeder andere Tag in einer einsatzbereiten Staffel. In den Morgennachrichten hieß es, die britische Regierung hätte alle Überseereisen gestoppt. Wie schade, dass das nicht für die Royal Air Force galt!
Als ich im Flugbüro ankam, wurde gerade ein Einsatzbefehl ausgegeben und ein schneller Blick sagte uns, wir seien dran. Ausrüstungschecks, Motoren-Teststarts und Testflüge begannen sofort.
Bei der ersten Einsatzbesprechung wurde den Ingenieuren gleich klar, dass es ein langer Einsatz werden würde – die Kraftstoffmenge und die Bombenbeladung verrieten es.
Nach einem schnellen Mittagessen und Nachmittagsschläfchen ging es gleich in die Abschlussbesprechung. Der Kommandeur kam, die Türen wurden verschlossen und die Wandkarte enthüllt. Der rote Streifen zog sich über Europa bis zu seinem Endpunkt Friedrichshafen. Das Ziel waren die Zeppelin-Werke und einige kleinere Fabriken, die Kriegsmaterial, Motoren und Getriebe für Panzer produzierten. Die Startzeit wurde auf 21.00 Uhr festgelegt, also der Maschinencheck auf 20.00 Uhr. Letzte Überprüfungen und Teststarts der Motoren, noch eine Zigarette, dann los.
Der Hinflug war außerordentlich ruhig, aber über dem Ziel gesellte sich ein deutscher Nachtjäger zu uns und der altbekannte Kampf begann. Für die, die zu weit über den Bodensee hinausflogen, hatte die Schweizer Flak ein schön helles Sperrfeuer eingerichtet. Der Angriff wurde in hellem Mondlicht geflogen, was die ganze Operation ziemlich riskant machte, vor allem, wenn man an den Angriff auf Nürnberg einen Monat zuvor dachte.
Zu meinem Glück verlief dieser elfte Einsatz ohne große Probleme und ich flog weitere 21 – und überlebte.

Vielen Dank noch einmal an alle, die an diesen Recherchen mitwirkten. Mein eigenes Exemplar des ganzen Forschungsmaterials befindet sich nun im Archiv des *Yorkshire Air Museum* in Elvington bei York, England, und kann von jedem Besucher, der ein persönliches Interesse an diesem Einsatz hat, eingesehen werden.